KB190829

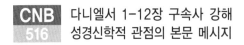
CNB 516
다니엘서 1-12장 구속사 강해
성경신학적 관점의 본문 메시지

다니엘서

이 광 호

2020년

교회와성경

지은이 | 이광호

영남대학교와 경북대학교대학원에서 법학과 서양사학을 공부했으며, 고려신학대학원(M.Div.)과 ACTS(Th.M.)에서 신학일반 및 조직신학을 공부한 후 대구 가톨릭대학교(Ph.D.)에서 선교학을 위한 비교종교학을 연구하였다. '홍은개혁신학연구원'에서 성경신학 담당교수를 비롯해 고신대학교, 고려신학대학원, 영남신학대학교, 브니엘신학교, 대구 가톨릭대학교, 숭실대학교 등에서 학생들을 가르쳤으며, 이슬람 전문선교단체인 국제 WIN선교회 한국대표를 지냈다. 현재는 실로암교회에서 담임목회를 하면서 한국개혁장로회신학교 교장을 맡고 있으며 부경신학연구원에서 강의하고 있다.

저서

- 성경에 나타난 성도의 사회참여(1990)
- 갈라디아서 강해(1990)
- 더불어 나누는 즐거움(1995)
- 기독교관점에서 본 세계문화사(1998)
- 세계 선교의 새로운 과제들(1998)
- 이슬람과 한국의 민간신앙(1998)
- 아빠, 교회 그만하고 슈퍼하자요(1995)
- 교회와 신앙(2002)
- 한국교회 무엇을 개혁할 것인가(2004)
- 한의 학제적 연구(공저)(2004)
- 세상속의 교회(2005)
- 한국교회의 문제점과 극복방안(공저)(2005)
- 교회, 변화인가 변질인가(2015)
- CNB 501 에세이 산상수훈(2005)
- CNB 502 예수님 생애 마지막 7일(2006)
- CNB 503 구약신학의 구속사적 이해(2006)
- CNB 504 신약신학의 구속사적 이해(2006)
- CNB 505 창세기(2007)
- CNB 506 바울의 생애와 바울서신(2007)
- CNB 507 손에 잡히는 신앙생활(2007)
- CNB 508 아름다운 신앙생활(2007)
- CNB 509 열매 맺는 신앙생활(2007)
- CNB 510 웨스트민스터 신앙고백(2008)
- CNB 511 사무엘서(2010)
- CNB 512 요한복음(2009)
- CNB 513 요한계시록(2009)
- CNB 514 로마서(2010)
- CNB 515 야고보서(2010)
- CNB 516 다니엘서(2011)
- CNB 517 열왕기상하(2011)
- CNB 518 고린도전후서(2012)
- CNB 519 개혁조직신학(2012)
- CNB 520 마태복음(2013)
- CNB 521 히브리서(2013)
- CNB 522 출애굽기(2013)
- CNB 523 목회서신(2014)
- CNB 524 사사기, 룻기(2014)
- CNB 525 옥중서신(2014)
- CNB 526 요한 1, 2, 3서, 유다서(2014)
- CNB 527 레위기(2015)
- CNB 528 스코틀랜드 신앙고백서(2015)
- CNB 529 이사야(2016)
- CNB 530 갈라디아서(2016)
- CNB 531 잠언(2017)
- CNB 532 욥기(2018)
- CNB 533 교회헌법해설(2018)
- CNB 534 사도행전(2018)
- CNB 535 소선지서〈I〉(2018)
- CNB 536 소선지서〈II〉(2019)
- CNB 537 시대 분별과 신학적 균형(2019)

역서

- 모슬렘 세계에 예수 그리스도를 심자(Charles R. Marsh, 1985년, CLC)
- 예수님의 수제자들(F. F. Bruce, 1988년, CLC)
- 치유함을 받으라(Colin Urquhart, 1988년, CLC)

홈페이지 http://siloam-church.org

다니엘서

CNB 516

다니엘서

A STUDY OF THE Daniel
by Kwangho Lee
Copyright ⓒ 2011 Kwangho Lee

Published by the Church and Bible Publishing House
SEOUL, KOREA

초판 발행 | 2011년 1월 11일
재판 발행 | 2020년 1월 30일

발행처 | 교회와성경
주소 | 평택시 특구로 43번길 90 (서정동)
전화 | 070-4894-7722, 010-6253-4742
등록번호 | 제2012-03호
등록일자 | 2012년 7월 12일

발행인 | 문민규
지은이 | 이광호
편집주간 | 송영찬
편집 및 교열 | 신명기
디자인 | 조혜진

총판 | (주) 비전북출판유통
주소 | 경기도 고양시 일산서구 송산로 499-10(덕이동)
전화 | 031-907-3927(대) 팩스 031-905-3927

저작권자 ⓒ 2011 이광호

Printed in Seoul of Korea

CNB Facebook 페이지 | www.facebook.com/ChurchAndBible(교회와성경)

다니엘서

A Study of The Daniel

CNB 시리즈
서 문

CNB The Church and The Bible 시리즈는 개혁신앙의 교회관과 성경신학적 구속사 해석에 근거한 신·구약 성경 연구 시리즈이다.

이 시리즈는 보다 정확한 성경 본문 해석을 바탕으로 역사적 개혁 교회의 면모를 조명하고 우리 시대의 교회가 마땅히 추구해야 할 방향을 제시함으로써 교회의 삶과 문화를 창달하는 것을 그 목적으로 하고 있다.

따라서 이 시리즈는 진지하게 성경을 연구하며 본문이 제시하는 메시지에 충실하고 있다. 그렇다고 이 시리즈가 다분히 학문적이거나 또는 적용이라는 의미에 국한되지 않는다. 학구적인 자세는 변함 없지만 궁극적으로 하나님의 나라를 지향함에 있어 개혁주의 교회관을 분명히 하기 위해 보다 더 관심을 가진다는 의미이다.

본 시리즈의 집필자들은 이미 신·구약 계시로써 말씀하셨던 하나님께서 지금도 말씀하고 계시며, 몸된 교회의 머리이자 영원한 왕이신 그리스도께서 지금도 통치하시며, 태초부터 모든 성도들을 부르시어 복음으로 성장하게 하시는 성령께서 지금도 구원 사역을 성취하심으로써 창세로부터 종말에 이르기까지 거룩한 나라로서 교회가 여전히 존재하고 있음을 그 무엇보다도 중요하게 여기고 있다.

아무쪼록 이 시리즈를 통해 계시에 근거한 바른 교회관과 성경관을 가지고 이 땅에 진정한 그리스도인의 삶과 문화가 확장되기를 바라는 바이다.

시리즈 편집인

송영찬 목사, 교회와성경 편집인, M.Div.
이광호 목사, 실로암교회 목사, Ph.D.

머리글

다니엘서는 한 인물을 영웅화하고자 하여 기록된 책이 아니다. 다니엘서는 다윗 왕국이 바벨론 제국에 의해 패망하고 예루살렘 성전이 파괴된 상태에서 절망에 빠져 있던 이스라엘 민족에게 허락된 위로의 말씀이다. 이를 통해 하나님께서는 역사적인 엄중한 심판을 통해 메시아를 보내고자 하는 자신의 거룩한 뜻을 드러내셨다.

특별히 다니엘서의 내용 가운데는 메시아가 지속적으로 예언되고 있다. '사람의 손으로 하지 않은 뜨인 돌'(단 2:34), '용광로 가운데 나타난 하나님의 아들 같은 사람'(단 3:25), '벨사살의 왕궁 벽에 나타난 손가락'의 주인으로 표현되는 인물(단 5:5), '다니엘의 사자굴에 나타난 천사'(단 6:22) 등은 한결같이 앞으로 오시게 될 메시아에 관한 예언들이다.

하나님께서는 지상 가운데 그 메시아를 보내기 위해 인간 역사를 직접 관여하시게 된다. 이런 차원에서 다니엘서는 장래 있게 될 이스라엘 민족과 연관된 주변 역사에 대해 서술하고 있다. 바벨론으로 사로잡혀 간 이스라엘 백성들이 '70년'을 지나 본토로 귀환하여 이방인들에 의해 파괴된 예루살렘 성전을 재건하며 무너진 성벽을 다시 세우게 될 사실은 그전에 이미 예언되어 있었던 내용이다(렘 25:21; 단 9:2).

이처럼 다니엘서의 중심에는 메시아와 함께 예루살렘 성전이 자리잡고 있다. 그 성전과 연관하여 메시아가 오실 것이기 때문이다. 그에 대해서는 '70이레'를 통해 특별히 예언되었다(단 9:24). 기름부음을 받은 거룩한 메시아가 이스라엘 민족 가운데 오시게 될 사실이 이미 확정되어 있었던 것이다.

이와 관련하여 하나님께서는 예루살렘과 언약의 백성들을 억압하며 나름대로의 역할을 감당하게 될 주변 왕국들의 장래 역사에 대해 예언하고 계신다. 그것은 바벨론 제국, 페르시아 제국, 헬라 제국에 이어 등장하는 톨레미 왕국, 셀류쿠스 왕국 그리고 로마 공화국과 로마 제국에 이르는 긴 역사의 핵심적인 내용과 관련되어 있다. 그 나라들은 예루살렘과 이스라엘 민족의 주변에 존재하면서 구속사를 위한 도구가 되었다.

그와 더불어 다니엘서에는 장래 임하게 될 종말에 관한 소중한 예언들이 담겨 있다. 그 종말은 역사적인 한 시점을 지칭하는 것이 아니라 예수 그리스도의 초림으로부터 재림에 이르는 긴 기간을 포함하고 있다. 그 시기는 곧 하나님께서 보내시는 예수 그리스도로 말미암아 세워지는 교회 시대를 의미한다. 따라서 우리는 다니엘서의 종말에 관한 내용을 '원근통시적遠近通視的인 관점'에서 이해해야 한다.

그 시기 동안 하나님의 교회는 그리스도와 더불어 지상에서 왕 노릇하게 된다. 그것은 세상에 섞여 살아가는 하나님의 자녀들을 거룩한 교회로 부르는 일과 하나님을 알지 못하는 자들에 대한 심판의 선언이 포함되어 있다. 그것은 지상 교회에서 선포되는 말씀사역을 통해 지속적으로 이루어지게 된다.

반면에 이 시기 동안에는 교회가 왕 노릇하고 있음에도 불구하고 세상으로부터 환난과 고통을 당하는 시기로 예언되고 있다. 지상에 존재하는 하나님의 교회는 주님의 재림과 최종적인 심판이 있기까지 엄청난 고난을 당하게 된다. 다니엘서 마지막 부분에 예언된 1260일, 1290일, 1335일은 그와 연관된 의미로 보아야 한다.

종말의 시대에 살고 있는 성도들인 우리는 예수 그리스도의 임박한 재림을 눈앞에 두고 있다. 다니엘서는 현대 교회의 성도들에게 진리의 말씀과 더불어 큰 위로를 제공한다. 세상에서 살아가는 불신자들은 물론 기독교 내부의 배도자들마저도 진리를 파괴하며 교회와 성도들을 혼란스럽게 하고 있다. 그것은 종말의 시대에 살아가는 하나님의 자녀들이 당하는 환난의 한 단면이다.

우리는 구약시대 이스라엘 백성들을 향해 기록된 다니엘서가 오늘날 우리에게 소중한 진리를 제공하고 있음을 기억해야 한다. 본문 가운데는 결코 이해하기 쉽지 않은 내용들이 상당부분 포함되어 있다. 그렇지만 하나님 앞에 마음의 무릎을 꿇고 성령의 도우심을 바라며 하나님의 놀라운 뜻을 깨닫게 되기를 바란다.

이 책의 내용 가운데는 필자가 평이하지 않게 해석한 내용들이 더러 있다. 이는 다니엘서의 특성상 피할 수 없는 부분이다. 사실 어느 누구도 다니엘서의 예언을 완벽하게 해석할 수는 없다. 그렇다고 해서 적절한 해석을 위한 접근을 시도하지 않을 수도 없다. 분명한 점은 다니엘서에 기록된 내용들에 대한 적절한 해석을 하면서 겸손한 자세로 전체적인 의미를 깨닫게 된다면 감사한 일이라는 사실이다.

다니엘서를 읽고 묵상하는 성도들은 이스라엘 민족과 우리 시대의 교회를 향한 하나님의 뜻을 염두에 두어야 한다. 그리고 우리 시대의 교회는 항상 건전한 성경해석과 더불어 하나님의 거룩하신 뜻을 알아가야 한다.

이 책을 접하는 독자들이 이를 통해 다니엘서에 대한 깨달음이 더욱 풍성해지기를 바란다. 그리고 종말의 때에 살아가는 성도들이 계시된 말씀으로 말미암아 하나님의 놀라운 은혜와 위로를 체험하게 되기를 원하는 바이다.

"아멘, 주 예수여 속히 오시옵소서!"

2010년을 보내며
실로암교회 서재에서
이광호

목 차

제1부
다니엘서와 종말 사상

제1장
다니엘의 예언과 예루살렘 성전에 관한 예수님의 종말론적 교훈

(마 24:1-51; 25:1-46)

1. 구약시대와 신약시대의 예루살렘 성전

다니엘서는 사건 발생 순서에 따라 이스라엘 민족의 역사를 기술한 책이 아니라 종말에 연관된 하나님의 뜻을 밝히는 예언의 말씀이다. 특별히 예수께서는 제자들에게 예루살렘 성전과 그것의 파괴에 관한 언급과 더불어 종말론적 예언을 하시면서 구약시대의 다니엘을 언급하고 계신다. 따라서 우리는 구약성경 다니엘서를 살펴 묵상하기에 앞서 그와 관련된 예수님의 말씀을 살펴볼 필요가 있다.

예루살렘 성전은 '하나님의 거룩한 집'임에도 불구하고 엄청난 수난의 역사를 가지고 있었다. 솔로몬에 의해 건립된 첫 성전은 BC 586년 신바벨론 제국에 의해 완전히 파괴되었다. 나중 페르시아 제국의 관용 정책으로 인해 가나안 땅 고토古土로 귀환한 유대인들[1]이 폐허가 된 성

---

[1] 바벨론의 포로로 잡혀간 이스라엘 백성들은 스룹바벨, 에스라, 느헤미야의 인도로 여러 차례에 걸쳐 본토로 귀환하여 파괴된 예루살렘 성전을 재건하고 무너진 성벽을 수축했다.

전을 재건하고 예루살렘 성벽을 수축했으나 그 수난의 역사는 끊이지 않았다.

예수님 당시에는 헤롯 왕에 의해 예루살렘 성전이 화려한 모습으로 지어져 가고 있는 중이었다. 헤롯은 BC 19년에 성전을 화려한 모습으로 증축하기 시작했는데 대다수 유대인들은 그것을 매우 자랑스럽게 여기고 있었다. 그러나 그들은 예루살렘 성전의 진정한 의미를 알지 못한 채 성전 증축 그 자체가 하나님의 영광을 나타내는 것이라고 착각하고 있었다. 예수님의 제자들 역시 처음에는 그와 같은 생각을 완전히 떨쳐 버리지 못하고 있었던 것으로 보인다.

하지만 당시 예루살렘 성전 건물이 다시 지어지고 수리가 된 것은 메시아를 맞이하기 위한 준비 작업과 연관된 것으로 이해해야 한다.2 비록 헤롯 왕과 유대인들이 그 사실을 전혀 인식하지 못하고 있었다 할지라도 부지중에 하나님의 놀라운 경륜 가운데서 그 일이 진행되었던 것이다. 이러한 배경 가운데서 예수님과 제자들은 예루살렘의 그 성전을 중심으로 복음사역을 전개하였다.

예수께서는 어느 날 제자들에게 예루살렘 성전과 자신의 몸에 연관된 특별한 교훈을 주셨다. 예수님은 자신의 몸을 거룩한 성전에 비유하시며 자신이 성전보다 크다는 사실을 언급하셨다(마 12:5). 뿐만 아니라 예수께서는 유대인들을 향해 예루살렘 성전을 헐라고 힐난하면서 그렇게 하면 자기가 사흘만에 다시 일으키겠노라고 말씀하셨다.

> "예수께서 대답하여 가라사대 너희가 이 성전을 헐라 내가 사흘 동안에 일으키리라"(요 2:19); "가로되 이 사람의 말이 내가 하나님의 성전을 헐고 사흘에 지을 수 있다 하더라 하니"(마 26:61).

---

2 이광호, 『신약신학의 구속사적 이해』, 서울: 도서출판 깔뱅, 2006, p.30.

물론 이 말은 예루살렘 성전을 빗대어 예수님 자신의 몸을 가리켜 하신 말씀이었다. 그것은 앞으로 예수께서 십자가에 달려 돌아가셨다가 삼일만에 부활하게 될 사실을 언급하신 것이다. 그렇지만 당시에 그 말의 의미를 알아듣는 사람은 아무도 없었다. 예수님을 따라 다니던 제자들마저도 그가 부활하신 후에야 그 의미를 깨달을 수 있었다.

위의 말씀은 상당히 주의를 기울여 이해해야 할 내용이 있다. 그것은 예수님의 몸과 동일시되고 있는 성전을 헐게 되는 주체가 배도한 유대인들이라는 사실이다. 이것은 헤롯 왕이 지은 돌 성전이 유대인들이 아니라 로마인들에 의해 파괴된다는 사실과 비교해 이해해야 한다.

예수님으로부터 그런 말씀을 가까이서 들은 제자들은 예루살렘 성전과 예수 그리스도의 관계에 대해 궁금한 점들이 많이 있었다. 그들은 예수님의 말씀을 통해서 볼 때 무언가 더 깊이 깨달아야 할 내용이 있음을 알고 있었다. 그런 상황 가운데서 제자들은 예루살렘 성전의 본질적인 의미를 확인하려고 했다. 그러던 중 어느 날 예수께서는 제자들에게 앞으로 예루살렘 성전이 완전히 파괴될 것이라는 사실을 말씀하셨다.

> "예수께서 성전에서 나와서 가실 때에 제자들이 성전 건물들을 가리켜 보이려고 나아오니 대답하여 가라사대 너희가 이 모든 것을 보지 못하느냐 내가 진실로 너희에게 이르노니 돌 하나도 돌 위에 남지 않고 다 무너뜨리우리라"(마 24:1,2).

과거 구약시대의 역사 가운데 있었던 예루살렘 성전 파괴 사건은 당시 모든 유대인들에게 매우 아픈 기억으로 남아 있었다. 성전 파괴를 앞두고 예레미야를 비롯한 여러 선지자들이 그에 대한 예언을 했지만 배도에 빠진 이스라엘 백성들은 그 말을 귀담아 듣지 않았다. 결국 배도자들에 대한 하나님의 심판은 성전 파괴로 이어졌다. 이는 당시 대다수 이스라엘 백성들이 성전의 진정한 의미를 모르고 있었기 때문이다.

솔로몬이 건축한 성전이 바벨론에 의해 완전히 파괴되었을 때 그들의 소망은 완전히 끊어지는 듯 했다. 하지만 그것은 자기 자녀들에 대한 하나님의 사랑이 담긴 표시였다. 그것을 통해 그들은 성전의 본질적인 참된 의미를 깨달을 수 있었기 때문이다.

이처럼 마태복음 24장에서 말하는 성전 파괴 역시 하나님의 경륜에 따른 것이었다. 그것을 통해 악한 자들에게는 무서운 심판이 임하게 되었으며 하나님의 자녀들에게는 본질적인 유익을 가져왔다. 예수께서 말씀하신 것처럼 하나님께서 예비하신 성전은 때가 되어 구약의 모든 예언이 성취됨으로써 그 역할을 완성해야만 했다.

2. 예수님의 '다니엘서' 인용

(1) 예루살렘 성전 파괴와 종말에 대한 관심과 교훈

예수께서 마태복음 24장에 기록된 성전 파괴에 대한 예언과 더불어 특별히 다니엘서를 언급하신 것(마 24:15)은 그만한 이유가 있다. 다니엘은 솔로몬이 지은 성전이 파괴되기에 앞서 이방 지역인 바벨론 왕국에 포로로 잡혀간 인물로 하나님의 말씀을 예언하였기 때문이다. 이스라엘 백성의 강제적인 바벨론 이거移居는 예루살렘 성전 파괴와 더불어 유다 왕국의 패망이 눈앞에 임한 사실을 예고해주고 있었다.

예수께서는 성전이 파괴되리라는 사실을 예언하시면서 이처럼 솔로몬이 건립한 첫 성전 파괴를 앞둔 시점에서 하나님의 특별한 간섭 가운데 있었던 다니엘을 인용하여 언급하셨다. 예수님은 다니엘의 예언을 말씀하시면서 그것을 기초로 하여 성전 파괴에 관한 특별한 예언을 하셨던 것이다.

다니엘과 그의 예언은 배도한 이스라엘 민족이 이방의 바벨론 왕국의 포로가 된 시점으로부터 시작된다. 이는 하나님의 심판이 배도한 이스라엘 백성들에게 임하게 된 사실을 말해준다. 다니엘의 삶과 예언은 전체적으로 예루살렘 성전과 밀접하게 연관되어 있다. 그리고 하나님께서는 다니엘의 예언을 통해 예루살렘 성전을 중심으로 전개되는 이스라엘 민족의 의미에 대해 말씀하셨다.

예루살렘 성전 파괴를 앞둔 상태에서 하나님께서는 위기에 처한 이스라엘 백성들을 향해 이미 그에 대한 분명한 경고의 메시지를 주고 계셨다. 결국 많은 이스라엘 백성들이 본토를 뒤로 하고 이방 지역으로 강제로 사로잡혀갈 수밖에 없었다. 당시 많은 유대인들은 어떠한 일이 있어도 하나님의 거룩한 집인 예루살렘 성전이 파괴되는 일은 없을 것이라 믿고 있었다. 그들은 그것이 마치 훌륭한 신앙인의 사고인 양 착각했다. 하지만 이스라엘 역사는 이방인들에 의한 성전 파괴와 더불어 패망을 향해 나아가고 있었다.

이에 대해서는 예수님은 물론 그의 제자들도 성경을 통해 잘 알고 있는 내용이었다. 그들은 예루살렘 성전의 파괴가 과거의 역사 가운데 임했던 사실로 인해, 다시 세워진 성전 역시 파괴될 수 있음을 깨달아 알고 있었다. 그러므로 그들은 예수께서 말씀하신 성전 파괴가 세상의 종말에 연관됨을 언급하며 주님의 임하심과 징조에 대해 물었던 것이다. 제자들의 질문을 받은 예수께서는 세상 끝에 일어나게 될 사실에 대한 말씀을 하셨다.

> "예수께서 감람산 위에 앉으셨을 때에 제자들이 종용히 와서 가로되 우리에게 이르소서 어느 때에 이런 일이 있겠사오며 또 주의 임하심과 세상 끝에는 무슨 징조가 있사오리이까"(마 24:3); "이 천국 복음이 모든 민족에게 증거되기 위하여 온 세상에 전파되리니 그제야 끝이 오리라 그러므로 너희가 선지자 다니엘의 말한 바 멸망의 가증한 것이 거룩한 곳에 선 것을 보거든 (읽는 자는 깨달을진저) 그때에 유대에 있는 자들은 산으로 도망할지어다"(마 24:14-16).

예루살렘 성전이 파괴된다고 하는 예수님의 말씀은 당시 일반 유대인들뿐 아니라 제자들에게도 상당히 충격적인 발언이었다. 로마 제국의 압제 가운데 있던 유대인들이 총력을 기울여 건축한 성전 건물이 돌 하나도 돌 위에 남지 않을 만큼 철저하게 파괴된다는 사실은 충격적이 아닐 수 없었다. 당시 유대인들은 성전이 파괴된다는 식의 표현은 곧 하나님을 모독하는 것으로 이해하고 있었다. 예수님을 십자가형에 처해지도록 한 중대한 죄목 가운데 하나는 그가 예루살렘 성전과 하나님을 모독했다는 것이었다.

하지만 예수님의 제자들은 성전 파괴에 대한 그 예언의 말씀을 듣고 상당한 충격을 받았음이 분명하지만 예수께서 하나님을 모독하고 있다고 생각하지 않았다. 그것은 지극히 당연한 일임에도 불구하고 하나님의 도움 없이는 소유할 수 없는 마음이었다. 그러므로 제자들은 그 일이 언제 이루어질 것인지, 그리고 그 징조는 어떠한지에 대한 궁금증을 가지게 되었던 것이다.

더구나 제자들은 그 놀라운 일이 하나님의 경이로운 뜻과 경륜에 따라 이루어지게 된다는 사실을 알고 있었다. 그들이 '주의 임하심과 세상 끝'이라고 한 말은 오늘날 우리가 생각하는 것과 다소 차이날 것으로 여겨진다. 즉 당시는 아직 예수께서 부활, 승천하시기 전이었으므로 우리가 알고 있는 예수 그리스도의 몸의 재림이 아니라 최종적인 심판을 염두에 두고 있었던 것이 틀림없다.

여기에서 우리는 이와 연관된 매우 중요한 의미를 생각지 않을 수 없다. 그것은 예루살렘 성전 파괴가 하나님의 최종 심판에 대한 신호탄과 같은 역할을 하게 된다는 사실이다. 이는 예수께서 제자들의 질문을 바탕으로 하여 성전 파괴와 더불어 임하게 되는 종말에 대해 말씀하고 계시기 때문이다.

그런데 우리가 더욱 깊은 관심을 기울여 이해해야 할 점은 예수께서 거룩한 성전이 악한 자들에 의해 심각한 모독을 당하게 될 것을 말씀하고 계신다는 사실이다. 그가 제자들에게 '너희가 선지자 다니엘의 말한 바 멸망의 가증한 것이 거룩한 곳에 선 것을 보거든 (읽는 자는 깨달을진저) 그때에 유대에 있는 자들은 산으로 도망할지어다' 라고 하신 말씀은 역사적 과거와 연결된 현재와 종말론적 미래에 관한 것이다. 그러므로 우리는 그 역사적 사건이 과거에 있었던 다니엘의 '미운 물건' 에 연관된 예언이지만 시간상 미래 시제란 사실을 기억해야 한다.

본문 가운데 '읽는 자는 깨달을진저' (let the reader understand)라는 표현은 매우 중요한 상징적 의미를 지니고 있다. 이는 예수님의 말씀을 상징적으로 이해해야 함을 말해주고 있다. 그렇다면 앞으로 '멸망의 가증한 것이 거룩한 곳에 선 것' 이라는 말은 과연 무엇을 의미하는가? 과연 예수께서 그 말씀을 하신 이후 언제 구체적으로 그런 일이 일어났으며 하나님의 백성들이 목격했는가?

바벨론으로 사로잡혀가 이방 왕국의 유력한 지위에 앉아있던 다니엘은 거룩한 성전에 세워지게 될 '미운 물건' 에 대한 예언을 했다(단 9:27; 11:31; 12:11). 우리는 그 사건에 대한 예언이 일차적으로 바벨론 포로에서 귀환한 믿음의 선배들에 의해 재건된 예루살렘 성전 안에 참람한 자기의 우상을 세웠던 셀류키드(Selucid) 왕조의 안티오쿠스(Antiochus) 4세에 의해 이미 성취된 것으로 이해하고 있다.

동시에 다니엘서에는 '미운 물건' 에 관한 내용이 메시아의 때와 더불어 거룩한 곳에 세워지게 될 것이 기록되어 있다. 그것은 '칠십 이레' 와 연관되는 예언의 말씀이다. 그러므로 '멸망의 가증한 것' 과 '미운 물건' 은 바벨론 포로생활에서 귀환한 유대인들이 재건한 성전에 세워진 '에피파네스의 신상' 과 메시아의 도래 시기에 거룩한 성전에 세워지게 되는 종말론적인 것을 동시에 의미하고 있다.

헬라 제국의 알렉산더(Alexander) 대왕이 죽은 뒤에 세워진 셀류쿠스 왕국의 안티오쿠스 4세는 예루살렘 성전을 무자비하게 유린했다. 그는 자신을 제우스신의 현현이라 주장하며 스스로 신적 의미를 지닌 에피파네스(Epiphanes)라 칭했다. 그는 거룩한 성전 안에 제우스를 상징하는 자신의 동상을 세우는가 하면 성전을 모독할 목적으로 유대인들이 부정한 동물로 여기는 돼지를 잡아 그 피를 제단에 뿌리기도 했다.

그 결과 발생한 유대인들의 강한 저항으로 인해 마카비 전쟁(BC 167-142)이 발발했으며 이 전쟁에서 승리를 쟁취한 유대인들은 예루살렘 성전을 다시금 수리하게 된다. 그로 인해 수전절修殿節이 생겨나게 되었는데 그것은 구속사적 의미를 지니는 이스라엘 민족의 절기가 되었다. 예수께서 수전절에 참여하신 것을 보아 그 의미를 분명히 확인할 수 있다 (요 10:22).

우리는 예수께서 다니엘이 예언한 '멸망의 가증한 것'에 대한 언급을 통해 실제적인 돌 성전에 연관된 의미를 기억하는 동시에, 영적이며 상징적인 의미를 이해할 필요가 있을 것으로 보인다. 이는 교회가 깨달아야 할 매우 중요한 점을 시사하고 있다.

우리는 그전에 예수께서 자신의 몸을 예루살렘 성전으로 묘사했던 사실을 기억한다(요 2:19). 예수께서는 헤롯이 지은 성전에 대한 모독을 언급하시면서 동시에 참된 성전인 자신의 몸을 모독하며 더럽히는 유대인들에 대해 말씀하시는 것으로 미루어 짐작해 볼 수 있다.

우리는 그 가운데 담겨있는 다중의미(multi-meanings)에 대한 이해를 해야 한다. 그것은 악한 유대인들이 감히 인간의 몸을 입으신 하나님의 아들 예수 그리스도의 몸을 능멸하며 심하게 모독한 사실과 직접 연관된다. 예수께서는 그것을 다니엘이 말한 바 '멸망의 가증한 것'이 행하는 죄악에 대해 비유적으로 말씀하고 계시는 것이다. 이는 예수님의 십자가 사건에 연관된 예언으로 이해할 수 있다.

나아가 그 내용은 그리스도의 몸으로 표현되어 나중에 설립될 교회와
도 연관되는 것으로 보인다. 마지막 심판의 날이 가까워지면 교회 가운
데 하나님을 능욕하는 '멸망의 가증한 것'이 들어와 하나님의 교회를
혼란스럽게 만들며 능멸하게 된다. 성도들은 그로 인해 심한 혼란에 빠
질 우려가 있는 것이다.

이와 동시에 우리는 돌로 지어진 예루살렘 성전의 실제적인 파괴를
기억해야 한다. 예수님의 십자가 사역과 로마 제국에 의한 성전 파괴 사
이의 사십 년의 기간은 구속사적인 특별한 의미를 지닌다.[3] 그러므로
AD 30년 경 십자가에 달리신 예수님의 몸은 AD 70년 경 발생한 예루
살렘 성전 파괴를 필연적으로 불러오게 된다. 그 두 사건은 구약시대에
예언되었던 모든 예언들이 성취되었음을 말해주고 있다.

그러므로 하나님의 예언이 성취된 것을 두고 악한 세상은 심하게 발
악할 수밖에 없다. 예수 그리스도의 몸이 십자가에 달린 사건과 헤롯이
건축한 성전의 최종적 파괴 사건은 솔로몬이 건축한 첫 번째 예루살렘
성전 파괴 때 이스라엘 민족 가운데 벌어졌던 끔찍한 사건을 떠올리게
한다.[4] 그리고 하나님의 성전 안에 안티오쿠스 4세에 의해 '미운 물건'
(단 11:31) 곧 '멸망의 가증한 것'(마 24:15)이 세워진 후 어떤 일이 발생했
는지 기억하게 된다.

예수께서는 제자들에게 앞으로 발생하게 될 자신의 십자가 사역과 돌

---

3 이광호,『신약신학의 구속사적 이해』, 서울: 도서출판 칼뱅, 2006, pp.260-265.
  참조.
4 유다 왕국의 마지막 왕인 시드기야 왕(BC 597-586)이 얼마나 비참한 최후를 맞
  았는지, 그리고 예루살렘 성전의 파괴와 더불어 모든 성물(聖物)들이 이방 신전
  에서 어떤 모독을 받았는지 기억해야 할 필요가 있다. 시드기야는 눈 앞에서 처
  형당하는 자식들의 처참한 말로를 목격해야 했으며, 자신은 두 눈이 뽑힌 채 쇠
  사슬에 묶여 바벨론으로 끌려갔다(왕하 25:7). 그리고 예루살렘 성전은 불태워지
  고 성전 기물들은 이방 신당에 보관되는 수모를 겪어야만 했다(대하 36:7).

로 지어진 성전 파괴에 관한 예언을 하시면서 첫 번째 성전 파괴와 더불어 역사에 연관된 총체적인 교훈을 주고 계신다. 이는 성전의 본질적 실체인 예수 그리스도의 십자가 사역과 헤롯 성전의 파괴로 말미암아 도래하게 될 새로운 질서가 동시에 예언되고 있는 것이다. 이 말씀 가운데는 또한 배도한 인간들에 대한 최종 심판과 자기 자녀들에 대한 구원의 의미가 포함되어 있다. 예수께서는 다니엘서의 말씀을 인용하며 앞으로 그런 일이 발생하게 되리라는 사실을 예언하셨다.

(2) 성전 파괴에 따른 약속의 성취와 환난, 그리고 하나님의 심판

하나님께서 로마 제국을 통해 친히 관여하신 '거룩한 성전'의 파괴[5]는 세상에 대한 궁극적인 승리를 선포하는 의미를 지닌다. 여기에서 말하는 성전은 그것이 상징하는 본질적 내용인 예수 그리스도의 몸과 그 그림자가 되는 건축물인 성전을 동시에 의미하고 있다. 실체적인 성전인 예수님의 육신적인 죽음은 궁극적인 승리를 나타내고 있으며, 돌로 지어진 예루살렘 성전의 파괴도 역시 그와 연관된다.

예루살렘 성전이 파괴되기 전 건축물이 건재할 때 예수께서는 친히 그 성전을 청결케 하셨다. 배도한 유대인들이 더럽힌 성전을 청결케 하신 후 거룩한 자신의 몸을 그 성전을 통해 하나님의 화목제물로 드리셨다. 이는 참 성전이신 예수 그리스도를 통해 그림자였던 돌로 된 성전의 진정한 의미를 밝혀주는 역할을 하고 있다.

하나님의 거룩한 성전이 파괴되는 것은 구약성경에 예언된 약속의 성취를 의미하고 있다. 하나님께서는 그것을 위해 특별히 택하신 여러 성

---

5 로마 제국을 통한 성전 파괴는 이이제이(以夷制夷)와 같다. 하나님께서는 배도한 유대인들이 장악하고 있는 예루살렘 성전을 악한 로마군대를 통해 파괴하셨는데 이는 적을 통해 다른 적을 심판하는 것과 마찬가지다.

도들을 통해 오랜 세월동안 메시아에 대한 예언을 해오셨다. 이는 또한 다른 일시적인 갈등과 심각한 전쟁을 예고하고 있다. 성전 파괴로 인한 하나님의 승리에 대한 선포에 세상을 장악하고 있던 사탄의 세력이 마냥 침묵하고 있을 리 만무하기 때문이다.

그것으로 말미암아 천하를 호령하는 최종적인 승리가 즉시 완성된 것이 아니라 도리어 하나님의 백성들에게 엄청난 환난이 닥치게 된다. 이는 일반적인 경우로는 쉽게 납득하기 어렵다. 하지만 성전 파괴를 앞뒤로 하여 동반되는 환난은 남은 자의 구원과 선악의 분리를 위한 것이다. 그 환난은 과거의 인간 역사 가운데 볼 수 없었던 엄청난 내용과 규모로 난리와 전쟁, 기근, 지진 등을 동반하게 된다. 이는 성도들을 환난에 빠뜨릴 뿐 아니라 전반적인 사회 혼란이 야기되리라는 사실을 말해주고 있다.

한편 그 환난은 세상에 존재하는 하나님의 몸된 교회와 그에 속한 성도들을 신앙적으로 심하게 어지럽히며 혼란케 한다. 그때가 되면 그리스도의 이름을 빙자한 적그리스도들과 거짓 선지자들이 여기저기 등장해 활발한 종교 활동을 펼치는 양상이 두드러지게 나타난다. 그렇게 되면 순진하고 무지한 성도들은 그에 미혹될 위기에 놓이게 된다.

그런 거짓 종교인들은 많은 사람들이 보는 앞에서 엄청난 기적을 행하기도 한다. 그리하여 신앙이 어린 교인들은 저들이 마치 참된 그리스도와 선지자들인 것처럼 속아넘어가기 쉽다. 어리석은 자들은 말씀의 본질을 믿고 의지하는 것이 아니라 눈에 보이는 종교적인 현상에 치중하기 때문이다. 예수께서는 제자들에게 성전 파괴와 더불어 앞으로 그런 끔찍한 일이 발생하게 되리라는 사실을 분명히 말씀하셨다.

"이는 그때에 큰 환난이 있겠음이라 창세로부터 지금까지 이런 환난이 없었고 후에도 없으리라 그 날들을 감하지 아니할 것이면 모든 육체가 구원을 얻지 못할 것이나 그러나 택하신 자들을 위하여 그 날들을 감하시리라 그때에 사람이 너희에게 말하되 보라 그리스도가 여기 있다 혹 저기 있다 하여도 믿지 말라 거짓 그리스도들과 거짓 선지자들이 일어나 큰 표적과 기사를 보이어 할 수만 있으면 택하신 자들도 미혹하게 하리라 보라 내가 너희에게 미리 말하였노라 그러면 사람들이 너희에게 말하되 보라 그리스도가 광야에 있다 하여도 나가지 말고 보라 골방에 있다 하여도 믿지 말라 번개가 동편에서 나서 서편까지 번쩍임 같이 인자의 임함도 그러하리라 주검이 있는 곳에는 독수리들이 모일지니라"(마 24:21-28).

예수님의 이 말씀은 일거에 이루어지는 승리를 기대하던 제자들이 쉽게 납득하기 어려운 의외의 교훈이었다. 그러나 예수께서는 성전 파괴와 연관되어 그런 시대가 반드시 도래하게 되리라는 사실을 언급하셨다. 물론 그 내용들은 최종적인 하나님의 승리를 앞둔 시점에서 일시적으로 발생하게 될 사건들이다.

그러므로 하나님의 백성들은 끝까지 인내하며 그 환난을 이겨내야 한다. 끝까지 견디는 성도들에게 하나님의 구원이 약속되어 있기 때문이다. 그런 와중에 천국복음은 모든 민족에게 증거된다. 인간들은 저들의 방법으로 온갖 악을 행하지만 하나님께서는 자신의 놀라운 경륜을 통해 창세전에 택하신 자녀들을 빠짐없이 불러내시는 것이다. 이는 물론 평온한 가운데 하나님의 복음이 증거되는 것을 말하지 않는다.

그때가 이르게 되면 악한 자들은 하나님을 대적하는 일을 위해 종교적인 세력을 규합하고 통합하기 위해 노력하게 된다. 그러나 하나님의 참된 교회와 성도들은 신앙의 지조를 지키며 그들과 휩쓸리지 않기 위해 저들을 멀리 한다. 예수께서는 하나님의 자녀들로 하여금 그런 형편에 다다르게 되면 세상에서 소유한 모든 것들을 포기하고 산으로 도망치라고 말씀하고 계신다. 이는 피난에 대한 언질과 더불어 세상에 속한 악한 자들과 어떠한 신앙적인 타협도 하지 말아야 한다는 사실을 의미하고 있다.

　문제는 적그리스도와 거짓 선지자들이 어리석은 자들의 종교적 구미口味에 맞는 실천적 행위와 더불어 엄청난 기적들을 행하게 된다는 사실이다. 기독교라는 이름 아래 자리잡고 있는 거짓 종교인들은 그것이 마치 하나님의 일이라도 되는 양 선전하며, 무지한 교인들은 그들의 거짓 가르침에 따라 그곳으로 몰려들게 된다. 그러므로 예수께서는 '주검이 있는 곳에 독수리가 모여든다'고 말씀하셨던 것이다.

　그러나 영육간에 병행되는 성도들의 환난은 결코 오래가지 않는다. 따라서 예수께서는 제자들에게 환난과 더불어 임하게 될 궁극적인 심판에 관해 말씀하셨다. 그것은 지구에 살고 있는 인간들에게 뿐 아니라 우주적인 사건이 된다. 즉 하나님께서 처음 창조하셨던 피조 세계에 대한 심판과 연관되는 것이다. 그 과정을 통해 최종적인 하나님의 뜻이 이루어지게 된다.

　　　"그 날 환난 후에 즉시 해가 어두워지며 달이 빛을 내지 아니하며 별들이 하늘에서 떨어지며 하늘의 권능들이 흔들리리라 그때에 인자의 징조가 하늘에서 보이겠고 그때에 땅의 모든 족속들이 통곡하며 그들이 인자가 구름을 타고 능력과 큰 영광으로 오는 것을 보리라 저가 큰 나팔소리와 함께 천사들을 보내리니 저희가 그 택하신 자들을 하늘 이 끝에서 저 끝까지 사방에서 모으리라"(마 24:29-31).

　예수께서는 이러한 일이 머잖아 발생하게 되리라는 사실을 분명히 말씀하셨다. 그때는 마치 노아시대의 홍수심판처럼 사람들이 전혀 예기하지 않은 때 갑작스럽게 찾아온다. 종말을 앞둔 하나님의 우주적인 심판을 피할 수 있는 대상은 아무 것도 없다. 죄에 빠진 인간들은 웅장한 승리의 나팔소리와 함께 임하는 엄위하신 하나님의 심판 앞에서 사시나무 떨듯 떨 수밖에 없다. 그들에게는 영원한 멸망이 기다리고 있을 따름이다. 저들의 종말은 이를 갈며 울게 되는 이루 형언할 수 없는 처참한 상황을 동반하게 된다.

그렇지만 하나님의 참된 자녀들에게는 그것이 도리어 감사한 일이다. 세상으로부터의 환난과 심판의 과정에서 발생하는 고통중에 살아가며 하나님의 궁극적인 뜻이 완성되는 것을 볼 것이기 때문이다. 세상의 환난을 견딘 하나님의 자녀들에게는 하나님께서 허락하시는 영원한 영광과 환희가 궁극적인 소망이 된다.

또한 하나님의 성전 파괴 사건과 종말에 관한 예언을 말씀하신 예수께서는 마태복음 25장에서 세 개의 비유의 말씀을 주셨다. 그것은 열 처녀 비유, 달란트 비유, 양과 염소의 비유이다. 이 비유들은 한결같이 종말론적인 의미를 지닌다.

① 열 처녀 비유에서는 하나님의 자녀들이 예루살렘 성전에 연관되는 하나님의 심판과 주님의 오심을 기다리며 항상 깨어 있어야 함을 말씀하고 계신다. 성도들은 잠시도 시대를 방관해서는 안 되며, 어리석고 미련한 자들에게는 예기치 못한 급작스런 일이 닥쳐 당황하게 되는 일이 발생할 것이라는 교훈이다. 따라서 열 처녀 비유의 주제는 "그런즉 깨어 있으라 너희는 그 날과 그 시를 알지 못하느니라"(마 25:13)는 말씀이다.

② 달란트 비유에서는 성도들이 하나님의 심판의 날을 민감하게 바라보는 삶을 살아가고 있을지라도 일상적인 성실한 삶을 그대로 유지하라는 교훈을 주고 계신다. 하나님의 심판이 곧 임하게 된다고 할지라도 날마다 하나님의 성실한 성도로서 살아가야 하는 것이다.

종말의 때에 행해지는 게으르고 나태한 행동은 주님과 아무런 상관이 없는 불신자들이 취할 수 있는 태도이다. 이 비유의 주제는 "이 무익한 종을 바깥 어두운 데로 내어 쫓으라 거기서 슬피 울며 이를 갊이 있으리라"(마 25:30)는 말씀에 나타나고 있다.

③ 양과 염소의 비유에는 마지막 심판을 통해 최종적인 영구한 분리

가 이루어진다는 내용이 나타나고 있다. 하나님께서는 양들을 거룩한 자기 편에 모아 자기와 함께 영원한 천국에서 살도록 하지만 염소들은 영원한 멸망에 빠뜨리게 된다. 이는 또한 동일한 기독교의 이름 아래 있지만 알곡과 쭉정이가 영원히 분리되리라는 사실을 드러내 보여준다. 이 비유의 주제는 "저희는 영벌에, 의인들은 영생에 들어가리라"(마 25:46)는 말씀에 집약되어 있다.

예수께서 주신 이 세 가지 비유는 한결같이 종말론적 성격을 지닌다. 말세의 고통당하는 때가 이르면 세상 전체가 혼란스럽게 된다. 그렇게 되면 신앙이 어린 성도들은 참된 가치관을 확립하기가 쉽지 않다. 그럴 때 하나님을 경외하는 교회와 성도들은 항상 이 말씀을 염두에 두고 살아가지 않으면 안 된다.

3. 다니엘서를 배경으로 하여 설명되는 종말론적 교훈

다니엘서는 구약시대에 예언된 종말에 관한 하나님의 말씀이다. 그 예언은 사건이 일어난 역사적인 순서와 무관하게 하나님의 뜻을 나타내 기록하고 있다. 신약시대의 교회가 다니엘서를 읽을 때, 다니엘서 내부의 사건 발생 순서에 관심을 가질 것이 아니라 하나님의 구속사와 더불어 전체적인 보편 역사에 대한 분명한 깨달음을 가져야 한다.

우리는 다니엘서를 살펴보기 위해 먼저 성전 파괴와 관련된 예수님의 종말에 대한 교훈을 간략하게 살펴보았다. 이는 예수께서 제자들에게 성전 파괴와 연관된 교훈을 주시면서 특별히 다니엘의 예언을 언급하고 계시기 때문이다.

구약성경 다니엘서는 다윗 왕국의 패망과 예루살렘 성전 파괴를 배경으로 하고 있다. 다니엘은 그 시기 전후에 약속의 땅인 가나안 본토를 떠나 이방 지역에 살며 하나님의 말씀에 온전히 순종하고자 했다.

BC 605년 유다 왕 여호야김 재임시 이스라엘 백성이 첫 번째 바벨론 포로로 잡혀갈 때 나이 어린 다니엘도 그 무리 가운데 섞여 있었다. 그는 유대의 왕족 혹은 귀족 출신으로 약 60여 년간 바벨론 왕국에서 세 번째 서열의 고위 공직자와 메대 왕국의 총리로 재직했던 걸출한 인물이었다(단 1:3,6; 5:29; 6:1-2).

성경이 밝히고 있는 것처럼 다니엘은 솔로몬이 건립한 예루살렘 성전이 이방 왕국인 신바벨론 제국에 의해 파괴되는 것을 역사적으로 직접 경험했던 인물이다. 그 가운데 다니엘은 70이레에 관한 예언을 하고 있다. 다니엘서의 70이레는 이스라엘 민족의 회복에 직접 연관되며 동시에 예루살렘 성전에 관련되는 것이다.

우리가 여기에서 조심스럽게 되새겨 볼 수 있는 사실은 다니엘서를 주의 깊게 읽은 구약시대의 성도들 가운데는 인간의 옷을 입은 메시아인 예수님의 사역의 시기에 대해 어느 정도 인식하고 있었다는 사실이다. 즉 예측이 전혀 불가능한 때에 예수께서 탄생하신 것이 아니라 주님의 오심에 대해 상당한 지식이 있었을 것이라는 의미이다.

아기 예수께서 출생하셨을 때 베들레헴을 방문했던 동방박사들을 비롯한 서기관들은 주님의 때를 어느 정도 알고 기다리던 성도들로 이해해야 한다.6 물론 그들이 정확한 시기를 예측하는 데는 어려움이 있었을지라도 대략적인 시기는 짐작하고 있었을 것이다. 이는 모든 사람들이 그렇게 믿었다는 의미가 아니라 다니엘서를 비롯한 구약성경을 올바르게 깨달아 믿는 자들에게는 그 비밀이 어느 정도 알려져 있었다는 의미이다.

예수께서 하나님의 거룩한 성전인 자신의 몸을 염두에 두고, 헤롯 왕

---

6 이광호, 『신약신학의 구속사적 이해』, 서울: 도서출판 칼뱅, 2006. pp.69-73. 참조.

이 건립을 시작한 돌 성전의 파괴와 더불어 종말에 관한 언급을 한 것은 다니엘서의 내용 역시 그와 연관되어 있음을 말해주고 있다. 따라서 예수께서는 제자들에게 시대를 분별하도록 요구하셨다. 가지가 연하여지고 잎사귀를 내면 여름이 가까운 줄 알게 하는 무화과나무의 비유를 배우는 것이 성도의 참된 지혜라는 것이다.

하나님을 알지 못하는 사람들이 전혀 생각지 못하는 때에 인자人子가 임하겠지만 하나님의 자녀들은 도적을 지키는 사람처럼 항상 깨어 경성해 있어야 한다. 우리 시대에 있어서는 이를 예수님의 재림과 연관지어 받아들이게 된다. 하나님의 성전에 '멸망의 가증한 것'을 끌어들여 모독한 것처럼 그의 몸된 거룩한 교회 가운데 멸망의 가증스런 것이 들어오고, 마지막 심판 날이 가까워지게 되면 일반적인 상식과는 전혀 다른 양상이 벌어질 것이라는 사실을 기억하지 않으면 안 된다.

그러므로 우리는 다니엘서의 예언을 원근통시적遠近通視的인 관점에서 구속사와 인류의 보편 역사를 염두에 두고 그 의미를 알아가야 한다. 즉 다니엘 – 바벨론 포로 – 예루살렘 성전 파괴(BC 586년; 왕국 멸망) – 페르시아로부터 귀환(스룹바벨, 에스라, 느헤미야) – 성전과 성벽 재건 – 헬라 제국 – 성전 모독(멸망의 가증한 것) – 마카비 전쟁 – 수전절 – 로마 제국 – 헤롯 성전 – 예수 그리스도(참 성전; 탄생과 십자가 사역) – 헤롯 성전 파괴(AD 70년) – 보편 교회와 천년왕국(종말; 환난)으로 이어지는 역사적 의미를 염두에 두고 다니엘서를 읽어야 한다.

또한 다니엘서를 읽고 묵상하면서 예수께서 친히 말씀하신 종말에 관한 교훈을 동시에 기억해야 한다. 그 중심에는 예루살렘 성전이 소유한 진정한 의미와 더불어 돌로 지어진 성전 건물이 자리잡고 있으며 그 성전 건물의 파괴와 연관되어 있다. 우리는 이미 성취된 구약시대 다니엘의 예언을 염두에 두고 다니엘서를 살펴보는 것이 중요하다는 사실을 기억하여야 한다.

제2부
역사적 사건과 구속사적 기적

제2장
다니엘과 그의 세 친구

(단 1:1-21)

1. 풍전등화風前燈火의 위기에 놓인 이스라엘 민족(1:1,2)

다니엘이 바벨론의 포로로 잡혀 갈 당시는 이스라엘 주변 세계 정세가 급박하게 돌아가고 있었다. 국력이 극도로 약화된 유다 왕국은 신흥 강국으로 부상한 바벨론과 전통적으로 강한 면모를 보이고 있던 애굽 사이에서 눈치를 보며 처신하지 않을 수 없었다. 기울어 가는 힘없는 약소국이 막강한 세력을 가진 두 강대국 모두의 비위를 맞출 수는 없는 일이었다.

결국 유다 왕국의 여호야김 왕은 바벨론 왕국을 멀리하고 친 애굽 정책을 취하는 편이 현실적인 국익을 위해 유리한 것으로 판단했다. 유다 왕국의 지도자들은 살아계신 여호와 하나님을 의지한 것이 아니라 이방 왕국인 애굽을 의지함으로써 그들이 처한 위기를 넘기려 했다. 이는 하나님에 대한 신뢰를 저버린 악행이었으며, 그것은 하나님의 심판을 불러올 수밖에 없었다.

유다 왕국의 친 애굽 정책은 앗수르 제국을 물리치고 패권을 장악한 바벨론의 진노를 사기에 충분했다. 마침 그때는 신바벨론 왕국의 초대 왕이었던 나보폴라살(Nabopolassar)[7]의 뒤를 이어 그의 아들 느부갓네살 (Nebuchadnezzar)이 왕위(BC 605-562)에 오른 시점이었다.

호전적인 성격의 소유자인 느부갓네살 왕은 갈그미스(Carchmish)[8] 전투에서 애굽의 왕 느고를 격퇴하고 애굽 하수에서부터 유프라테스 강에 이르기까지 넓은 지역을 지배하게 되었다(왕하 24:7; 렘 46:2-12). 느부갓네살 왕은 그와 더불어 대군을 이끌고 유다 왕국의 수도 예루살렘을 침공했다. 그때가 유다 왕 여호야김이 즉위한 지 삼 년이었는데, 이는 BC 605년을 가리킨다.

그 해에 있었던 바벨론의 침략으로 인해 유다 왕국의 유력한 지도자들과 많은 기술자들이 바벨론의 포로로 사로잡혀가게 되었다(렘 24:1; 27:20; 52:15). 뿐만 아니라 그들의 가족들도 이방 지역으로 끌려가는 신세가 되었다. 이는 바벨론 왕국을 배신하고 애굽을 선택한 유다 왕국에 대한 강력한 응징의 성격을 지니고 있었다.

나아가 그 사건은 이사야, 미가, 스바냐, 하박국 등 여러 선지자들에

---

7 소왕국이었던 바벨론의 나보폴라살 왕(BC 627-605년)이 앗수르 제국의 수도 니느웨를 함락한 후 바벨론은 막강한 세력을 가지게 된다. 앗수르 왕은 전쟁에 패배해 하란으로 도주했으며(BC 612년) 바벨론은 메대와 연합하여 하란에 있는 앗수르 군대를 격퇴시켰다. 그때 앗수르는 애굽에 원병을 요청했으며, 애굽의 바로 느고 2세는 앗수르를 지원하기 위해 출정했다. 이때 유다 왕 요시야는 바로 느고의 출정을 막으려 하다가 전사하게 되었다(BC 609년, 왕하 23:28-30). 애굽과 앗수르 연합군이 바벨론 군에 대항해 싸웠지만 느부갓네살이 이끄는 바벨론 군대가 갈그미스 전투에서 승리하게 되어 세계적인 제국으로 발돋움하게 되었다.

8 갈그미스(Carchmish)는 시리아의 알레포 북동쪽 100km 지점에 위치한 유프라테스 강 상류 근처의 성읍이다. 이 지역은 메소포타미아, 유럽, 이집트를 잇는 중요한 군사, 교통의 요충지였으므로 강대국간 주도권 쟁탈의 주된 무대였다. 이곳은 시리아의 도시 국가였다가 나중 앗수르 왕국의 사르곤 2세에 의해(BC 717) 정복당했다(사 10:9). 그후 애굽의 바로 느고에 의해 정복되었으나(BC 609년) 다시 바벨론의 느부갓네살 왕에 의해 점령당하게 된다(BC 605년).

의해 이미 예언된 예루살렘 패망의 시작이었다. 다니엘서는 이스라엘 민족의 패망이 단순한 정치적인 문제가 아니라 하나님의 심판에 직접 연관되어 있음을 밝히고 있다.

하나님께서는 배도에 빠진 유다 왕국이 바벨론의 공격을 받아 곤경에 빠지도록 하셨으며, 예루살렘 성전의 거룩한 기구들을 바벨론 왕국에 빼앗겨 바벨론 지역인 시날(Shinar) 땅에 있는 참람한 이방신전의 창고에 보관되도록 하셨다. 이것은 이스라엘 민족에 있어서 엄청난 충격이자 치욕적인 일이 아닐 수 없었다.

그후 유다 왕국은 BC 597년과 586년에 두 차례 더 바벨론의 침략을 받았다. BC 605년 제1차 포로사건이 있은 지 8년 후인 BC 597년에 두 번째 침략과 포로로 잡혀가는 사건이 있었다. 그때는 선지자 에스겔이 바벨론으로 사로잡혀가는 무리 가운데 섞여 있었다. 에스겔은 바벨론의 포로가 되어 살아가는 형편에서 하나님의 말씀을 예언하며 유다 백성들의 영적인 삶을 지도하는 역할을 했다. 그리고 두 번째 포로사건이 있은 지 11년 후였던 BC 586년 유다 왕국은 바벨론으로부터 세 번째 침공을 받고 예루살렘 성전이 완전히 파괴되었으며 결국 왕국은 패망하게 되었다.9

---

9 바벨론은 유대인들을 총 네 번에 걸쳐 포로로 잡아갔던 것으로 보인다. 그것은 BC 605년, 597년, 586년, 그리고 581년에 일어났다. 예레미야 선지자는 그에 대해 "느부갓네살의 사로잡아 옮긴 백성이 이러하니라 제 칠년에 유다인이 삼천 이십 삼이요 느부갓네살의 십팔 년에 예루살렘에서 사로잡아 옮긴 자가 팔백 삼십 이인이요 느부갓네살의 이십 삼 년에 시위대장관 느부사라단이 사로잡아 옮긴 유다인이 칠백 사십 오인이니 그 총수가 사천 육백인이었더라"(렘 52:28-30)고 기록하고 있다(연대에 한두 해 차이가 나는 것은 햇수 계산의 관습에 해당되는 것이므로 아무런 문제가 되지 않는다). 예레미야 선지자는 첫 번째 포로로 잡혀 갔던 BC 605년 이후 세 번에 걸쳐 바벨론으로 사로잡혀간 이스라엘 백성들의 총 수를 4,600명으로 기록하고 있는데 이 수는 여자와 어린아이들을 제외한 수로 보인다. 그러므로 네 차례에 걸쳐 바벨론으로 사로잡혀 간 포로의 총 수는 아마 수만 명에 이를 것으로 판단된다.

우리가 다니엘서의 본문을 통해 반드시 기억해야 할 사실은 이 모든 사건들이 하나님의 뜻과 연관되어 있다는 사실이다. 즉 당시 바벨론 왕국의 전투력이 강했기 때문에 유다 왕국을 위기에 빠뜨려 멸망시킬 수 있었던 것이 아니다. 아무리 막강한 세력을 지닌 이방 국가라 할지라도 하나님의 허락 없이는 유다 왕국을 패망에 빠뜨릴 수 없다. 본문 가운데 '주께서'(1:2) 그렇게 하셨음을 밝힌 것은 그 가운데 하나님의 놀라운 뜻과 경륜이 담겨 있음을 말해주고 있다.

2. 바벨론 왕국의 융화정책(1:3-5)

(1) 이스라엘 자손의 인재 발굴

느부갓네살 왕은 유다 왕국에 대한 지배권을 쟁취한 후 자신의 왕궁 행정책임자의 위치에 있던 환관장(Chief of Officials) 아스부나스(Ashpenaz)에게 피지배국 소년들 중에서 유능한 인재를 발굴하여 특별교육을 시키도록 명령했다. 유다 왕국 출신의 소년들 가운데서도 왕의 명령은 동일하게 적용되었다. 그리하여 이스라엘 민족의 왕족이나 귀족 가문출신 소년들 중에 용모가 준수하고 재주가 뛰어나며 총명하여 지식과 학문에 익숙한 인재들을 찾고자 했다.

이방 출신에 대한 인재 정책은 이스라엘 민족뿐 아니라 여러 족속들 가운데 동일하게 이루어졌다. 이는 바벨론 제국의 전체적인 융화 정책 의도와 더불어 궁극적으로는 민족말살民族抹殺 정책을 염두에 두고 있었던 것으로 보인다. 세계적인 제국을 편성하기 위해서 피지배국 백성들 중에 유능한 인재들을 뽑아 친 바벨론화 하는 것은 절실히 요구되는 전략이었다. 왕은 그들에게 왕궁에서 진행되는 특별한 교육을 통해 이방인 출신으로서 왕의 직무를 돕는 공직자로 양성하고자 했다.

(2) 교육의 구체적인 내용

왕궁에서 이루어지는 특별 교육은 삼 년 과정[10]이었다. 엄격한 절차를 거쳐 선발된 피정복민 출신 소년들은 바벨론의 정체성에 연관된 갈대아인들의 학문을 익혀야 했으며 그들의 일반적인 풍습에 대한 지식과 이해를 넓혀야 했다. 그런 교육과정을 통해 그들은 바벨론 문명과 문화에 점차 친숙해져 가게 될 것이다.

나아가 그들은 바벨론의 언어를 습득해야만 했다. 바벨론 제국에 필요한 공직자가 되기 위해서 그들의 언어를 익숙하게 습득하는 것은 필수적이다. 그것은 단순한 의사 소통뿐 아니라 자유롭게 문서 작성을 할 수 있는 정도의 높은 수준에 도달해야 했다. 이에 대해서는 그들이 나중 일반 공직자가 아니라 바벨론 제국의 최고위 공직자에 이르는 것을 보아서도 쉽게 알 수 있다.

또한 느부갓네살은 그 젊은 소년들이 자신이 세운 특별 왕립학교에서 교육을 받게 되면 그들을 통해 피정복민들에게 상당히 긍정적인 영향을 끼칠 수 있으리라는 판단을 하고 있었다. 비록 포로로 잡혀온 자들의 나라가 패망했거나 패망의 위기에 처해 있을지라도 자기 종족 중에 훌륭한 인재들이 왕궁에서 교육을 받아 고위 공직에 오르는 것을 보며 저들의 마음이 바벨론에 동화되기를 바라는 정치적인 의도도 깔려 있었을 것이다.

(3) 최고의 대우

느부갓네살 왕은 패망한 왕국 출신의 인재로서 특별히 선발된 소년들

---

10 여기에서 말하는 삼 년 과정이란 오늘날 우리가 생각하는 것과는 차이가 날 수 있다. 즉 삼 년을 꽉 채우는 삼 년일 수도 있지만 햇수로 삼 년일 수도 있는 것이다. 전체적인 내용을 살펴볼 때는 햇수로 삼 년일 것이라는 생각이 더 타당성이 있어 보인다.

에게 최선의 대우를 하도록 명령했다. 왕은 자신이 먹는 진미珍味와 특별한 포도주를 저들에게 제공하게 했다. 나아가 그들이 날마다 사용하는 일상 생활용품 일체를 풍족하게 공급하도록 했다. 이는 사실 그들을 위한 엄청난 특권이 아닐 수 없다.

당시 일반 백성들은 왕과 왕궁의 부근에 접근하는 것조차 어려운 형편이었다. 비록 바벨론 출신의 인재들이라 할지라도 쉽게 왕과 왕궁 가까이 나아갈 수 없었다. 그런데 피지배국의 이방인 출신 신분으로 왕의 가까이에서 그의 진미와 포도주를 먹고 마신다는 것은 엄청난 특권이라 할 수밖에 없다. 더구나 당시 피정복민인 패망한 국가의 백성들은 바벨론 사람들로부터 멸시를 당하고 있을 때였다.

우리는 이런 사실을 통해 다니엘과 그의 친구들이 누리게 된 특권이 얼마나 큰 것이었던가 하는 점을 충분히 짐작할 수 있다. 하지만 그것은 단순히 저들의 능력과 노력에 의한 것이 아니었다. 거기에는 하나님의 섭리와 경륜이 담겨 있었다. 하나님께서 다니엘과 그의 친구들에게 왕립학교에서 교육을 받을 수 있는 특별한 기회를 허락하신 것은 저들의 개인적인 출세와 성공을 위해서가 아니라 하나님의 놀라운 뜻을 이루어가기 위해서였기 때문이다.

3. 다니엘과 세 명의 친구

(1) 왕립학교에서의 교육과 민족말살정책(1:6,7)

바벨론 포로로 잡혀간 이스라엘 민족의 많은 지도자 자녀들 가운데 다니엘, 하나냐, 미사엘, 아사랴가 느부갓네살의 왕립학교 교육을 받기 위해 특별히 선발되었다. 신앙이 어린 사람들이라면 그것을 두고 매우 명예로운 것으로 착각할 만한 일이었다. 만일 그렇게 되면 그 일에 대해 만족스럽게 생각하며 개인적인 출세와 성공을 위해 최선의 노력을 기울일 가능성이 농후하다. 나아가 그런 부모들이라면 자식의 출세를 위한 길이 활짝 열렸다고 좋아했을지 모른다.

그러나 다니엘과 세 친구들의 자세는 근본적으로 그렇지 않았다. 그들의 마음에는 하나님을 경외하는 온전한 신앙이 존재하고 있었다. 그들은 왕궁에서 교육을 받는 것 자체가 자랑스럽거나, 그것을 통해 자신의 장래를 보장받을 수 있다는 식의 생각을 하지 않았다.

신앙이 없고 어린 많은 사람들이 부러워할 만한 왕립학교에 입학한 다니엘과 그의 친구들을 비롯한 여러 소년들은 먼저 원래 속해있던 민족의 모든 것들을 완전히 포기하도록 강요받았다. 그것은 자의적인 판단에 의한 것이 아니라 그렇게 하지 않으면 안 되었던 것이다. 이는 바벨론 왕궁이 그들을 바벨론 왕국의 시민으로 다시 태어나게 하고자 하는 의도를 분명히 보여주고 있다.

바벨론 제국은 그것을 위해 저들의 이름을 일방적으로 바벨론식 이름으로 개명改名했다. 다니엘과 그의 친구들 역시 이름을 바벨론식으로 바꿀 수밖에 달리 도리가 없었다. 환관장은 다니엘을 벨드사살이라 하고 하나냐는 사드락, 미사엘은 메삭, 아사랴는 아벳느고라고 이름을 고쳤다(단 1:7). 이는 과거 일제가 1940년 한국 사람들의 성과 이름을 일본식으로 바꾸도록 강제한 창씨개명創氏改名과도 같다.[11]

바벨론식 이름으로의 개명은 외견상 왕궁에 거하며 왕립학교에서 공부하는 다니엘과 그의 세 친구들에 관한 것이지만, 실상은 모든 유다 백성들이 이제 이스라엘 민족의 정체성을 포기할 지경에 놓여있음을 시사해주고 있다. 그들은 바벨론 왕국의 시민으로 살아가도록 강요받고 있었다. 이는 궁극적으로 민족말살정책과 연관되어 있는 것으로 이해하게

---

11 창씨개명(創氏改名)은 1940년 일본제국의 조선 전통 말살정책의 일환으로 시도되었다. 하지만 1945년 조선이 해방된 후 1946년의 '조선 성명 복구령'에 따라 일본식 이름은 무효화되었다.

된다.

다니엘과 그의 세 친구들이 왕립학교에서 특별한 교육을 받을 수 있었던 것은 외견상 저들의 장래가 보장되어 있음을 말해준다. 예루살렘 성전이 파괴되어 유다 왕국이 패망하고 이스라엘 민족은 이방 지역에 흩어졌을지라도 그들에게는 잘 살아갈 수 있는 길이 활짝 열린 것이다. 그런 관점에서 본다면 그것은 저들에게 대단한 행운이라 아니할 수 없다. 하지만 우리는 결코 그런 관점에 머물지 않아야 한다.

(2) 음식거부 결심과 신앙의 지조(1:8,9)

다니엘과 그의 세 친구들이 왕립학교에 입학한 후 가장 먼저 직면하게 되었던 문제는 음식에 관한 것이었다. 왕궁에서 그들을 위해 제공하는 음식은 최고급 음식이었을 것이 틀림없다. 그러나 그것이 아무리 값비싸고 맛있는 음식이라 할지라도 하나님의 율법이 금하는 부정한 음식물이라면 먹어서는 안 되었다.

그들은 왕명王命에 의해 마련된 특별한 음식물이 부정하다는 사실을 알고 있었다. 왕궁에서 제공된 음식이 부정한 데는 여러 가지 이유가 있을 수 있다. 그것은 먼저 음식 자체가 레위기에 기록된 규례에 어긋난 음식이었음이 분명했다. 따라서 성경이 부정한 것으로 규정하고 있는 음식물은 먹어서는 안 되었다. 구약성경 레위기서에는 그에 대해 분명한 기록을 하고 있다.

> "너희는 짐승이 정하고 부정함과 새가 정하고 부정함을 구별하고 내가 너희를 위하여 부정한 것으로 구별한 짐승이나 새나 땅에 기는 것들로 너희의 몸을 더럽히지 말라 너희는 나에게 거룩할지어다 이는 나 여호와가 거룩하고 내가 또 너희를 나의 소유로 삼으려고 너희를 만민 중에서 구별하였음이니라"(레 20:25,26).

하나님께서는 구속사적인 목적을 위해 친히 구별하여 세우신 이스라엘 민족에게 부정한 음식을 아무렇게나 먹지 말도록 명령하셨다. 바벨론의 포로로 사로잡혀간 이스라엘 백성들은 이방 지역에 억류된 상태라 할지라도 결심여하에 따라 그런 음식을 피하여 먹지 않을 수 있었다. 특정한 음식물은 절대로 먹지 않겠다는 사람들에게 강제로 그것을 먹이지는 않을 것이기 때문이다.

그리고 부정한 음식물에 대한 또 다른 하나의 가능성은 저들에게 제공된 동물의 고기 자체가 부정한 것으로 분류된 것이 아니라 할지라도, 동물을 도살하는 과정에서 이방신에게 먼저 바쳐지는 의식을 거친 동물의 고기였을지도 모른다는 사실이다. 이는 왕이 마시는 특별한 포도주에 대해서도 마찬가지다. 동물의 고기든 마시는 포도주든 간에 이방신 제사와 연관된 음식을 섭취하는 것은 성별된 이스라엘 백성에게 있어서 몸을 부정하게 하는 것을 의미하고 있었다.

그런데 다니엘과 그의 세 친구들이 왕이 제공한 음식물을 종교적인 이유로 거절한다는 것은 그리 쉬운 일이 아니었다. 그것은 목숨을 건 매우 위험한 모험일 수 있다. 그렇지만 그들은 음식에 관한 저들의 의사를 최고 관리자인 환관장에게 전달했다. 그것은 믿음으로 말미암는 용감한 행위였다.

다니엘을 비롯한 그의 세 친구들이 생명의 위험을 무릅쓰고 왕이 제공하는 음식과 음료를 거부한 것은 저들의 몸을 부정한 음식물로 인해 더럽히지 않으려는 생각과 이스라엘 민족으로서 자신들의 정체성을 유지하고자 하는 온전한 신앙의 자세 때문이었다. 그들이 만일 음식에 관한 모세 율법의 규례를 어기게 된다면 이스라엘 백성으로서의 정체성을 상실하게 되는 것이었다.

한편 이스라엘 민족이 이방 지역으로 강제 이주되어 간다는 것은 그 자체로서 많은 위험성을 내포하고 있었다. 예루살렘 성전이 파괴되고 민족의 구심점이 사라진 상태에서 정체성을 유지한다는 것은 여간 어려운 문제가 아니다. 상당수 사람들이 음식으로 인해 자신을 더럽히지 않으려고 노력할지라도 여전히 그 위험성은 남아 있기 때문이다. 다니엘과 동시대의 선지자였던 에스겔은 그와 관련하여 하나님을 떠난 이스라엘 백성들이 이방 지역으로 쫓겨나 부정한 음식을 먹게 되리라고 예언한 바 있다.

> "여호와께서 또 가라사대 내가 열국으로 쫓아 흩을 이스라엘 자손이 거기서 이와 같이 부정한 떡을 먹으리라"(겔 4:13).

이스라엘 백성이 이방인들이 통치하는 지역에 강제로 흩어져 거주한다는 사실은 음식에 관한 문제와 밀접한 관계가 있다. 하나님을 모르는 이방 백성들이 저들의 부정한 종교적인 제사의 과정을 거쳐 음식물을 준비하게 된다면 이스라엘 백성은 그것을 자유롭게 먹을 수 없다. 그런 음식은 하나님 보시기에 부정한 음식이기 때문이다.

다니엘과 그의 친구들이 왕실 음식을 거부한 것도 그 가운데 섞여 있는 부정한 음식 때문이었다. 그들은 부정한 동물의 고기뿐 아니라 이방 종교의 제사에 사용된 음식물과 고대의 풍습에 따라 이방신에게 제사행위를 한 후에 도살된 동물의 고기를 먹을 수 없었던 것이다. 다니엘과 그의 친구들이 왕의 진미와 포도주를 거부한 이유는 그 음식물들이 이방신과 연관된 부정한 음식이었던 것이 분명하다.

(3) 음식물 거부와 환관장의 시험(1:10-14)

다니엘이 왕립학교에 관련된 모든 것을 총괄하는 환관장에게 음식물에 관한 저들의 뜻을 전달했을 때 환관장은 그들의 요구를 쉽게 받아들일 수 없었다. 그것은 음식에 관한 왕의 명령을 어기는 것이 되기 때문이었다. 느부갓네살 왕은 그들이 먹고 마셔야 할 음식물을 직접 지정해 주었다(단 1:10). 이는 그들이 아무 음식이든지 마음대로 먹어서는 안 된다는 규정이기도 하다.

그런데 이제 갓 왕립학교에 입학한 이스라엘 민족 출신의 몇 소년들이 그에 대한 곤란한 요구를 했던 것이다. 환관장은 그것이 왕에 대한 항명抗命이라는 사실을 잘 알고 있었다. 만일 환관장이 그 소년들의 요구를 그대로 들어준다면 그것은 왕의 특별 법령을 어기는 범법 행위가 된다.

그렇지만 다니엘과 그의 친구들은 환관장에게 저들이 요구하는 대로 다른 음식물을 통해 시험해 줄 것을 요청했다. 그것은 앞으로 열흘 동안 채식과 물만 주어 마시게 해달라는 부탁이었다. 즉 동물의 고기로 만든 진미 대신 채식을 하고, 왕이 제공하는 포도주 대신에 그냥 물만 마시겠다는 것이었다. 그렇게 한 결과 다른 소년들과 건강을 비교해 보아 그들보다 건강 상태가 못하다면 처벌해도 좋다고 말했다.

그것은 결코 쉽게 용납할 수 있는 문제가 아니었지만 환관장은 왕이 음식에 관한 특별한 규정을 만들어 두고 그렇게 명령하게 된 원래의 취지를 잘 알고 있었다. 그것은 종교적인 문제를 위한 음식 규정이 아니라 왕립학교에서 교육을 받는 소년들의 건강을 유지하기 위한 목적 때문이었던 것이다.

이에 환관장과 그의 부하들은 스스로 그에 대한 판단을 내리게 된다. 다니엘이 말한 대로 열흘 동안 시험해서 저들의 건강 상태에 아무런 이상이 없다면 그대로 받아들이고, 만일 건강이 좋아지지 않으면 달리 대응하면 되리라고 판단했다. 그리하여 다니엘이 요구한 대로 한시적으로 열흘간 채식과 물로 그들을 시험하게 되었다.

4. 다니엘과 그의 친구들에게 임한 하나님의 은혜(1:15-21)

다니엘과 그의 세 친구들은 환관장의 허락아래 열흘간 채식과 물만 섭취하면서 공부하며 생활했다. 그런데 열흘이 지난 후에 비교해보니 왕의 진미를 먹고 포도주를 마시는 다른 소년들보다 채식을 한 다니엘과 그의 친구들이 훨씬 더 건강하게 보였다. 그것은 하나님의 은혜로 인한 것이었다.

환관장과 왕립학교의 음식을 담당한 자들은 그것이 하나님의 간섭에 의한 것인 줄 알지 못했다. 하지만 결과로 드러난 분명한 사실로 인해 음식 담당자는 그들에게 왕이 정한 음식과 포도주 대신에 채식과 저들이 원하는 물을 섭취하도록 허락했다. 그들은 삼 년간의 교육을 마치고 졸업할 때까지 줄곧 왕이 정해준 음식이 아니라 채식과 물만 마시면서 공부하며 생활했다.

하나님께서는 저들에게 생활을 위한 건강뿐 아니라 특별한 은혜를 베풀어 명철을 더하셨다. 그리하여 그들은 함께 공부하는 다른 소년들보다 지식이 더했으며 저들의 모든 학문과 재주가 뛰어나게 하셨다. 그리고 다니엘에게는 특별히 이상異像과 몽조夢兆를 깨달아 알게 하는 은혜를 더하셨다. 그것은 그의 학문적인 노력의 결과가 아니라 하나님께서 베푸신 특별한 은혜로 말미암은 것이었다. 이는 다른 사람들의 일반적인 예상을 완전히 벗어난 결과였다.

삼 년간의 모든 교육과정이 끝난 후 환관장은 이방 출신의 교육생들을 느부갓네살 왕 앞으로 데리고 갔다. 왕은 그들과의 면담을 통해 다니엘과 그의 세 친구들이 다른 소년들에 비해 탁월하다는 사실을 알게 되었다. 왕은 그들에게 질문하며 시험한 결과 저들의 지혜와 총명이 다른 교육생들보다 월등할 뿐 아니라 바벨론에 있는 여러 마술사들과 주술사들보다 월등하다는 사실을 알았던 것이다. 이에 왕은 그들로 하여금 왕궁에 있으면서 자기를 위해 보필하도록 명령했다.

우리는 이 사실을 통해 그들에게 바벨론 제국이 아니라 이스라엘 민족을 위한 하나님의 특별한 사명이 있다는 사실을 깨닫게 된다. 이는 매우 중요한 구속사적 의미와 연관되어 있다. 따라서 우리는 특별히 다니엘서 1장 마지막 부분에 기록된 대로 다니엘이 바벨론의 패망이후에도 페르시아의 고레스(Cyrus)[12] 원년까지 있었다고 한 말에 깊은 관심을 기울여야 한다.

이 언급은 다니엘이 바벨론의 왕궁에서 공직생활을 시작하여 최고위 공직에 오른 것에 대한 본질적인 의미를 드러내 보여주기 때문이다. 주변 여러 왕국들 위에 군림하며 막강한 세력을 펼치던 바벨론 제국은 멸망했지만, 하나님의 사람 다니엘은 여전히 최고위 공직자로 있으면서 건재한 모습을 보였다.

이것은 과연 무엇을 말해주고 있는가? 이는 예루살렘 성전을 파괴한 바벨론에 대한 하나님의 심판과 더불어 페르시아 제국의 정책을 통해 파괴된 예루살렘 성전을 다시 세우시려는 하나님의 뜻에 연관된 사실을 보여주고 있다. 그 사역을 위해서는 이방 왕국에서 지도자격인 지위에 있는 유대인들이 필요했는데 하나님께서는 다니엘을 통해 그 일을 실행

---

12 고레스는 안샨 왕 캄비세스 1세의 아들로 왕위를 물려받아 페르시아 왕국의 초대 왕이 되었다(BC 559-530). 그는 메대와 페르시아를 통일했으며 BC 538년에는 느부갓네살이 죽은 후 약화된 바벨론 제국을 정복함으로써 당시 최대 영토를 소유한 왕이 되었다. 고레스는 앗수르 제국의 강권 정책과는 달리 정복 민족의 전통을 존중하고 종교의 자유를 인정하는 관용정책을 폈다(스 1:3,4). 이 정책으로 인해 바벨론의 포로로 잡혀갔던 유다 백성들이 가나안 땅 본토로 귀환해 성전 재건과 성벽 수축 공사를 할 수 있었다. 여기에서 바벨론은 패망했지만 바벨론의 고위 공직자였던 다니엘은 건재했던 사실에 관심을 가져야 할 필요가 있다. 그것은 하나님의 경륜에 따라 진행되고 있던 일이었기 때문이다. 이는 나중 느헤미야와 같은 고위 공직자가 나올 수 있는 역사적 배경이 되었을 수도 있다. 또한 우리가 기억해야 할 바는 고레스가 그보다 수백 년 전에 살았던 이사야 선지자에 의해 예언된 왕이었다는 사실이다(사 44:28-45:1).

해 가신 것으로 보인다. 후에 페르시아 제국이 바벨론을 멸망시키고 패
권을 장악한 후, 피지배국 사람들의 본토 귀환을 허용하게 될 때 그와
같은 사실이 엿보인다.

이스라엘 백성들의 귀환과 더불어 예루살렘 성전과 성벽재건이 허락
되었을 때 그들을 본토로 이끌고 돌아가 구체적으로 사역을 감당해야
할 인물들은 다니엘의 지위와 간접적으로나마 연관이 있었던 것으로 볼
수 있다.

느헤미야 같은 인물은 당시 유대인들의 지도자로서 페르시아 제국의
고위 공직자였다(느1:11; 2:1-8). 그는 직접적이지는 않다 하더라도 다니엘
의 성실한 공직수행 자세로 말미암아 유대인으로서 이방 왕국의 지도자
들의 인정을 쉽게 받았을 것이라 이해할 수 있다. 우리는 이를 통해 역
사 가운데 관여하시는 하나님의 놀라운 계획과 경륜을 보게 된다.

제3장
기억나지 않는 느부갓네살의 꿈과 다니엘

(단 2:1-30)

1. 다니엘서와 아람어(2:4)

구약성경 가운데 일부분을 제외하고는 전체가 이스라엘 민족의 언어인 히브리어로 기록되어 있다. 그런데 다니엘서는 아람어로 기록된 내용이 상당 부분 차지하고 있다. 다니엘서 2장 4절부터 7장 28절까지가 아람어로 기록되어 있다.[13]

아람어는 당시 이스라엘 백성들의 입장에서는 부정한 이방인들이 사용하는 언어였다. 물론 바벨론으로 강제 이주되어 정착하던 이스라엘 자손들은 생존을 위해 점차 아람어를 배울 수밖에 없었을 것이다. 그렇다면 다니엘서에 히브리어가 아닌 아람어로 기록된 부분이 많다는 것은 특별한 의미없이 단순히 그렇게 기록되었다고만 말할 것인가? 유대인들의 자존심에는 아무런 연관이 없는가? 이것은 과연 무엇을 시사하고 있는가?

---

13 에스라서 4장 8절-6장 18절과 7장 12-26절도 아람어로 기록되었다. 앗수르, 바벨론, 페르시아가 통치하던 시기에는 아람어가 당시 국제 공용어로 통용되었다. 또한 아람어는 예수님 당시 팔레스틴에서는 일상적인 언어였다.

하나님께서 다니엘을 통해 히브리어가 아닌 아람어로 계시를 기록하게 하셨다는 사실은 우리로 하여금 많은 것을 생각하게끔 한다. 우리가 분명히 이해해야 할 바는 다니엘서가 기록될 당시 이스라엘 백성들 가운데 아람어를 능통하게 사용할 수 있는 이들이 그렇게 많지 않았으리라는 사실이다. 따라서 다니엘서 일부가 아람어로 기록되었다는 것은 여전히 선민이라는 민족적 자만심에 빠져있던 유대인들의 환상을 깨는 역할을 했을 것으로 보인다.

이스라엘 백성들을 위해 계시되는 하나님의 말씀이 부정한 이방언어인 아람어로 기록된 사실은 저들을 위한 분명한 해석자가 있어야 함을 의미한다. 이스라엘 백성으로서 아람어를 해석해주는 자 없는 상태에서 성경을 자유롭게 읽을 수 없다는 사실은 예삿일이 아니다. 이것은 오히려 아람어를 사용하는 이방인들이 그 성경본문을 쉽게 읽고 이해할 수 있음을 의미하고 있다.

이는 히브리어에 절대적인 의미를 부여하고 있었을 이스라엘 백성들의 환상이 깨어졌다는 사실을 말해주고 있다. 또한 나중에 신약성경이 헬라어로 계시되는 의미와도 어느 정도 연관되는 것으로 보인다.[14] 하나님께서는 이스라엘 민족이 사용하는 언어인 히브리어 그 자체에 절대적인 의미를 부여하지 않으셨다. 하나님은 역사적 정황과 필요에 따라 자신의 뜻이 드러나도록 계시하셨던 것이다.

2. 느부갓네살의 꿈과 다니엘

(1) 느부갓네살 왕의 꿈과 그의 황당한 요구(2:2-6)

느부갓네살이 바벨론 제국의 왕위에 오른 지 이 년이 되던 해에 꿈을

---

14 이광호, 『신약신학의 구속사적 의미』, 서울: 도서출판 깔뱅, 2006, pp.26-29. 참조.

꾸게 되었다. 여기에서 말하는 이 년이란 상당히 폭넓은 개념이다. 왕은 그 꿈을 꾸고 나서 내용은 잊어버린 채 마음이 번민하여 잠을 이루지 못할 지경이 되었다. 꿈을 꾸고 난 후 번민에 빠져 있던 그 기간은 아마도 하루 이틀이 아닌 상당히 긴 기간일 수 있다. 어쩌면 꿈을 꾸고 나서 그것으로 인해 몇년간 고민했을 가능성도 없지 않다.

그렇지만 그것이 사건화 된 시기는 다니엘이 왕립학교 교육기간을 마친 후로 보는 것이 자연스럽다. 그런데 앞에서 살펴본 것처럼 다니엘이 공부한 왕립학교는 삼 년 교육기간이었다. 하지만 그 삼 년이라는 교육기간은 만 삼 년이 아니라 햇수로 삼 년이라는 말로도 이해할 수 있음을 기억해야 한다.[15]

느부갓네살 왕은 꿈을 꾸고 난 후 내용을 까맣게 잊어버린 상태였지만, 그 꿈의 내용이 징조를 가진 것으로 반드시 알아야만 할 매우 중요한 내용이라는 사실은 인식하고 있었다. 그래서 느부갓네살은 그 꿈의 내용을 기억해내기 위해 많은 애를 썼던 것이 분명하다. 그러나 모든 노력을 기울여 꿈의 내용을 기억하려 해도 아무런 생각이 나지 않았을 뿐만 아니라 그로 인해 더욱 번민하지 않을 수 없었다.

왕은 결국 자기가 꾼 꿈의 내용을 알아내기 위해 전국에 있는 유명한 점쟁이와 술사들을 소집하기로 마음먹었다. 그들 가운데 자신의 꿈을 알게 해줄 자가 있을 것이라 기대했다. 그것은 그가 취할 수 있는 최종

---

15 예레미야서 25장 1절에는 '여호야김 4년 곧 바벨론 왕 느부갓네살 원년'에 예레미야가 하나님의 계시를 받은 사실을 기록하고 있다. 46장 2절에도 그와 같은 표현이 나타난다. 이는 다니엘서에서 '여호야김 3년'이라는 말과 차이가 나는 것인가? 학자들은 이를 유대력과 바벨론력이 한 해를 시작하는 기준이 달랐다는 점과 햇수에 대한 용어가 1년 365일을 말하는 것과 한 날이라도 해당 연도에 끼어 있다면 한 해로 간주하는 차이에서 발생하는 것으로 본다. 우리 한국 사람들의 경우 이를 쉽게 이해할 수 있다. 전년도 12월 31일에 출생하는 아이와 그 이듬해 1월 1일에 출생하는 아이는 단 하루, 혹은 몇 시간 차이가 나지만 한 살 차이가 나는 것으로 받아들여지게 되는 것과 마찬가지다.

의 선택이었다. 하지만 우리가 성경의 기록을 통해 짐작하듯이 느부갓
네살이 과연 그런 자가 분명히 나타날 것으로 믿고 그랬을까 하는 점을
생각해 볼 수 있다.

어쩌면 그가 정말 자기의 꿈을 알게 해줄 사람이 있으리라고 믿었다
기보다는 그만큼 그의 답답한 마음을 보여주고 있는지 모른다. 우리는
그의 태도를 통해 그 꿈을 알아내지 않으면 안 된다는 절박한 심정을 보
게 된다. 때문에 그는 전국의 유명한 점쟁이들과 술사들과 박사들을 불
러모아 그들에게 물어보고자 했던 것이다. 그들은 당시 바벨론 제국에
서 최고의 지혜를 가진 학자들이었을 것이 분명하다.

왕은 유명한 점쟁이들과 술사들을 불러모은 후 자기의 꿈에 연관된
자초지종을 말했다. 자기가 그 전에 어떤 꿈을 꿨는데 그 내용을 전혀
기억하지 못해 마음이 심하게 번민하고 있으니 그것을 알려달라는 것이
었다. 그러자 거기 모인 내노라하는 뛰어난 술사들은 왕이 꾼 꿈의 내용
을 알려주어야만 그에 대해 해몽을 할 수 있으리라는 답변을 했다. 그것
은 지극히 자연스런 반응이었다.

그런데 저들에게 내려진 왕의 명령은 그런 것이 아니었다. 자신이 꾼
꿈의 내용도 모르면서, 저들로 하여금 그 꿈을 알려주고 그에 대한 해몽
까지 해주도록 요구했던 것이다. 그는 만일 그들이 자기의 꿈을 알게 해
주면 큰 상급을 내리며 영예를 얻게 하겠지만 그렇지 않을 경우 패가망
신敗家亡身하게 되리라고 공언했다. 답변을 하지 못할 경우 저들의 몸을
쪼갤 것이며 저들의 집으로 거름터를 삼겠노라고 단언했던 것이다.

그러면서 속히 자신이 꾼 꿈의 내용을 알려주고 그에 대한 해몽을 해
주도록 명령을 내렸다. 느부갓네살 왕의 요구는 결코 이성을 갖춘 정상
적인 판단을 하는 사람의 행동이라 할 수 없다. 그것은 상식을 초월한
억지임에 분명하다. 하지만 바벨론 제국의 박사들에게는 왕으로부터 그
와 같은 엄중한 명령이 내려졌다.

(2) 왕의 진노(2:7-12)

느부갓네살 왕의 준엄한 명령에도 불구하고 왕이 꾼 꿈의 내용을 다른 사람들이 알아낸다는 것은 사실상 불가능한 일이다. 그러므로 술사들은 꿈의 내용을 알려주면 그에 대한 해몽을 하겠노라고 되풀이하여 말했다. 그것은 누가 보아도 지극히 상식적이며 합리적인 반응이었다.

그러나 오랫동안 꿈으로 인해 번민함으로써 조급해진 왕은 술사들의 당연한 말을 받아들이지 않았다. 그는 도리어 술사들을 책망하며 그들에게 모든 잘못을 뒤집어 씌웠다. 왕은 그들이 의도적으로 시간을 끌려고 한다며 몰아붙였다. 즉 그들이 왕 앞에서 거짓말과 망령된 말을 꾸며 분위기가 변할 때를 기다리려고 하지만 결코 그것을 용납할 수 없다고 닦달했다. 그리고 달리 그 상황을 피할 생각을 하지 말고 자신이 꾼 꿈의 내용을 알아내고 그에 대한 해몽을 하도록 요구했다.

거기 모인 술사들도 왕 앞에서 단호한 반응을 보였다. 세상에는 왕이 꾼 꿈을 알게 할 자가 아무도 없다는 것이었다. 아무리 용한 점쟁이라 할지라도 그것을 알아내는 것은 불가능한 일이었다. 따라서 권력 있는 위대한 왕이 자신도 모르는 꿈의 내용을 알아내도록 박사들과 술사들에게 물은 예가 있지 않았다고 변명했다. 꿈을 꾼 당사자가 기억하지 못하는 꿈의 내용을 알려달라고 하며 그에 대한 해몽을 요구하는 것은 희한한 일일 수밖에 없다는 것이었다.

이 말은 느부갓네살 왕이 지금 술사들에게 얼토당토않은 비상식적인 요구를 하며 잘못된 행동을 하고 있음을 강력하게 시사하고 있다. 그것은 지금까지 있었던 위대한 왕들 가운데 어느 누구도 행하지 않은 상식 이하의 요구를 하고 있음을 지적하는 것이다. 이는 왕에 대한 노골적인 불만의 표현이자 왕에게 은근한 책망을 하고 있는 것과 마찬가지였다. 그들은 신들이라면 몰라도 박사나 술사들에게 알아내라고 요구하는 왕이 도저히 이해가 되지 않는다며 왕의 처사를 받아들일 수 없다고 반응했다.

술사들의 이러한 반응은 꿈으로 인해 번민하고 있던 왕의 진노를 더욱 크게 불러일으키기에 충분했다. 화가 머리끝까지 치밀어 오른 느부갓네살 왕은 자신의 명령을 어긴 바벨론 제국의 모든 박사들을 멸하라는 명령을 내렸다. 술사들이 말하는 것처럼 만일 신들이 자신의 꿈을 알 수 있다면 신들에게 물어서라도 알게 하라는 것이었다.

3. 느부갓네살 왕의 꿈을 통한 다니엘의 부각

(1) 위기에 빠진 다니엘과 그의 반응(2:13-18)

분노한 느부갓네살의 명령으로 인해 바벨론 제국의 많은 술사들과 박사들이 처형당하게 되었다. 그것은 결국 왕궁에서 교육을 받은 다니엘과 그의 친구들에게도 직접적인 영향을 끼쳤다. 왕의 경호대장인 아리옥(Arioch)은 왕명에 따라 전국에 흩어져 있는 박사들을 체포하기 위해 임무를 수행하기 시작했다. 아마 당시 권력층에는 전국의 유능한 술사들과 박사들에 대한 명단이 준비되어 있었을 것으로 보인다.

그런 와중에 다니엘은 경호대장 아리옥에게 왕의 꿈에 연관된 그 문제를 해결하기 위해서는 서둘러서 될 일이 아니라는 말을 전했다. 그것은 분위기에 휩쓸리지 않는 명철하고 지혜로운 말이었다. 그에 대한 소신을 전하기 위해 다니엘은 직접 왕을 찾아가 알현했다. 이 사실은 당시 다니엘이 상당한 요직에 있었음을 말해준다. 또한 다니엘에게 대단한 용기가 없었다면 그런 행동을 취할 수도 없었다. 당시 느부갓네살 왕은 극도의 분노에 차 있는 상태였으므로 자칫 잘못하면 그의 생명이 위태로울 수도 있는 형편이었다.

다니엘이 왕을 찾아갔던 것은 하나님에 대한 분명한 믿음이 있었기 때문이었다. 그는 왕에게 나아가 만일 자기에게 시간을 준다면 왕이 꾼 꿈을 알려주고 그에 대한 해몽을 하겠노라고 언급했다. 왕은 다니엘이 하는 말을 듣고 그에게 충분한 시간을 주겠으니 그렇게 하도록 허락했다. 다니엘은 집으로 돌아가자 즉시 그의 세 친구들에게 그 사실을 전하고 하늘에 계신 여호와 하나님께 긍휼을 베푸시도록 기도했다.

전지전능하신 여호와 하나님께서 어느 인간도 알 수 없는 은밀한 것, 즉 느부갓네살 왕이 꾼 꿈의 내용을 자기들에게 알려주시도록 기도했던 것이다. 하나님을 경외하는 다니엘과 그의 친구들이 바벨론의 다른 박사들과 함께 죽임을 당치 않도록 간구한 것은 느부갓네살의 꿈을 알게 해달라는 간구였다. 다니엘과 그의 친구들은 하나님의 은혜를 구하며 지혜를 간절히 구했다.

(2) 하나님의 응답(2:19-23)

하나님께서는 다니엘과 그의 세 친구들의 기도를 들으셨다. 우리가 관심을 기울여야 할 내용 가운데 하나는, 하나님의 응답이 다니엘의 단독적인 기도의 결과가 아니라 그의 친구들과 함께 한 기도로 말미암은 응답이었다는 점이다. 이는 비록 소수이기는 하지만 그들은 바벨론에 거하는 모든 이스라엘 민족을 대표하는 성격을 지니고 있었다는 사실을 말해주고 있다.

하나님께서는 저들의 간곡한 기도를 들으시고 다니엘에게 그 은밀한 것을 환상으로 보여주셨다. 그것은 느부갓네살 왕이 오래 전에 꾸었던 꿈의 내용 그대로였다. 하나님께서는 느부갓네살에게 먼저 꿈으로 보여주셨으며, 다니엘에게는 그것과 동일한 내용을 환상으로 보여주셨다. 즉 동일한 내용을 느부갓네살 왕과 다니엘이 시간적 차이를 두고 보게 된 것이다.

느부갓네살 왕이 꾼 꿈의 내용을 환상을 통해 그대로 보게 된 다니엘은 하늘의 하나님께 찬송을 돌렸다. 그것은 단순히 느부갓네살의 꿈을 알게 되어 자신의 생명을 구하게 되었다는 외형적인 안도감 때문이 아니었다. 그 꿈을 통해 이스라엘 민족에게 소망을 주시는 하나님을 볼 수 있었기 때문이었다. 하나님께서 느부갓네살이 꾼 꿈에 대한 내용을 다니엘에게 환상으로 보여주신 것은 바벨론의 포로가 되어 신음하고 있는 이스라엘 민족에게 소망이 있음을 말해주고 있었던 것이다.

이에 다니엘은 지혜와 권능의 하나님을 찬송했다. 이 말은 인간들에게는 그와 같은 지혜와 권능이 없음을 고백하는 의미를 지니고 있다. 이것은 모든 참된 지혜와 지식이란 궁극적으로 하나님께 속해 있음을 말해주는 것과 같다. 또한 이스라엘의 하나님은 때와 기한을 변하시며 왕들을 세우기도 하시며 폐하기도 하시는 분임을 고백하고 있다. 이 말은 모든 왕들 위에는 하나님의 궁극적인 통치권이 존재하고 있음을 노래하는 것이며, 인간들에 대한 모든 주권은 하나님께 있음을 고백하는 것이다.

하나님께서는 참으로 지혜로운 자에게 지혜를 주시며 참 지식을 가진 자에게 총명을 주신다. 이는 모든 참된 지혜와 지식의 근원은 오직 여호와 하나님 한 분이시며 인간들 자신에게는 아무런 지혜와 지식도 없음을 말해주고 있다. 따라서 다니엘은 자신이 특별한 지혜와 능력을 가진 것이 아니라 오직 하나님께서 모든 지식과 능력의 근원이심을 고백했던 것이다.

하나님께서는 인간들이 도저히 알 수 없는 은밀한 것, 즉 느부갓네살이 꾼 꿈을 다니엘에게 보여준 환상을 통해 알려주셨다. 그것은 다니엘로 하여금 언약의 하나님께서 지혜와 능력을 허락하신 줄 알고 그에게 감사하며 찬양토록 했다. 그 놀라운 일은 빛 가운데 계시는 여호와 하나님만이 행하실 수 있는 일이었다.

(3) 다니엘의 결단과 느부갓네살 왕 알현謁見(2:24-30)

다니엘은 그후 제국내의 모든 술사들과 박사들을 처형하라는 왕의 명령에 따라 임무를 수행 중인 경호대장 아리옥을 찾아갔다. 하나님의 응답을 받은 그는 아리옥에게 자신이 느부갓네살 왕이 꾸었던 꿈의 내용을 알게 되었음을 전했다. 자기가 왕에게 자신이 알게 된 꿈과 그에 대한 해몽을 말하겠다고 했던 것이다.

이것 역시 어떤 의미에서 다니엘에게는 생명이 달린 모험이라 생각할 수도 있다. 다니엘이 왕에게 그 꿈의 내용을 알려준다고 해도 과연 그런지 기억나지 않는다고 말할 우려가 있기 때문이다. 물론 그 일이 하나님의 섭리 가운데 발생하고 있기 때문에 그럴 리 없지만, 사리에 맞지 않는 주장과 요구를 하는 자기 중심적인 느부갓네살 왕을 볼 때 그런 염려가 완전히 떠나지 않는다.

느부갓네살 왕의 꿈의 내용을 알아냈다는 다니엘의 말을 들은 아리옥은 그를 왕 앞으로 데리고 갔다. 유다 자손의 포로 출신인 그가 왕이 꾸었던 꿈의 내용을 알려주고 그에 대한 해몽을 하리라는 것이었다. 느부갓네살은 자기 앞에 선 다니엘에게 먼저 자신의 꿈과 그 해몽을 알려줄 수 있겠느냐고 물었다.

그러자 다니엘은 여호와 하나님께서 자신으로 하여금 왕이 꾼 꿈의 내용을 알게 하신 사실을 말했다. 바벨론의 박사나 술객 그리고 용하다고 하는 점쟁이들이 도저히 알 수 없는 내용이지만 이스라엘의 하나님께서 자신을 통해 그것을 알게 하셨다는 것이다. 이는 바벨론의 지혜자들과 그들이 추종하는 신들이 거짓에 지나지 않는다는 사실을 왕 앞에 선포하는 의미를 지니고 있다. 인간들이 알지 못하는 은밀한 것을 알게 할 수 있는 분은 오직 여호와 하나님 한 분밖에 없다는 사실을 당당히 말했던 것이다.

다니엘은 왕에게 구체적인 꿈의 내용을 알려주기에 앞서 그 의미부터 말했다. 즉 여호와 하나님께서 느부갓네살에게 꿈을 꾸게 하신 것은 후일에 될 일을 미리 알게 하기 위해 그 꿈을 꾸게 하였음을 언급했다. 그러면서 왕이 그 꿈을 꾸게 된 과정부터 소상히 말하기 시작했다.

오래 전 어느 날, 왕이 잠자리에 들면서 장래 일을 생각하고 있을 때 은밀한 것을 나타내시는 하나님께서 꿈을 통해 앞으로 일어나게 될 일을 왕에게 알게 하셨다는 것이다. 그 꿈의 내용을 전혀 기억하지 못하고 있는 왕에게 다니엘이 그 구체적인 내용을 말하는 것은 자기가 다른 사람들보다 지혜가 뛰어나기 때문이 아니라 장래의 일을 왕에게 알려주시려는 하나님의 뜻 때문이라는 것이었다. 다니엘은 이제 느부갓네살 왕에게 하나님께서 자기에게 알려주신 꿈의 내용을 말하게 된다.

우리가 분명히 명심해야 할 점은 다니엘의 이러한 모든 행동이 진정한 믿음으로부터 나왔다는 사실이다. 느부갓네살의 꿈을 알아내는 것은 다니엘이 자신의 지혜로 알 수 있는 내용이 아니었다. 그것은 오직 하나님만 알고 계시는 내용이었다. 다니엘은 꿈을 꾸고 나서 그 내용을 전혀 기억하지 못하는 느부갓네살의 꿈을 하나님의 환상을 통해 알게 되었다. 이제 그가 할 수 있는 일은 하나님께서 환상으로 보여주신 내용을 왕에게 그대로 말하는 것밖에 없었다.

4. 다니엘의 꿈 해몽과 요셉의 꿈 해몽

다니엘은 느부갓네살 왕의 까맣게 잊어버린 꿈을 그에게 다시금 알려주고 그에 대한 해몽을 하게 된다. 이는 애굽에서 바로 왕의 꿈을 해몽해주던 요셉을 기억나게 한다. 형제들에 의해 억울하게 이방 왕국인 애굽으로 팔려간 요셉은 하나님의 섭리 가운데 있던 인물이었다. 그는 애굽에서 출세할 마음이 전혀 없었지만 아무도 해석하지 못하는 바로의 꿈을 해몽함으로써 애굽의 최고위 관직에 앉게 되었다.

우리는 바로 왕이 꾼 꿈들과 그것으로 인해 심란해 하던 바로 왕에 관련된 창세기의 기록을 잘 알고 있다. 그는 나일강 가에 있던 일곱 마리의 살이 찌고 보기 좋은 아름다운 소들과 또 다른 일곱 마리의 파리하고 바짝 마른 흉측한 소들에 관한 꿈을 꾸었다. 그 흉측한 소들은 일곱 살찐 소를 잡아먹었다. 그리고 뒤이어 잘 무르익어 탐스런 일곱 이삭과 바싹 말라 열매를 맺을 수 없는 다른 일곱 이삭에 관한 꿈을 꾸었다. 그 마른 일곱 이삭은 좋은 일곱 이삭을 삼켜버렸다.

바로는 그 꿈을 꾸고 나서 그 꿈이 징조가 있는 중요한 꿈이라 판단했다. 그는 꿈을 해몽하기 위해 애굽의 모든 술객들과 박사들을 왕궁으로 불러들였으나 아무도 그에 대한 분명한 답변을 할 수 없었다.[16] 실력이 탁월하며 용하다고 소문난 자들이 많았겠지만 그 가운데 어느 누구도 바로의 꿈을 해몽하지 못했던 것이다.

그로 말미암아 심하게 번뇌하던 바로의 꿈을 해몽한 자는 애굽에서 이방인으로 생활하고 있던 요셉이었다. 요셉은 바로의 꿈의 내용을 듣고 나서 앞으로 칠 년간 큰 풍년이 들겠으며 뒤이어 칠 년간의 엄청난 흉년이 닥치게 될 것이니 그에 대비하라고 말했다. 그로 인해 바로는 요셉을 애굽 온 땅을 치리하는 총리로 기용하게 되었다.

---

16 우리는 여기에서 상당히 흥미 있는 생각을 할 수 있다. 그것은 바벨론 왕 느부갓네살이 자기의 꿈을 해몽하기 위해 바벨론 제국의 술사, 점쟁이, 박사들을 불렀을 때 아람어를 사용했다. 하나님께서는 나중 다니엘로 하여금 그것을 아람어로 기록하도록 계시하셨다. 이에 반해 애굽의 바로가 꿈을 꾼 후 애굽 전역의 술객들과 박사들을 부르고(창 41:8) 또한 요셉과 대화할 때 애굽어를 사용했을 것이 분명하다. 그러나 하나님께서는 나중 모세를 통해 그것을 계시하시면서 애굽어가 아니라 히브리어로 기록하도록 하셨다. 유사한 사건들인데도 하나님께서는 왜 그렇게 하셨을까? 여기에서 우리는 출애굽 이후 모세오경을 통해 이루어지는 이스라엘 민족의 정체성 확립과, 유다 왕국의 패망과 연관되는 다니엘 시대에 있어서 복음의 개방성을 향한 구속사적 시대에 관한 이해를 할 필요가 있다.

창세기에는 그에 관한 모든 과정들이 소상하게 기록되어 있다(창 41:1-36). 그것은 요셉이 갖추고 있는 능력 때문이 아니라 전적인 하나님의 은혜로 말미암아 된 것이었다. 요셉은 그 꿈을 잘 해몽하게 됨으로써 그가 애굽의 가장 중요한 요직에 앉게 된다.

이와 유사한 사건이 바벨론에 포로로 잡혀가 있던 다니엘에게 발생했다. 다니엘은 패망한 민족의 자손이었다. 그러나 그는 하나님의 섭리 가운데 바벨론 제국 안에서 점차 위치를 굳건히 하게 된다. 그러던 중 느부갓네살 왕의 잊어버린 꿈을 알려주고 해몽함으로써 바벨론 제국의 최고위직에 오르게 된다.

선지자 다니엘은 하나님의 섭리에 따라 느부갓네살 왕의 꿈을 알게 되고 그것을 해몽하는 과정에서 이스라엘 민족의 '장자長子였던 요셉' [17]을 기억하고 있었을 것이다. 하나님께서는 요셉을 통해 애굽의 바로 왕의 꿈을 해몽하게 함으로써 이스라엘 민족을 구원하여 메시아 사역을 이루어 가고자 하셨다. 이는 물론 훗날 일어나게 될 일이었지만 거기에는 하나님의 궁극적인 뜻이 담겨 있었다.

마찬가지로 다니엘은 이스라엘 민족 구원에 연관된 요셉의 꿈과 역사적인 사실들을 기억하며 하나님의 은혜를 바라보았을 것이 분명하다. 하나님께서는 그런 신앙자세를 지닌 다니엘에게 친히 응답하심으로써 느부갓네살의 꿈을 알려주고 해몽하게 하셨다. 그 가운데는 자기 백성

---

17 다니엘이 이스라엘 민족의 장자였던 요셉을 기억했다는 의미는 매우 중요하다. 이는 그가 이스라엘 민족에 대한 대표성을 띠는 것과 동시에 그의 꿈 해몽이 이스라엘 민족 전체와 연관되어 있음을 말해주고 있기 때문이다. 원래는 르우벤이 야곱의 장자였으나 그 장자의 명분은 요셉에게 돌아가게 된다: "이스라엘의 장자 르우벤의 아들들은 이러하니라 (르우벤은 장자라도 그 아비의 침상을 더럽게 하였으므로 장자의 명분이 이스라엘의 아들 요셉의 자손에게로 돌아갔으나 족보에는 장자의 명분대로 기록할 것이 아니니라 유다는 형제보다 뛰어나고 주권자가 유다로 말미암아 났을지라도 장자의 명분은 요셉에게 있으니라)"(대상 5:1,2).

을 구원하시고자 하는 메시아 사역에 연관된 하나님의 놀라운 뜻이 담겨 있었던 것이다.

이처럼 애굽의 포로와 다르지 않은 상황에서 최고위 공직에 올라 애굽 전역을 호령하던 요셉과, 바벨론 제국의 최고위 공직에 올라 천하를 호령하던 다니엘 사이에는 유사성이 많다. 성경에 나타나는 인물 가운데 이방의 대제국에서 최고의 권좌에 오른 사람은 요셉과 다니엘 두 사람이다.

그런데 우리가 분명히 알아야 할 점은 하나님께서 요셉과 다니엘을 대제국의 가장 높은 자리에 앉힌 까닭이 저들을 개인적으로 출세시키려는 목적이 아니었다는 사실이다. 그에 대한 가장 명확한 깨달음을 가지고 있던 사람은 역시 당사자인 요셉과 다니엘이었다. 그들은 진정한 믿음의 사람들이었다.

하나님께서 세속왕국의 절대적인 권력을 소유한 왕들이 꾼 '꿈'이라는 방편을 통해 역사하신 것은 그들 자신을 위해서가 아니라 언약 가운데 있는 이스라엘 민족을 위해서였다. 그러므로 느부갓네살의 꿈을 통해 다니엘이 드러나기 시작한 것도 하나님의 섭리와 경륜으로 이해해야 한다. 하나님께서는 그런 과정을 통해 메시아 사역을 역사 가운데 지속적으로 진행시켜 가셨다.

제4장
느부갓네살 왕의 꿈과 다니엘의 해몽

(단 2:31-49)

1. 느부갓네살이 꾼 꿈(2:31-35)

다니엘은 느부갓네살 왕에게 하나님의 특별한 계시를 통해 자기가 본 꿈의 내용에 대해 말했다. 이는 단순한 사실 묘사나 설명에 그치는 것이 아니라 구속사에 연관된 중요한 선언적 의미를 지닌다.

다니엘의 환상 가운데 보인 것은 거대한 신상이었다. 그 신상은 크고 찬란한 광채가 났으며 그 모양은 보기에 무시무시한 모습을 하고 있었다. 그 거대한 신상의 전신全身은 부위에 따라 서로 성질이 다른 재료들로 만들어져 있었다.

신상의 머리 부분은 순금으로 되어 있었으며 가슴과 두 팔은 은으로 제작되었다. 그리고 배와 허벅지는 놋쇠였으며 무릎 아래 종아리는 철로 되어 있었다. 그리고 발의 일부는 철이었으며 다른 일부는 진흙으로 제작되었다. 철과 진흙은 재질이 전혀 다른 재료로 결코 서로 섞일 수 없는 성질을 지니고 있다.

그 신상은 각기 다른 성질의 재료가 사용되어 머리에서부터 발까지 크게 보아 네 부분으로 나뉘어져 있어서 겉보기에 결코 평범하지 않았다. 완전히 잊어버리기는 했으나 맨 처음 꿈속에서 그 거대한 신상을 두려운 마음으로 바라보던 느부갓네살은 그것이 필경 중요한 징조를 가지고 있을 것이라 여기게 되었던 것이다.

그런 무거운 부담감을 떨치지 못하고 있을 때 '사람의 손으로 하지 않은 뜨인 돌'(a stone was cut out without hands)이 갑자기 날아와 무시무시하고 거대한 신상의 발을 쳤다. 철과 진흙으로 제작된 발이 뜨인 돌에 의해 타격을 받게 되자 그 신상 전체가 일순간에 부서지게 되었다.

철로 제작된 종아리와 놋쇠로 된 배와 허벅지, 은으로 된 가슴과 두 팔, 그리고 순금으로 만들어진 머리를 가진 거대한 신상이 마치 타작마당의 겨가 바람에 날려가듯 완전히 파괴되어 사라져버렸다. 대신 단번에 그 신상을 쳐부숴 버린 그 '뜨인 돌'은 엄청난 규모의 태산을 이루어 전 세계에 가득 차게 되었다.

2. 다니엘의 해몽

(1) 네 왕국의 등장(2:36-43)

느부갓네살 왕에게 꿈의 내용을 알려준 다니엘은 뒤이어 그에 대한 해몽을 했다. 그는 신상 가운데 순금으로 된 금 머리를 바벨론 제국의 통치자인 느부갓네살 왕이라고 말했다. 다니엘은 느부갓네살을 세상에 존재하는 여러 왕들 가운데 가장 높은 왕이라 표현했다.

다니엘은 또한 천상의 나라에 계신 하나님께서 느부갓네살 왕에게 나라와 권력과 능력과 영예를 주셨음을 언급했다. 나아가 하나님께서는 그로 하여금 나라 안의 인간들과 동물들과 조류鳥類를 비롯한 모든 것들을 통치하고 다스리도록 하셨음을 말했다. 그런 느부갓네살 왕이 거대한 신상의 순금으로 된 머리를 상징하고 있다는 것이다.

문제는 느부갓네살 이후에 여러 왕국들이 차례로 등장하게 되리라는 점이다. 이는 바벨론 왕국과 느부갓네살의 날이 영원할 수 없다는 사실에 대한 선포이다. 바벨론 제국 다음에는 큰 신상 가운데 은으로 제작된 가슴과 팔로 묘사된 그보다 못한 나라가 일어날 것이다. 그 다음에는 놋쇠로 만들어진 배와 허벅지로 상징되는 세 번째 나라가 일어나 세계를 다스리게 될 것이다. 그리고 세 번째 왕국을 정복하고 일어나는 발과 발가락이 철과 진흙으로 제작된 네 번째 나라는 매우 강력해서 모든 것들을 부서뜨리고 이기게 된다는 것이었다.

그 네 번째 나라를 상징하는 발과 발가락에 철과 진흙이 뒤섞여 있는 것은 그 나라가 철의 강인함을 가지고 있지만 여전히 취약한 부분이 있음을 말해준다. 즉 그 발가락의 일부는 철이고 일부는 진흙인 것은 그 나라의 일부는 강력하지만 일부는 부서질 만큼 취약하다는 것이다. 또한 느부갓네살이 꿈에서 철과 진흙이 섞인 것을 본 것은 그 나라에 속한 백성들이 다른 인종과 서로 뒤섞여 살게 되지만 피차 연합되지는 못할 것이라는 점을 보여준다고 했다.

다수의 신학자들은 금 머리를 상징하는 첫 번째 나라인 느부갓네살의 바벨론 제국을 뒤이어 두 번째 등장하는 왕국이 은으로 된 가슴과 팔로 상징되는 메대(Media)와 페르시아(Persia) 왕국을 가리키는 것으로 보고 있다. 또한 놋쇠로 제작된 세 번째 나라를 메대와 페르시아 제국을 정복하고 세계를 제패한 헬라(Greece) 제국을 가리킨다고 해석한다. 그리고 네 번째 왕국은 헬라 제국을 정복하고 강철같이 강대한 나라를 세우게 되는 로마 제국을 가리키는 것으로 보고 있다.

(2) 인간들이 세우지 않은 영원한 왕국의 등장에 대한 예언(2:44,45)

느부갓네살의 꿈을 통해 다니엘이 언급하고 있는 나라들은 하나같이 세계적인 대제국들이다. 그 왕국들은 결코 패망하지 않고 영원토록 세력을 펼칠 수 있을 듯이 천하를 호령하던 막강한 나라들이었다. 그러나 인간들이 세운 그런 나라들은 결코 영원할 수 없으며 반드시 종말의 때를 맞을 수밖에 없다. 따라서 세상의 왕국들이 마치 영원할 것처럼 믿고 행동하는 자들이 있다면 지극히 어리석은 인간이라 아니할 수 없다.

다니엘은 특히 네 번째 등장하게 되는 막강한 세계적인 왕국이 통치하는 시기에 천상에 계시는 하나님께서 직접 '한 나라'를 세우게 될 것이라고 말하고 있다. 그 나라는 영원히 멸망하지 않는 나라이며 어떤 인간들과 백성이라 할지라도 그 나라의 국권을 장악할 수 없음을 말했다. 그 나라는 도리어 인간들이 세운 세상의 모든 나라들을 쳐서 멸망시키게 되리라고 예언했다.

> "이 열왕의 때에 하늘의 하나님이 한 나라를 세우시리니 이것은 영원히 망하지도 아니할 것이요 그 국권이 다른 백성에게로 돌아가지도 아니할 것이요 도리어 이 모든 나라를 쳐서 멸하고 영원히 설 것이라"(단 2:44).

느부갓네살 왕은 꿈속에서 사람의 손으로 하지 않고 산에서 뜨인 돌이 철과 놋과 진흙과 은과 금으로 된 거대한 신상을 부서뜨리는 장면을 목격했다. 그것은 느부갓네살에게 장래에 일어날 세상의 막강한 세력을 지닌 왕국들과 하나님께서 세우실 영원한 왕국에 관해 알려주고자 하는 하나님의 강력한 메시지였다. 따라서 그 새로운 왕국은 앞으로 반드시 설립될 것이며 세계적인 막강한 영향력을 지닌 나라로 세워지게 된다.

느부갓네살이 본 꿈 가운데 가장 핵심적인 내용은 '사람의 손으로 하지 않은 뜨인 돌'이다. 그것은 다니엘과 이스라엘 백성들에게 있어서도 궁극적인 소망이 되는 뜨인 돌 곧 메시아를 상징하고 있다. 하나님께서는 느부갓네살의 꿈과 다니엘의 해몽을 통해 앞으로 전개될 역사적인 과정들과 더불어 인간의 몸을 입고 임하시게 될 메시아의 역할과 그의 궁극적인 사역을 보여주셨다.

그렇다면 하나님께서 이 놀라운 사실을 미리 알려주신 것은 누구를 위해서였는가? 과연 느부갓네살 왕을 위해서였는가? 아니면 바벨론 제국과 그 이후에 따라오게 될 세계적인 여러 대제국들로 하여금 미리 그 사실을 알고 잘 대처하도록 기회를 주신 것인가? 그것은 결코 그렇지 않다. 우리가 분명히 알아야 할 점은 하나님께서 느부갓네살에게 그 꿈을 보여주신 후 다니엘을 통해 다시금 보여주고 해몽하도록 한 것은 언약의 민족인 이스라엘 백성들을 위한 것이었다는 사실이다.

바벨론 제국에 의해 패망의 길을 향해 달음질치고 있던 당시 이스라엘 백성들은 이루 형언할 수 없는 실의에 빠지게 되었다. 하나님께서 허락하신 약속의 땅으로부터 쫓겨나 부정한 이방인의 포로가 되어 살아간다는 것은 상상을 초월하는 뼈아픈 고통이었다. BC 586년 바벨론 제국의 군대에 의해 예루살렘 성전이 완전히 파괴된 후에는 더욱 깊은 좌절에 빠질 수밖에 없었다.

외형상으로 볼 때 엄청난 비극적인 형편에 처한 이스라엘 백성들에게는 느부갓네살이 그런 꿈을 꾼 후 이스라엘 민족의 기대주로 인식되던 선지자 다니엘에 의해 그의 꿈이 해몽되었다는 사실 자체가 커다란 희망이었다. 이처럼 하나님께서 바벨론의 느부갓네살 왕에게 그 꿈을 꾸게 하셨던 것은 메시아와 그의 왕국을 기다리는 언약의 백성들을 위한 것이었다.

느부갓네살의 꿈과 다니엘의 해몽은 그 당시 바벨론 지역에서 포로생활을 하던 언약의 자녀들뿐 아니라 가나안 본토에 남아있던 백성들에게도 커다란 희망이 되었다. 그리고 나중 메대와 페르시아 제국의 통치를 받던 이스라엘 백성들, 그리고 헬라 제국의 압제 아래 있던 언약의 백성들에게도 커다란 희망의 기능을 했다. 또한 로마 제국의 압제와 고통 가운데 힘겹게 살아가던 이스라엘 백성들 역시 그것을 통해 메시아와 그의 왕국을 간절히 기다릴 수 있었다.

여기에서 우리가 생각해야 할 바는 느부갓네살 왕의 꿈과 다니엘의 해몽이 '메시아 대망사상'을 가지게 함에 있어 문자적으로 기록된 중요한 근거가 되었다는 사실이다. 이스라엘 백성들은 역사적인 다윗 왕국이 멸망한 후 나라를 잃고 왕이 없는 상태에서 새롭게 완벽한 왕이 와서 저들을 다스리며 통치하는 시대를 기다리게 되었다. 즉 그들은 거대한 신상을 파괴한 '뜨인 돌'인 메시아가 도래해 완벽한 메시아 왕국을 건설하기를 학수고대했던 것이다.

3. 꿈과 해몽을 한 다니엘에 대한 느부갓네살 왕의 반응(2:46-49)

다니엘의 꿈 해몽을 들은 느부갓네살의 행동을 통해 하나님의 예언은 이미 실현되기 시작했다. 당시 세계적인 대제국의 왕인 느부갓네살이 피지배국 출신의 신하에게 엎드려 절을 한다는 것은 결코 있을 수 없는 일이다. 그런데 그는 다니엘 앞에 무릎을 꿇고 그 앞에 경배하는 자세를 취했다. 뿐만 아니라 그는 꿈 해몽을 듣고 나서 다니엘에게 값비싼 예물까지 바쳤다.

"이에 느부갓네살 왕이 엎드려 다니엘에게 절하고 명하여 예물과 향품을 그에게 드리게 하니라"(단 2:46);

"Then the king Nebuchadnezzar fell upon his face, and worshipped Daniel, and commanded that they should offer an oblation and sweet odours unto him"(Dan. 2:46).

대제국의 절대적인 권력을 지니고 있던 왕 느부갓네살이 다니엘에게 엎드려 경배(worship)했다는 사실은 바벨론 제국이 이스라엘 왕국 앞에 무릎을 꿇는 것에 대한 상징적인 의미를 지닌다. 더욱이 바벨론 제국은 그 이후에 따라 등장하게 될 막강한 나라들과 왕국들을 대표하는 성격을 지니고 있다는 점에서 세속 국가에 대한 이스라엘 왕국의 지위를 예표적으로 보여주고 있다.

뿐만 아니라 다니엘을 경배하고자 하여 그에게 예물과 향품을 바친 것은 저들의 지위가 완전히 뒤바뀐 것을 상징적으로 말해주고 있다. 물론 느부갓네살이 그렇게 했던 까닭은 자신에게 꿈을 꾸게 하고 그에 대한 해몽을 한 다니엘이 섬기는 하나님에 대한 두려움 때문이었다.

이때 느부갓네살 왕이 다니엘이 섬기는 하나님을 모든 신들의 신으로 언급하면서 세상의 모든 왕들을 주재하는 존재임을 말했지만(단 2:47) 그것은 순수한 신앙고백이 아니었음이 분명하다. 그는 자신의 꿈을 다니엘이 기억나게 하고 무시무시하고 거대한 신상을 통해 자신에게 연관된 미래의 상황에 대한 해몽이 도저히 가능하지 않는 일이라는 점에 대해 일종의 두려운 마음을 가지게 되었던 것이다.

우리는 느부갓네살 왕이 여호와 하나님을 믿는 진정한 신앙인이 되었던 것으로 볼 수 없다. 하나님께서는 그를 복음의 자리로 불러오시기 위해 그로 하여금 꿈을 꾸게 한 것이 아니라 희망을 잃고 고통중에 있는 자기 자녀들을 위해 그에게 꿈을 허락하셨던 것이다.

그 결과 느부갓네살 왕은 자신의 정치적인 목적을 달성하기 위해 다니엘을 최고 관직에 등용했다. 이는 앞에서 언급한 바 있듯이 애굽의 바로가 자기의 꿈을 해몽한 요셉을 최고위직에 등용한 것과 유사하다. 느부갓네살은 그것으로 인해 다니엘을 높여 바벨론 전역을 다스리는 통치관으로 세웠을 뿐 아니라 바벨론의 모든 박사들을 총괄하는 최고 지도

자로 임명했다. 그렇게 됨으로써 다니엘의 세 친구들도 고위직에 등용
되어 나라를 다스리는 일에 참여했으며 다니엘은 왕궁에 머물면서 수도
인 중앙부서에서 전국을 통치하는 일에 관여하게 되었다.

이처럼 다니엘과 그의 세 친구들의 위상이 급격하게 올라간 것은 포
로가 되어 신음에 빠진 이스라엘 민족에게 커다란 위로가 되었을 것이
다. 그 일로 인해 하나님께서 이스라엘 민족을 완전히 버린 것이 아님을
확인할 수 있기 때문이다. 이는 나중 하나님으로부터 받는 계시의 말씀
과 더불어 이스라엘 민족의 소망이 되었다.

4. 다니엘이 꿈을 통해 예언한 왕국

느부갓네살이 꾸었던 꿈 가운데 핵심적인 내용은 '사람의 손으로 하
지 않은 뜨인 돌'이다. 그 돌은 앞으로 전개될 세상의 역사 가운데 존재
하는 막강한 나라들을 궁극적으로 심판하게 될 메시아, 곧 예수 그리스
도를 상징적으로 가리키고 있다. 그리고 뜨인 돌과 더불어 세워지게 될
영원한 하나님의 나라가 꿈의 중요한 내용이었다.

느부갓네살 왕이 꿈에서 본 '뜨인 돌'은 외관상 보기에 하나의 돌덩
이에 지나지 않았지만 무시무시한 모습을 띠고 있던 거대한 신상을 파
괴하는 놀라운 힘을 지니고 있었다. 이는 그 돌에 부딪쳐서 살아남을 수
있는 존재가 아무 것도 없음을 여실히 보여주고 있다. 인간들의 눈에는
매끄럽게 다듬어지지 않아 세련된 모양을 하고 있지 않았지만 그 돌에
는 세상을 심판하는 엄청난 위력이 담겨 있었다.

느부갓네살의 꿈 가운데 나타나 두려운 모습을 하고 있던 커다란 신
상을 파괴한 뜨인 돌이 거대한 태산泰山을 이룬 광경은 이스라엘 민족에
게 메시아 대망 신앙을 확고히 가지게 했다. 나라를 잃고 실의에 빠진
이스라엘 백성들은 앞으로 임하게 될 뜨인 돌인 메시아를 간절히 소망

하게 되었다.

그러나 그들은 하나님께서 계시하신 그 놀라운 일이 즉시 일어나게 될 것이라고 생각지는 않았다. 금, 은, 놋쇠, 철과 흙으로 제작된 것으로 표현된 큰 신상은 미래에 상당한 세월을 두고 일어날 역사적 의미를 지니고 있었다. 즉 그 신상은 바벨론 제국 이후에 차례로 세워지게 될 세계적인 대제국들을 의미하고 있었다.

바벨론 제국 이후에 차례로 세워지게 될 여러 왕국들은 상당한 역사적 과정을 거친 끝에 뜨인 돌에 의해 파괴된다. 이는 하나님께서 보내시는 메시아가 등장하여 새로운 왕국을 설립하게 된다는 사실을 말해주고 있다. 그와 같은 기대는 이스라엘 백성들에게 놀라운 소망이 되었다. 그 예언에 따라 하나님의 아들 예수 그리스도는 인간으로 말미암지 않고 성령으로 말미암아 이땅에 오셨다. 그는 사탄에 속한 자들과 배도한 자들에 대한 무서운 심판주로 임하시게 된 것이다.

신약성경에는 예수 그리스도가 돌이나 반석으로 표현되는 경우가 많이 있다. 그것은 상징적인 의미를 지니게 되며 그 돌이 곧 악한 자들을 심판하게 된다는 것이었다. 누구든지 그에 부딪치거나 저항하는 자들이 있다면 산산이 부서져 파괴될 수밖에 없다. 복음서에는 그에 관한 기록이 나타난다.

> "이 돌 위에 떨어지는 자는 깨어지겠고 이 돌이 사람 위에 떨어지면 저를 가루로 만들어 흩으리라"(마 21:44).

이에 대해서는 다니엘의 예언이 있기 훨씬 전부터 이미 구약성경을 통해 분명히 예언되어 있었다. 이사야 선지자는 예루살렘의 성소가 돌, 곧 반석이 되어 존재하게 되리라는 사실을 예언했다. 예루살렘에 거주하는 악한 배도자들은 그 돌로 말미암아 무서운 심판을 받게 되리라고 예언했다.

신약시대의 사도들도 이사야 선지자의 예언을 인용하며 교회와 그에 속한 성도들에게 예수 그리스도를 증거했다. 예수께서 반석 곧 돌이 되어 궁극적인 구원과 심판의 기능을 담당하게 된다는 것이었다. 사도 바울은 로마에 있는 교회에 편지하면서 그와 연관된 그리스도의 역할에 대해 언급하고 있다.

> "그가 성소가 되시리라 그러나 이스라엘의 두 집에는 걸림돌과 걸려 넘어지는 반석이 되실 것이며 예루살렘 주민에게는 함정과 올무가 되시리니 많은 사람들이 그로 말미암아 걸려 넘어질 것이며 부러질 것이며 덫에 걸려 잡힐 것이니라"(사 8:14,15); "기록된 바 보라 내가 부딪히는 돌과 거치는 반석을 시온에 두노니 저를 믿는 자는 부끄러움을 당치 아니하리라 함과 같으니라"(롬 9:33).

이 말씀들은 예수께서 친히 거룩한 성소가 될 것이며, 반석 곧 돌로서 뭇 백성들의 구원과 심판의 기준이 된다는 사실의 의미를 함유하고 있다. 그의 십자가 사역으로 말미암아 세워지는 새로운 왕국은 지상에 존재하는 하나님 나라로서 예수 그리스도의 초림과 그의 사역으로부터 재림에 이르는 교회 시대 곧 천년왕국시대를 일컫는다.

신약성경은 예수께서 친히 '모퉁이돌'이 되어 그것을 기초로 하여 하나님의 몸된 교회가 세워지게 됨을 말하고 있다. 그 모퉁이돌은 느부갓네살과 다니엘이 본 바 큰 신상을 파괴한 손으로 하지 않은 '뜨인 돌'과 동일한 것으로 그리스도를 상징적으로 지칭하고 있다. 즉 예수 그리스도가 모퉁이돌이 되고 그 위에 놓인 사도들과 선지자들이 언약의 터가 되며 그 위에 하나님의 교회가 세워지게 되는 것이다. 에베소 교회에 보낸 바울의 편지 가운데는 그에 대한 의미가 잘 드러나고 있다.

> "너희는 사도들과 선지자들의 터 위에 세우심을 입은 자라 그리스도

예수께서 친히 모퉁이돌이 되셨느니라 그의 안에서 건물마다 서로 연결하여 주 안에서 성전이 되어가고 너희도 성령 안에서 하나님의 거하실 처소가 되기 위하여 예수 안에서 함께 지어져 가느니라"(엡 2:20-22).

다니엘이 선포한 '뜨인 돌' 인 예수 그리스도께서 친히 모퉁이돌이 되어 그 위에 교회가 세워진다는 사실과 더불어 우리가 생각해 보아야 할 점이 있다. 그것은 사도교회 시대가 끝나가는 시점에, 예루살렘 성전이 파괴된 후 그리스도의 재림까지 천년왕국과 연관되는 보편 교회 시대가 도래하게 된다는 사실이다.

예수께서는 제자들에게 자신의 거룩한 몸을 비유적으로 가리켜 예루살렘 성전이라고 여러 차례 일컬으셨다. 돌로 지어진 그 성전은 참 반석이신 예수 그리스도의 언약 가운데 로마 제국에 의해 완전히 파괴됨으로써 구약의 모든 언약을 성취하였다. 그 역사적인 사건을 통한 성취로 인해 지상에 약속된 보편 교회가 세워져 하나님의 심판이 구체적으로 실현되어 가기 시작한 것이다.

그러므로 느부갓네살 왕이 사람의 손으로 하지 않은 뜨인 돌이 무시무시하며 거대한 신상을 무너뜨리고 그것이 엄청난 규모를 이루어 태산같이 된 꿈은 교회론적으로 이해해야 한다. 즉 전적으로 하나님으로 말미암아 이땅에 오신 예수 그리스도의 사역을 통해 하나님의 몸된 교회가 세워지게 됨을 말해주고 있는 것이다. 바울은 에베소 교회에 편지하면서 그에 연관된 기록을 하고 있다. 하나님의 아들이신 예수 그리스도가 우주만물을 통치하시는 왕이 되며 교회의 머리가 되어 그 사역을 감당하시게 된다는 것이다.

"그 능력이 그리스도 안에서 역사하사 죽은 자들 가운데서 다시 살리시고 하늘에서 자기의 오른편에 앉히사 모든 정사와 권세와 능력과 주

관하는 자와 이 세상뿐 아니라 오는 세상에 일컫는 모든 이름 위에 뛰어
나게 하시고 또 만물을 그 발아래 복종하게 하시고 그를 만물 위에 교회
의 머리로 주셨느니라 교회는 그의 몸이니 만물 안에서 만물을 충만케
하시는 자의 충만이니라"(엡 1:20-23).

사도 바울은 인간의 몸을 입고 이 세상에 오신 예수 그리스도가 교회
의 머리라는 사실을 분명히 언급하고 있다. 그는 십자가 사역을 통해 교
회와 더불어 세상을 심판하여 복종시키는 사역을 감당하게 된다. 이는
처음 있었던 하나님의 창조사역의 궁극적인 완성을 향한 의미를 보여주
고 있는 것이다.

하나님께서는 '뜨인 돌' 이신 예수 그리스도의 십자가 사역을 통해 교
회를 설립함으로써 창세전에 작정하신 우주만물의 회복을 위한 완벽한
발판을 마련하셨다. 그 가운데는 하나님의 형상을 닮은 성도들에 대한
궁극적인 구원이 포함되어 있다. 하나님은 이를 최종적으로 완성하기
위해 예수 그리스도를 통한 신령한 왕국인 교회를 세워 그 놀라운 일을
진행시키셨다.

제5장
느부갓네살 왕의 신상건립과 용광로 심판

(단 3:1-30)

1. 느부갓네살의 거대한 금 신상 건립(3:1,2)

다니엘을 통해 자신이 꾼 꿈의 내용을 알게 되고 그에 대한 선명한 해몽을 들은 느부갓네살 왕은 다급해졌을 것으로 보인다. 따라서 어떻게 해서든지 나름대로 특단의 방안을 강구하지 않으면 안 되었다. 그가 짜낸 생각은 바벨론 제국 안에 금으로 된 거대한 신상을 세우는 일이었다.[18] 그는 그 신상을 만들어 자신을 비롯한 모든 백성들이 그것에게 숭배하면 다니엘이 해몽한 무서운 재앙을 피해갈 수 있을 것으로 믿었던 것이다.

느부갓네살은 그 거대한 신상을 만들면서 자기가 꿈에서 본 내용을 근거로 했음이 분명하다. 그러나 그는 꿈에서 본 다양한 재질로 된 신상이 아니라 전체를 금으로 만들었다. 즉 꿈에 나타난 거대한 신상은 머리만 순금이고 그 아랫부분은 은, 동, 철과 진흙으로 되어 있었지만 느부갓네살이 만들어 세운 거대한 신상은 금으로 된 것이었다. 그는 아마 가장 값비싼 금으로 거대한 신상을 만들게 됨으로써 종교적인 간절한 마

---

18 바로 앞에 기록된 다니엘서 2장 47절에서 느부갓네살이 다니엘과 이스라엘 민족이 섬기는 신에 대해 '고백' 했던 내용은 아무런 의미 없는 헛말이었음이 입증되고 있다.

음을 표현하고자 했을 것이다.

느부갓네살이 만든 금 신상은 높이가 육십 규빗, 넓이가 여섯 규빗이었다. 이는 현대 우리의 도량형으로 환산한다면 높이가 대략 30미터에 미치는 정도이며, 넓이가 3미터 가까이 되는 엄청난 규모였다.[19] 그 신상은 바벨론의 남동쪽으로 그리 멀지 않은 위치에 있는 두라(Dura) 평지에 세워졌다.

느부갓네살은 거대한 신상을 제작하여 세우면서 전국에 있는 방백과 수령과 도백과 재판관과 재무관과 모사와 법률사와 각 도에 있는 모든 관원들을 소집하여 낙성식을 거행했다. 이는 바벨론 제국에 있는 모든 공직자들이 느부갓네살이 만들어 세운 금 신상 앞에 부복하기로 다짐하는 것과 다름없었다. 느부갓네살 왕의 신상 제작과 전국의 중요한 관리들이 참석한 공적인 낙성식은 바벨론 제국의 정책 방향을 결정하는 의미를 지닌다고 해도 과언이 아닐 만큼 중요한 의미를 지니고 있었다.

2. 우상숭배 명령과 일반 백성들의 복종(3:3-7)

바벨론 제국의 전 지역에 흩어져 공직을 수행하던 느부갓네살 왕의 모든 신하들이 신상의 낙성식에 참여하기 위해 두라 평지에 모였다. 낙성식이 거행되는 동안 예식을 주도하는 신하가 큰 소리로 외쳐 왕의 명령을 선포했다. 그것은 바벨론 제국 내에 거하는 모든 백성들과 다양한 언어를 사용하는 여러 종족들에 속한 자들은 예외 없이 그 금 신상 앞에 경배해야 한다는 명령이었다. 이제 나팔과 피리와 수금과 삼현금과 양

---

[19] 우리나라에서 규모가 가장 큰 불상(佛像) 가운데 하나는 고려시대에 세워진 관촉사의 '은진미륵불'로 높이가 18.12미터이다. 그리고 1992년에 세워진 팔공산 동화사의 '통일약사여래불'은 좌대(座臺) 높이를 포함해 30미터 높이의 크기로 세계 최대규모라 한다. 이런 것들과 비교해 본다면 당시 느부갓네살이 세운 금 신상의 크기를 대략 짐작할 수 있다.

금과 생황을 비롯한 각종 악기 소리들이 울려 퍼질 때 모든 백성들은 그 신상에게 엎드려 경배해야 했다. 그것은 왕의 준엄한 명령이었으므로 그에 복종하지 않는 것은 범법자가 될 수밖에 없었다.

이는 물론 낙성식 현장에 있으면서 시각과 청각을 통해 모든 것을 보고 들을 수 있는 사람들에게 국한되지 않았다. 엄청나게 넓은 바벨론 제국의 전역에 흩어져 있는 모든 백성들이 그 악기소리를 들을 수 있었던 것은 아니다. 그럼에도 불구하고 그렇게 묘사하고 있는 것은 바벨론 가까이 있는 두라 평지에 세워진 금 신상의 의미가 지엽적인 것이 아니라 바벨론 제국 전역에 영향을 미치고 있음을 말해주고 있다.

이렇게 하여 느부갓네살이 특별히 만든 커다란 금 신상은 모든 백성들이 섬겨야 할 신으로 선포되었다. 이로써 느부갓네살이 만든 그 거대한 신상이 바벨론 제국의 모든 시민들이 섬겨야 할 새로운 신적 존재가되었다. 이에 대해서는 어떠한 핑계와 이유가 없는 절대적인 의미를 지니고 있었다.

우리는 여기에서 매우 중요한 의미를 생각해 보아야 한다. 그것은 느부갓네살이 만들어 세운 금 신상이 여호와 하나님께서 그의 꿈을 통해 보여주신 신상에 근거하고 있다는 사실이다. 즉 그것은 느부갓네살이 독창적으로 만들어낸 신상이 아니었다. 그는 자기가 꿈속에서 본 신상을 기억하며 다니엘의 해몽을 염두에 두고 그 신상을 제작해 세웠던 것이다.[20]

---

20 이단자들은 기독교적인 내용들을 근거로 하거나 그것으로써 이교적인 신앙을 포장한다. 그들은 기독교로 말미암은 종교적인 지식을 어설프게 앞세우게 된다. 이는 느부갓네살이 하나님의 선지자 다니엘을 통해 들은 자신의 꿈과 예언을 근간으로 하여 거대한 금 신상을 세운 후 우상숭배를 요구한 것과 유사하다. 그런 식으로 변질된 종교적 요소들은 혼합주의적 성격을 띠고 백성들을 미혹하게 된다.

우리는 여기에서 하나님의 메시지를 오해한 결과로 말미암은 엄청난 신앙의 오류를 보게 된다. 하나님께서는 느부갓네살에게 꿈을 통해 장래에 있게 될 일들에 대한 메시지를 주셨다. 하지만 즉시 잊어버린 그 꿈의 내용을 다니엘을 통해 다시 기억하게 되어 해몽을 듣게 된 느부갓네살은 하나님의 뜻과는 정반대되는 참람한 행동을 했다. 그는 꿈을 꾸고 해몽을 들은 결과 하나님을 진정으로 경외한 것이 아니라 도리어 꿈에 등장하는 신상을 우상으로 만들어 백성들에게 경배를 강요하였던 것이다.

느부갓네살은 어리석게도 그렇게 하는 것이 자신이 통치하는 바벨론 제국을 위한 구국救國의 길이라 착각하고 있었다. 따라서 바벨론에 살고 있으면서 그 신상에 경배하지 않는 사람은 누구든지 극렬히 타는 용광로에 던져 넣어 극형에 처하도록 명령했다. 그러므로 나팔과 피리와 수금과 삼현금과 양금 등의 악기 소리가 신호가 되어 신상숭배를 알릴 때 바벨론 제국 안에 있는 모든 백성들과 다양한 언어를 사용하는 종족들은 느부갓네살의 금 신상에 경배하지 않을 수 없었다.

여기에서 짐작해 볼 수 있는 것은 바벨론 근교에 있던 두라 평지에 거대한 금 신상을 세운 느부갓네살은 바벨론 전역의 각 지방마다 그 신상을 위한 신당神堂들을 세웠을 것이라는 사실이다. 따라서 바벨론 제국 내의 모든 지역에는 느부갓네살의 신상에 연관된 신당들이 있었을 것이다. 느부갓네살 왕은 그 신상에 연관된 신당들을 통해 제국 내의 모든 백성들로 하여금 자신의 신상에 경배하게 함으로써 종교와 정치적인 사상의 통합을 이룩하고자 했을 것이다.

3. 다니엘의 친구들의 우상숭배 거부(3:8-18)

바벨론 제국의 모든 백성들은 느부갓네살의 금 신상을 경배하라는 왕명에 복종했다. 이런 와중에 예기치 못한 심각한 문제가 발생하였다. 그것은 중요한 위치에서 바벨론을 위한 공직자로 근무하던 다니엘의 세 친구 사드락과 메삭과 아벳느고가 왕의 명령을 단호히 거부했기 때문이다.

그런데 여기 다니엘의 이름이 빠져 있다. 즉 다니엘이 느부갓네살의 신상에 경배하지 않으므로 인해 문제를 일으켰다는 언급이 없다는 점이다. 우리는 이 문제를 어떻게 이해해야 할까? 우리가 쉽게 짐작할 수 있는 것은, 당시 중앙부처에 소속되어 있던 다니엘은 직접 현장에 가지 않음으로써 신상숭배를 피할 수 있었을 것이라는 사실이다.[21] 다니엘은 직접 왕의 신상숭배 명령을 지휘하는 자리에 있지 않았기 때문이다.

이에 반해 사드락과 메삭과 아벳느고는 바벨론 제국의 행정 지역을 관할하는 관료로서 신상숭배를 위한 직무를 감당하며 일반 백성들에게 신상숭배를 강요해야 하는 위치에 있었던 것으로 보인다. 그것을 위해 두라 평지에 세워진 금 신상을 섬기는 지방 신당들을 만들고 백성들로 하여금 그에 경배하도록 강요하며 감독하는 역할을 해야 했을 것이다. 다니엘의 세 친구들이 위기에 직면했던 것은 바로 그 명령을 강력하게 거부했기 때문이었을 것으로 보인다.

---

21 사실 이에 대한 명확한 이해를 하는 것은 쉽지 않다. 그러나 분명한 사실은 당시 왕궁에서 최고위 공직자로 있던 다니엘이 우상숭배를 하지 않았다는 점이다. 그렇다면 어떻게 그가 느부갓네살 왕의 금 신상을 숭배하는 행위를 하지 않을 수 있었을까? 우리는 그에 대해 역사적인 정황을 통해 어느 정도 짐작해 볼 수 있을 따름이다. 우리가 역사 가운데 살펴볼 수 있는 사실은 '왕궁'의 특성이다. 사람들은 흔히 '등잔 밑이 어둡다'는 말을 하는데 왕국과 왕궁의 관계에 있어서 그런 일들이 종종 나타난다. 즉 왕궁은 치외법권(治外法權) 지역이 되거나 왕궁 밖의 세계와는 다른 별도의 법 적용이 이루어지는 것이다. 한 예로 조선시대에는 법적으로 서얼차대(庶孽差待)가 매우 심했다. 그런데 유일하게 왕궁의 왕족에게 있어서는 예외가 적용되었다. 왕자의 경우 서자(庶子)라 할지라도 왕의 자식으로 충분한 대우를 받았다. 다니엘의 경우 이와는 다르지만 왕궁에서 근무하는 고위관료로서 자기의 신앙을 지킬 수 있었던 것으로 보인다.

그러자 느부갓네살 왕에게 충성을 다하던 신하들 가운데 여러 사람들이 왕의 명령을 거역하고 신상숭배를 하지 않는 그 유다 사람들을 참소하게 되었다. 왕명을 거역하는 것은 충성된 신하로서 있을 수 없는 일이었다. 따라서 그들은 유다 출신의 세 공직자들의 소행을 느부갓네살 왕에게 신고했다. 각종 악기들이 울려 퍼질 때 금 신상을 향해 경배하도록 명한 왕의 준엄한 명령을 어긴 배역한 신하들이 있다는 것이었다.

그 참소로 말미암아 고위 공직자였던 사드락과 메삭과 아벳느고는 느부갓네살 왕 앞으로 불려갔다. 국가 정책에 솔선수범해야 할 공직자들이 개인적인 판단으로 왕의 명령을 거부한 것은 예삿일이 아니었다. 국가를 위해 일하는 공직자로서는 자신의 모든 것을 포기하고 국가를 위해 최선을 다하는 것이 기본적인 자세였기 때문이다.

이미 알고 있는 것처럼 당시 느부갓네살 왕은 유다 출신의 그 신하들에 대해 좋은 인상을 가지고 있었다. 그는 저들이 자기가 아끼는 다니엘의 가까운 친구라는 사실을 잘 알고 있었다. 따라서 왕은 그들에게 즉시 벌을 내리려했던 것이 아니라 전후 사실을 확인한 후 용서하려고 마음 먹었다.

느부갓네살 왕은 먼저 그들이 과연 자신의 명령을 정말 어겼는지 확인했다. 본문의 문맥을 보아서는 왕이 저들의 신상숭배 거부 사실을 충분히 인정하고 있었던 것으로 보인다. 그렇지만 이제라도 그들이 잘못을 뉘우치고 다시 왕명에 따라 신상에 절을 하게 되면 용서하리라고 말했다. 앞으로 언제든지 신상 숭배를 위해 각종 악기가 울려 퍼지게 될 때 신상 앞에 엎드려 절하면 지난 일들에 대해서는 문책하지 않을 것이라 말했던 것이다.

그러나 만일 저들이 그때 가서도 신상숭배를 거절할 경우에는 뜨거운 용광로 가운데로 던져 사형에 처하겠다는 점을 분명히 했다. 또한 그런 일이 발생하게 되면 저들이 섬기고 있는 하나님은 물론 어떠한 신이라 할지라도 저들을 구해낼 수 없으리라는 엄포를 놓았다. 이것은 사드락과 메삭과 아벳느고가 이스라엘 민족의 여호와 하나님에 대한 신앙으로 인해 자신이 만든 금 신상에 대한 숭배를 거부하고 있음을 분명히 알고 있었음을 보여주고 있다.

우리는 여기에서 겉으로 드러나지 않는 느부갓네살 왕의 심적 갈등을 엿볼 수 있다. 그것은 잊어버린 자기 꿈의 내용을 알게 해주고 그에 대한 꿈 해몽을 했던 다니엘의 모든 언사言事들이 이스라엘 백성이 섬기는 여호와 하나님으로 말미암은 것이라는 사실을 잘 기억하고 있었기 때문이다. 따라서 그가 이스라엘 민족의 신이라 할지라도 능히 자신의 손에서 저들을 구할 수 없으리라고 말했을 때는 상당한 심적인 부담을 느끼고 있었을 것이 틀림없다.

그런데 느부갓네살 왕의 말을 들은 다니엘의 세 친구들은 일언지하一言之下에 왕명을 거부했다. 이는 왕 앞에서는 침묵하고 있다가 나중에 가서 왕명을 거역한 것이 아니라 왕의 면전에서 그렇게 할 수 없다는 저들의 의사를 분명히 밝혔던 것이다. 그에 대해 달리 대답할 필요조차 없을 만큼 명백하다는 것이었다.

> "사드락과 메삭과 아벳느고가 왕에게 대답하여 가로되 느부갓네살이여 우리가 이 일에 대하여 왕에게 대답할 필요가 없나이다 만일 그럴 것이면 왕이여 우리가 섬기는 우리 하나님이 우리를 극렬히 타는 풀무 가운데서 능히 건져내시겠고 왕의 손에서도 건져내시리이다 그리 아니하실지라도 왕이여 우리가 왕의 신들을 섬기지도 아니하고 왕의 세우신 금 신상에게 절하지도 아니할 줄을 아옵소서"(단 3:16-18).

하나님에 대한 신앙으로 인한 그들의 결심은 확고하여 흔들리지 않았다. 왕이 저들을 극렬히 타는 용광로에 던져 넣는다 해도 여호와 하나님께서 능히 건져내실 것임을 말했다. 그것은 느부갓네살이 여호와 하나님의 뜻에 정면으로 반하는 악행을 저지르고 있음을 선포하고 있는 것과 마찬가지다. 즉 왕이 자신과 바벨론 제국을 위해 꿈에서 본 거대한 금 신상을 만들고 온 백성으로 하여금 그에 숭배하게 하는 행위는 하나님을 거역하는 악행이라는 사실을 분명히 선언했던 것이다.

그러면서 설령 왕이 극렬히 타는 용광로 가운데 던져 거기서 죽게 될지라도 왕명을 따를 수 없음을 분명히 말했다. 참된 하나님을 알고 믿는 그들은 어떤 경우에도 바벨론의 이방신을 섬기거나 왕의 금 신상에 절할 수 없음을 밝혔다.

이것은 사실 바벨론 제국의 녹을 먹고 있는 공직자로서 감히 왕을 향해 할 말이 아니었다. 이 말은 그들이 바벨론 제국에 충성할 의지가 없음을 선포하는 의미를 지니고 있었기 때문이다. 그 말을 통해 그들은 하나님을 믿는 자녀로서 바벨론 제국의 신앙과는 적대적인 관계에 놓여 있음을 분명히 선언하고 있었다.

4. 용광로 심판 (3:19-23)

느부갓네살 왕은 자신의 명령에 정면으로 저항하는 사드락과 메삭과 아벳느고의 반응을 보며 강한 분노에 차게 되었다. 그 자리는 여러 신하들이 동석同席한 자리였으므로 왕의 권위에 대한 정면도전으로 볼 수밖에 없었다. 따라서 그는 낯빛이 변하여 즉시 저들을 사형에 처하도록 명령했다. 왕은 용광로를 평소보다 일곱 배나 뜨겁게 하도록 하고 극렬히 타는 불 가운데 던져 죽이게 했던 것이다.

그들은 재판이 아니라 즉결 심판에 따른 사형에 처해졌던 것으로 보인다. 따라서 그들은 평상시에 입고 있던 복장으로 처형되었다. 일반적인 경우 죄인이 수감되면 수의囚衣를 입게 된다. 그렇게 되면 사형을 당할 때도 수의를 입은 채로 사형에 처해지는 것이 일반적이다. 그런데 사드락과 메삭과 아벳느고는 평상시처럼 입은 바지와 겉옷과 모자와 기타

의복 위에 특별한 겉옷을 걸친 채 거대한 용광로에 던져져 사형에 처해
졌다.

이 과정에서 여러 명의 병사들이 그들을 끈으로 결박한 채 용광로에
던져 넣었을 때 그 뜨거운 불로 인해 병사들 가운데 몇 사람이 불에 타
죽게 되었다. 우리는 그 사실을 통해 그 용광로 불이 얼마나 뜨거웠던가
하는 점을 짐작할 수 있다. 다니엘의 세 친구들은 그 불에 던져져 무서
운 극형에 처해졌다.

5. 용광로 불 속의 '신들의 아들 같은 이' (3:24-30)

다니엘의 세 친구들은 뜨거운 용광로에 던져져 극형에 처해졌다. 느
부갓네살 왕을 비롯한 여러 관리들이 그 사형 현장을 지켜보고 있었다.
그 끔찍한 광경을 지켜보는 사람들은 왕명을 거역하는 것에 대한 엄벌
을 두려워하지 않을 수 없었을 것이 분명하다. 그런데 그때 아무도 예견
치 못한 놀라운 일이 발생했다. 그것은 뜨거운 용광로 불 가운데 네 사
람이 걸어다니는 모습이 보였기 때문이다.

격렬한 불 가운데서 그들은 마땅히 타 죽어야만 했다. 그들을 결박하
여 용광로 가운데로 던져 넣던 몇몇 병사들은 용광로 밖이었음에도 불
구하고 그 불에 타 죽는 모습을 잠시 전에 목격한 그들이었다. 그런 뜨
거운 불 가운데 던져진 다니엘의 친구들이 죽지 않고 살아서 걸어다니
는 것을 보고 놀라지 않을 수 없었다.

그런데 그보다 더욱 놀라운 사실은 불 가운데 걸어다니는 사람이 세
사람이 아니라 네 사람이었다는 점이다. 그들의 처형 장면을 지켜보고
있던 사람들은 용광로 불 속에 던져진 자들을 분간할 수 있었던 것 같
다. 불 가운데 있는 저들의 얼굴을 분명히 볼 수는 없었을지 모르나 그
들이 입고 있던 의상과 외형을 통해 누구인지 짐작할 수 있었던 것이다.

이는 불꽃이 어느 정도 투명했기 때문에 가능했던 것으로 보인다.

　느부갓네살 왕은 용광로 불 가운데 거니는 네 사람 가운데 마지막 한 사람은 밖에서 던져진 인물이 아니라는 사실을 알았다. 왕은 불 가운데 던져 넣은 사람이 세 사람임을 신하들을 통해 다시금 확인 한 후, 네 번째 인물의 모양이 '신들의 아들'(a son of gods)[22]과 같다는 말을 했다. 이는 왕이 자신의 눈에 비친 그가 범상치 않은 인물임을 알게 되었음을 말해주고 있다.

　그 광경을 지켜보던 느부갓네살 왕은 심히 당황하지 않을 수 없었다. 그리하여 왕은 용광로에 던져 넣은 다니엘의 세 친구들을 불러 밖으로 나오도록 했다. 그때 느부갓네살 왕은 그들을 '지극히 높으신 하나님의 종'(servants of the most high God)으로 지칭하여 불렀다. 이는 왕이 여호와 하나님을 인격적으로 인정하고 받아들인 것이 아니라 그의 놀라운 능력을 보고 당황했기 때문에 나타난 반응이었던 것으로 이해된다. 뜨

---

22 영어성경 New International Version와 New American Standard Bible에서는 'a son of the gods'로 번역되어 있는 반면 King James Version에서는 'the Son of God"(단 3:25)으로 번역되어 있다. 만일 KJV가 번역한 것이 일리 있다면 그것은 느부갓네살 왕이 부지중에 메시아를 선포하고 있다는 의미를 지닌다. 이는 그가 뒤이어 이스라엘 민족의 하나님을 '지극히 높으신 하나님'(the most high God, 단 3:26)이라 언급한 사실과 연관되는 개념으로 이해할 수 있다. 그렇다면 왜 '신들의 아들'(a son of the gods)과 '하나님의 아들'(the Son of God)이라는 전혀 다른 개념의 번역이 있게 되는 것일까? 그것은 히브리어와 아람어에 대한 이해 차이에서 오게 된다. 우리는 영어 번역에서 '신들의 아들'에 해당하는 'a son of the gods'의 '신들'(gods) 앞에 붙은 정관사 'the'에 관심을 기울일 필요가 있다. 이는 'gods'라는 말이 일반적인 의미에서 말하는 여러 '신들'을 일컫는 것이 아님을 알 수 있다. 히브리어 'אֱלוֹהִים'과 아람어 'אֱלָהּ'는 둘 다 복수적 성격을 지닌다. 히브리어 'אֱלוֹהִים'은 복수 형태를 띠고 있지만 단수의 '한 하나님'이다. 만일 다니엘이 계시받은 아람어 'אֱלָהּ'를 일반적인 개념에서 받아들인다면 그것이 복수인 '신들'이 될 수 있다. 하지만 그것이 히브리어 'אֱלוֹהִים'과 동일한 관점에서 아람어 'אֱלָהּ'로 번역되어 계시되었다면 그것은 '한 하나님'이 된다. 그것이 다니엘서 3장 25절에 기록된 '신들의 아들'에 대해 우리가 이해해야 할 점이다.

거운 용광로 불속에 던져진 인간들이 자기 능력으로 살 수 있다는 것은 불가능한 사실임을 그는 알고 있었던 것이다.

용광로에서 밖으로 나오라는 느부갓네살의 말을 들은 다니엘의 세 친구 사드락과 메삭과 아벳느고는 불속으로부터 멀쩡한 모습으로 걸어나왔다. 왕과 함께 사형장면을 줄곧 지켜보던 모든 관리들은 불에서 나온 세 사람이 머리털 하나 그슬리지 않고 의복이 전혀 타지 않았던 점과 불탄 냄새조차 없는 상태를 확인하게 되었다.

그것을 본 느부갓네살 왕은 사드락과 메삭과 아벳느고가 용광로 불에서 죽음에 처하게 되었을 때 특별한 사자를 보내 구출한 저들의 신에게 찬송한다는 말을 내뱉었다. 왕은 생명을 박탈당하는 두려운 위협에도 불구하고 자신의 명령을 어기면서 신앙의 지조를 굳건히 지킨 그들을 칭찬했다. 그로 인해 저들이 섬기는 신이 자신의 종들을 구원한 것으로 받아들였던 것이다.

그런데 왕을 비롯한 모든 신하들이 놀란 일은 그것 때문만이 아니었다. 뜨거운 용광로 불 가운데 거닐고 있던 네 사람이 함께 나온 것이 아니라 세 사람만 걸어 나왔다. 그것은 불속에 있다가 사라진 신들의 아들 같은 그가 어디선가 자신들을 지켜보고 있을 것이라 생각할 수 있었기 때문이다.

그러자 느부갓네살 왕은 바벨론 전국에 조서詔書를 통한 명령을 내렸다. 그것은 앞으로 이스라엘 민족의 하나님에 대해 함부로 말하는 자들을 엄벌에 처할 것이므로 그런 행동을 금하라는 것이었다. 만일 그 왕명을 어기는 자가 있다면 그 몸을 쪼개고 그 집으로 거름터를 삼겠다고 했다. 이는 앞에서 자기의 꿈을 알려주지 않는 바벨론 제국의 술사들과 박사들을 향해 느부갓네살 왕이 했던 말과 동일하다(단 2:5).

왕은 여러 신하들이 있는 자리에서 유다 민족이 섬기는 신 이외에 참된 신이 없음을 언급했다. 그리고 사드락과 메삭과 아벳느고를 그 전보다 더 높은 지위에 앉도록 했다. 그러나 그것이 느부갓네살의 회심回心을 의미하지는 않는다. 그는 단지 자신의 위급한 상황을 피하려 했을 따름이다.

당시 바벨론 제국의 전반적인 형편과 기록된 다니엘서의 문맥을 살펴볼 때 느부갓네살 왕은 자신이 만들어 세운 그 금 신상을 즉시 파괴한 것으로 보이지 않는다. 나아가 전체 백성들에게 금 신상에 대한 숭배를 중단하도록 명령한 것 같지 않다. 단지 이스라엘 민족에게 부분적으로 종교적 자유를 허용했던 것으로 보인다.

6. 메시아 예언

다니엘의 세 친구들인 사드락과 메삭과 아벳느고가 느부갓네살 왕이 만들어 두라 평지에 세운 금 신상에 숭배하지 않음으로써 뜨거운 용광로에 던져진 사건 가운데는 중요한 메시아 예언이 나타나고 있다. 즉 그것은 단순한 이적을 보여주는 것이 아니라 앞으로 오시게 될 메시아 예언에 대한 구속사적인 사건이다.

뜨거운 용광로 불에 던져진 다니엘의 세 친구는 도저히 살아날 수 없는 죽음의 형편에 처하게 되었다. 그들을 그 처참한 상황에서 구원할 사람은 아무도 없다. 굳이 있다고 말한다면 유일하게 바벨론 제국을 통치하는 느부갓네살 왕이 있을 따름이다. 그런데 느부갓네살이 직접 그들을 무서운 사형에 처하도록 명령했다. 감히 그 명령에 저항할 사람은 아무도 있을 수 없다.

그렇지만 느부갓네살의 판단과 행동에 대해 하나님께서 직접 강한 제동을 거셨다. 느부갓네살이 죽이고자 하는 자들의 생명을 하나님이 지키고자 하셨던 것이다. 여호와 하나님께서는 이스라엘 민족을 억압하고 세계적인 대제국을 통치하는 느부갓네살 왕에게 자신의 존재와 능력을 드러내셨던 것이다.

느부갓네살이 자신의 우상숭배 대열에 가담하지 않는다는 이유로 사드락과 메삭과 아벳느고를 용광로에 던져 넣었을 때 그곳에는 '신들의 아들 같은 이'가 그들과 함께 있었다. 아무도 예측치 못했던 그는 용광로 밖에 있는 자들에게 사람 같으면서 동시에 신의 아들 같은 존재로 보였다. 즉 인간은 인간인데 보통 인간과는 다른 매우 특별한 인간이었음을 말해주고 있다.

풀무불 속에 있었던 이 네 번째 인물이 과연 누구였을까 하는 점에 대해서는 학자들마다 약간씩 다른 견해를 보이고 있다. 어떤 학자들은 그가 억울하게 죽음에 처한 사드락과 메삭과 아벳느고를 보호하기 위해 보내진 하나님의 천사였다고 말하며 또 다른 어떤 학자들은 그가 곧 그리스도였다고 말하기도 한다.[23]

'인간과 같으면서 신의 아들 같은 이'가 용광로 불 가운데 있는 것을 본 느부갓네살은 두려움에 빠져 자신의 악행을 포기할 수밖에 없었다. 결국 느부갓네살은 원래의 자기 판단에 따라 사형에 처하려 했던 자들을 '그 신의 아들 같은 사람'의 존재로 말미암아 저들의 생명을 박탈하지 못했을 뿐 아니라 도리어 그들에게 그전보다 더욱 높은 지위를 주어 존귀한 자리에 앉게 되었다.

우리는 이 사건에 연관된 모든 사실과 하나님의 사역이 과연 누구를 위한 것이었던가를 생각해 보아야 한다. 이 역시 좁은 의미에서는 우상숭배를 거절한 사드락과 메삭과 아벳느고를 위한 것이었지만 넓은 의미에서는 절망에 빠져 있는 이스라엘 민족을 위한 것이었다.

---

23 이에 대한 대표적인 학자들의 견해를 든다면 크리소스톰은 그를 '그리스도'로 보았으며, 칼빈은 그를 '천사'라 이해했다(박윤선, 다니엘서 3:25 주석 참조).

느부갓네살 왕의 용광로 사형 집행의 중단과 그에 관련된 모든 소문은 당시 전 세계로 퍼져나갔을 것이 틀림없다. 바벨론 제국의 일반 시민들은 그것이 사실인지 헛소문인지 긴가민가하면서 오랜 시간이 지나지 않아 그냥 넘겼을 수도 있다. 하지만 이스라엘 민족에게 있어서는 그것이 매우 중요한 사건이 아닐 수 없다. 모든 이스라엘 백성들은 그에 관한 이야기를 듣고 하나님으로부터 새로운 소망을 가지게 되었던 것이다.

여기에서 결코 간과하지 말아야 할 점은 '사람'과 같으며 동시에 '신들의 아들' 같은 존재가 느부갓네살이 꿈에서 보았던 '사람의 손으로 하지 않은 뜨인 돌'이라는 사실이다. 거대한 신상의 발을 쳐서 전체를 무너뜨리고 세상을 가득 채운 커다란 무더기가 되어 새로운 왕국을 세운 그 뜨인 돌에 대한 구체적인 모습을 용광로 속의 특별한 인물을 통해 다시금 보게 되었던 것이다.

느부갓네살 왕이 신상에 관한 꿈을 꾸었을 때는 혼자 꾸었으며 곧장 그 내용을 잊어버렸다. 나중 다니엘을 통해 그 꿈의 내용을 알게 되었으며 그에 대한 해몽을 듣게 되었다. 그것은 공개적으로 이루어진 것이 아니라 처음에는 침실과 밀실에서 이루어진 일이었다. 물론 그 꿈에 관한 내용들은 나중 모든 백성들에게 알려지게 되었을 것이다.

그런데 사드락과 메삭과 아벳느고에 대한 느부갓네살 왕의 사형집행은 공개적이었다. 그 죽음의 현장 가운데서 하나님께서 특별한 한 '사람'을 보내 많은 사람들이 보는 앞에서 저들의 생명을 구출한 것은 공개적인 메시지로 이해해야 한다. 이는 바벨론 제국을 비롯해 앞으로 있게 될 역사적인 큰 왕국들을 멸망시키고 새로운 언약의 왕국을 건설하게 될 '사람의 손으로 하지 아니한 뜨인 돌'이 곧 '그 사람'이라는 사실을 선포하는 의미를 지니고 있었던 것이다.

제6장
느부갓네살 왕의 '거대한 나무' 꿈

(단 4:1-37)

1. 느부갓네살의 또 다른 꿈과 번민(4:1-9)

느부갓네살 왕은 큰 신상에 관한 꿈을 꾼 후 상당한 세월이 지나 또 다른 꿈을 꾸게 되었다. 그런데 하나님께서는 왜 느부갓네살에게 여러 꿈들을 꾸게 하셨을까? 우리는 그로 하여금 다양한 꿈을 꾸게 하신 하나님의 궁극적인 뜻을 이해해야만 한다.

느부갓네살이 다양한 꿈을 되풀이하여 꾸게 된 것은 그가 이스라엘 민족을 직접 억압한 바벨론 제국의 왕이자 예루살렘 성전을 직접 파괴한 당시 세계 최고 권력자였기 때문이다. 하나님께서는 꿈을 통해 그의 악행과 더불어 그에게 임하게 될 심판을 선포하셨다. 이는 그가 억압하고 있는 이스라엘 민족이 장래 나라를 회복하게 되리라는 사실에 대한 선언적 의미를 지니고 있다.

여기에서 주의 깊게 생각해야 할 점은 그의 꿈에 대한 내용과 해몽이 바벨론 제국과 그 안에서 포로가 되어 신음하고 있는 이스라엘 민족에게 그대로 공개되었다는 사실이다. 그 일은 일차적으로 바벨론 사람들에 의해 외부로 전달되는 것이 아니라 하나님의 선지자로서 바벨론 제국의 고위 공직자로 있던 선지자 다니엘에 의해 만천하에 선포되는 성질을 지니게 된다.

결국 꿈을 꾼 당사자인 느부갓네살은 자신의 꿈과 해몽으로 인해 하나님의 심판을 두려워하게 되었다. 그리고 바벨론 제국의 공직자들과 일반 시민들은 그로 인해 뒤숭숭한 분위기에 빠질 수밖에 없었다. 하지만 포로가 되어 억압받고 있던 유대민족은 그 사건으로 말미암아 진정한 소망을 가지고 여호와 하나님을 의지할 수 있었다.

이처럼 느부갓네살 왕의 꿈은 이스라엘 민족을 위한 것이었다. 즉 그 꿈들은 느부갓네살과 바벨론 제국을 위한 것이 아니었다. 나아가 엄밀한 의미에서는 꿈을 잘 해몽함으로써 느부갓네살의 절대적인 신임을 받게 되는 다니엘 개인을 위한 것도 아니었다. 하나님께서는 그 꿈을 통해 메시아 사역에 관한 자신의 놀라운 뜻을 계시하셨던 것이다.

하지만 느부갓네살은 그에 대한 아무런 깨달음이 없었다. 그는 바벨론 제국을 통치하던 최고 권력자로서 자신의 꿈을 통해 알게 된 정치적 문제에 대응하고자 하는 마음만 간절했을 따름이다. 그에게는 자신과 바벨론 왕국이 전부였기 때문이다.

그렇기 때문에 느부갓네살 왕은 거대한 신상에 대한 꿈을 꾸고 나서 그에 대한 다니엘의 해몽을 듣고 난 후에도 바벨론 부근의 두라(Dura) 평지에 거대한 금 신상을 만들었던 것이다. 이는 바벨론 제국의 위엄을 드러내고 보존하고자 하는 왕의 정치적 의도로 말미암은 것이었다. 그는 그것을 위해 자기가 꿈속에서 본 거대한 신상을 기초로 하여 금 신상을 만들어 정치 종교적으로 활용하려 했던 것이다.

그러나 왕의 계획은 의도한 대로 순조롭게 진행되지 못했다. 하나님을 알지 못하는 바벨론 제국의 모든 백성들이 그 신상에 경배하라는 왕명을 적극적으로 따랐지만 유대인들 가운데 그에 강력하게 저항하는 자들이 있었기 때문이다. 바벨론 제국의 지방 장관의 지위에 있던 다니엘의 세 친구들인 사드락과 메삭과 아벳느고는 왕명에 따르지 않고 목숨을 걸고 신상숭배를 거절했다.

느부갓네살 왕은 자신의 명령에 저항하는 그들을 처형하기 위해 용광로 심판을 시도하였다. 하지만 이스라엘 민족의 여호와 하나님에 의해 그 악행은 저지당하고 말았다. 그것은 그에게 엄청난 충격이 아닐 수 없었다. 천하를 호령하는 바벨론 제국의 왕이라 할지라도 전능하신 하나님의 능력 앞에서는 아무 것도 아님이 만천하에 그대로 드러나게 되었기 때문이다.

그런 일이 있은 다음 느부갓네살은 또다시 다른 꿈을 꾸게 되었다. 왕은 그 꿈으로 인해 심한 두려움에 빠져 번민하게 되었다. 그 꿈은 '거대한 나무'가 등장하는 내용이었다. 그는 이 꿈 해몽을 위해 전국에 조서詔書를 내려 제국 내의 용하다는 모든 술사들과 무당들과 점쟁이들을 소집했다. 하지만 그 가운데서 왕의 꿈을 제대로 해몽하는 자는 아무도 없었다.

그러자 느부갓네살 왕은 또다시 다니엘을 부를 수밖에 없었다. 그는 처음부터 다니엘을 곧바로 부를 수 있었지만 그렇게 하지 않았다. 당시 다니엘은 박사장(박수장)의 직책을 맡고 있었다(단 4:9). 그럼에도 불구하고 왕이 다니엘을 먼저 부르지 않은 데는 복합적인 이유가 있었던 것으로 보인다.

느부갓네살의 입장에서는 다니엘을 그다지 달갑게 여기지 않았을 수 있다. 왜냐하면 그는 자기에게 유리하게 해몽해주지 않을 것이라고 생각하고 있었기 때문이다. 가급적이면 자신의 꿈에 대해 긍정적이고 좋은 해몽을 해주면 좋을 텐데 다니엘은 그렇게 하지 않았던 것이다. 그의 해몽이 옳고 그르고의 문제가 아니라 느부갓네살 자신에게는 그것이 상당한 부담이 되었던 것으로 보인다.

한편 바벨론의 소위 용하다는 이방 종교인들이 왕의 꿈을 해몽하고자 백방으로 노력했음에도 불구하고 해몽할 수 없음을 통해 저들의 한계가 만방에 먼저 드러나게 되었다. 그런 연후에 느부갓네살 왕은 결국 다니엘을 불러 그 꿈에 대한 해몽을 부탁할 수밖에 없었다. 다니엘이 느부갓네살의 꿈을 해몽하게 된다는 사실은 여호와 하나님의 능력을 선포하는 의미를 지닌다. 동시에 이스라엘 민족에게는 하나님에 대한 신뢰와 더불어 새로운 소망을 가질 수 있는 소중한 기회가 되는 것이다.

2. 느부갓네살이 꾼 꿈의 내용(4:10-17)

느부갓네살 왕은 자기가 본 꿈을 다니엘에게 설명했다. 그는 꿈속에서 넓은 땅의 중앙에 한 거대한 나무가 서있는 것을 보았다. 그 나무는 튼튼하게 자라 그 높이가 하늘에 닿을 만큼 컸다. 땅 끝에서도 그 나무가 보일 정도였다. 나무의 잎사귀들은 아름다웠으며 탐스런 열매들이 가득했다. 그 과실들은 모든 사람들의 식물食物이 될 만했고 들짐승들은 그 그늘에서 쉬었으며 날아다니는 새들은 가지에 깃들어 놀고 있었다.

살아있는 사람들은 그 나무로부터 먹을거리를 얻었다. 그들의 생명이 바로 그 나무와 나무의 열매에 달려 있었다. 그때 느부갓네살은 한 거룩한 순찰자(감독자)가 하늘에서 내려오는 것을 보았다.

그러자 하늘로부터 내려온 그 순찰자가 큰소리로 외쳤다. 그는 그 거대한 나무둥치를 베어버리고 그 가지들을 찍어내라고 명령했다. 그리고 그 잎사귀를 떨어뜨려 모든 열매들을 헤치라고 소리 질렀다. 그렇게 하여 그 아래 놀던 짐승들과 가지에서 깃들어 있던 새들을 쫓아내라는 것이었다. 이는 또한 그 열매를 먹고 살아가는 사람들의 식량 공급을 중단하라는 의미를 지니고 있다.

그런데 그는 그 나무뿌리의 그루터기를 땅에 남겨두라고 명령했다. 그것을 쇠줄과 놋줄로 묶고 그것으로 들풀 가운데 있도록 하라는 말을 했다. 그것이 하늘로부터 내리는 이슬에 젖게 되어 땅의 풀 가운데서 들짐승들과 더불어 같이 있게 된다는 것이었다. 이는 거대한 나무의 그루터기가 남게 되지만 나무 둥치가 베어짐으로써 들짐승들이 안식으로부터 쫓겨난 것처럼 그 나무 그루터기도 그와 동일한 형편에 처하게 될 것이라는 의미를 포함하고 있다.

그리고 꿈 가운데서는 거대한 나무둥치가 잘려나간 그루터기에 상징적으로 연관된 인물에 대한 예언이 이어졌다. 그 사람은 마음이 변하여 인간의 마음 같지 않고 짐승의 마음을 받아 일곱 때를 지나게 된다는 것이었다. 이는 그 긴 기간 동안 원래 생활하던 형편처럼 살지 못하게 될 것에 대한 예언이었다.

그런데 그것은 우연히 발생하게 되는 사건이 아니라 하늘로부터 내려온 거룩한 순찰자의 말대로 이루어지게 되는 사건이었다. 즉 이를 통해 지극히 높으신 자가 인간들의 나라를 친히 통치하시며, 그가 자신의 뜻대로 그것을 누구에게든지 주시며 또 지극히 천한 자로 하여금 그 위에 앉게 하기도 한다는 사실을 인간들로 하여금 알도록 한다는 것이었다.

3. 다니엘의 해몽과 권면

(1) 다니엘의 해몽(4:18-26)

느부갓네살 왕은 다니엘에게 자신의 꿈에 대한 해몽을 요구했다. 그는 바벨론 제국의 모든 박사들과 점쟁이들이 해몽할 수 없지만 다니엘은 능히 해몽할 수 있음을 알고 있었다. 이는 그 전에 이미 그를 통해 자신의 꿈 해몽을 들은 적이 있었기 때문이다. 느부갓네살 그 자리에서 다니엘의 꿈 해몽은 이스라엘 민족이 섬기는 하나님으로부터 말미암은 것이라는 점을 말하고 있다(단 4:18).

다니엘은 왕의 꿈 내용을 들으면서 잠시 당황하는 기색을 보였다. 이는 그 꿈이 느부갓네살의 앞날에 미치게 될 불길한 내용이었기 때문이다. 그래서 다니엘은 그에게 꿈을 해몽해 들려주는 것에 대해 마음이 편하지 않았다. 그러자 왕은 자신의 꿈에 대한 해몽을 사실 그대로 말해주도록 요구했다.

다니엘은 그 꿈의 내용이 느부갓네살 왕이 아닌 다른 사람에게 임하게 되기를 원한다는 말을 했다. 그것을 통해 그 꿈의 내용이 불길한 것임을 먼저 왕 앞에 시사하기 위함이었다. 그리고 다니엘은 꿈에 대한 해몽을 하기 시작했다.

느부갓네살 왕이 꿈에서 본 나무가 튼튼하게 자라 하늘에 닿고 땅 끝에서도 보이며 잎사귀들이 무성하여 아름답고 많은 열매를 맺어 만민의 식물이 될 만하고 들짐승이 그 아래 거하며 새들이 그 가지에 깃든 것은 느부갓네살 왕의 세력이 견고해지고 번성해 하늘에 닿고 그 권세가 땅 끝까지 미치게 됨을 말하고 있다. 즉 그 나무는 느부갓네살 왕에 대한 상징적인 의미를 지니고 있었다.

그런 중에 하늘에서 내려온 한 거룩한 순찰자(감독자)가 나무를 베고 멸하도록 명령했다. 그가 그 뿌리의 그루터기를 땅에 남겨두어 쇠줄과 놋줄로 묶고 그것을 들풀 가운데 있게 하면서, 그것이 하늘 이슬에 젖고 또 들짐승으로 더불어 그 분량을 같이하며 일곱 때를 지내리라 한 것은 장래 느부갓네살 왕에게 미칠 일에 관한 사건이었다. 다니엘은 하나님께서 그 사실을 말씀하셨으므로 앞으로 반드시 일어나게 될 것이라 말했다.

다니엘은 그 꿈을 조만간 느부갓네살 왕이 사람들에 의해 왕궁에서 쫓겨나 들짐승과 함께 거하며 소처럼 풀을 먹고 이슬에 젖을 것이라 해몽했다. 그리고 그와 같은 형편 가운데 일곱 때를 지낼 것이라 말했다. 그때가 되어서야 그는 지극히 높으신 하나님이 인간 나라를 다스리며 자기의 뜻대로 그 나라를 누구에게든지 주시는 줄 알게 되리라는 것이 었다. 이 말은 바벨론 제국에서 권력을 행사하는 통치권에 대한 하나님 의 간섭이 있음을 깨닫게 되리라는 의미이다.

그리고 거대한 나무뿌리의 그루터기를 남겨두라고 한 것은 하나님이 세상 모든 나라를 다스리는 줄 왕이 깨달은 후에 다시금 느부갓네살이 통치하는 나라가 견고히 서게 되리라는 사실에 대한 예언임을 말했다. 이것이 느부갓네살 왕이 꾼 '큰 나무 꿈'에 대한 선지자 다니엘의 해몽 이었다.

(2) 다니엘의 권면(4:27)

하나님의 계시에 따라 느부갓네살의 꿈을 해몽해준 다니엘은 느부갓 네살 왕에게 간곡히 권면했다. 그것은 공의를 행함으로써 죄악을 중단 하라는 요구였다. 그리고 가난한 자를 긍휼히 여김으로써 죄악을 속하 도록 요구했다. 그렇게 하면 혹 왕이 평화로운 가운데 나라를 다스릴 날 이 더 길어질지 모른다는 것이었다.

이는 당시 느부갓네살 왕이 공의를 행하지 않은 편파적인 정치를 하 고 있었음을 말해주고 있다. 그리고 가난한 자들을 긍휼히 여기도록 당 부한 것은 그가 부자들을 우대하는 정책에 치중해 있었음을 말해준다.

우리는 여기에서 몇 가지 중요한 의미를 생각하게 된다. 그것은 먼저 다니엘이 느부갓네살 왕에게 죄를 속하라고 요구한 것이 기독교 신앙에 서 말하는 회개를 촉구하는 것과는 근본적으로 다르다는 사실이다. 즉 회개함으로써 영원한 구원을 받으라고 권면하는 것과는 전혀 다른 의미 를 지니고 있다.

　우리가 이 가운데서 반드시 기억해야 할 중요한 대상은 이스라엘 민족이다. 즉 본토를 뒤에 두고 이방 지역으로 사로잡혀온 당시 이스라엘 민족은 정치적으로 부당한 대우를 받고 있었다. 따라서 그들은 가난하고 어려운 삶을 살 수밖에 없었다. 이는 이스라엘 민족이 느부갓네살 왕과 그의 정권으로부터 심한 압제를 당하고 있었음을 말해주고 있다.

　하나님께서 느부갓네살과 그의 왕국을 약화시켰다가 다시금 회복하도록 하신 이유는 바로 여기 있다. 그것은 이스라엘 민족에 밀접하게 연관되어 있는 것으로 이해해야 한다. 즉 우리가 짐작할 수 있는 상황은 당시 막강한 세력을 확보하고 있던 느부갓네살 왕과 바벨론 제국이 기고만장하여 이스라엘 민족에 대한 무서운 억압정책이 지속되고 있는 형편에서 그 강압정치를 잠시 늦추도록 하신 것이다.

　하나님께서는 다니엘의 권면을 통해 이방에서 고통당하던 이스라엘 민족에게 위로와 소망을 허락하셨다. 다윗 왕국이 패망의 지경에 이른 형편 가운데서도 이스라엘 백성들은 여전히 살아계셔서 세상의 모든 권력들을 간섭하시며 역사하시는 하나님을 바라보았다. '사람의 손으로 하지 않은 뜨인 돌'과 사드락과 메삭과 아벳느고가 뜨거운 용광로에서 극형에 처해지고 있을 때 저들과 함께 있던 '그 인물'에 연관된 메시아를 구체적으로 소망할 수 있었던 것이다.

4. 느부갓네살에게 임하게 된 꿈의 실현과 회복

(1) 꿈 가운데 예언된 일이 발생함(4:28-33)

　느부갓네살 왕의 꿈은 드디어 현실로 드러났다. 그 꿈을 꾸고 다니엘로부터 해몽을 듣고 나서 만 일년이 지난 어느 날 느부갓네살 왕은 바벨론에 있는 왕궁의 옥상을 거닐면서 자신의 치적들을 기억하며 스스로 자화자찬自畵自讚을 하고 있었다. 그는 자신의 능력과 권세로 거대한 바벨론 제국을 건설하여 도성을 세우고 그것으로 인해 자신의 위엄과 영광을 나타낸 것이라 여기고 있었다. 이처럼 느부갓네살은 자신의 능력에 만족하며 성공한 인생에 대한 즐거움을 누리고 있었다.

하지만 자기 만족에 가득 찬 그 시간은 그리 오래 지속되지 못했다. 이때 마침 하늘에서 들려오는 소리가 바벨론 왕국에 군림하는 왕으로서 그의 지위가 그로부터 떠났음을 선포하고 있었기 때문이다. 그 소리는 이제부터 그가 사람들에 의해 왕궁으로부터 쫓겨나 광야에서 힘겨운 투쟁을 하며 살아야 할 것을 말해주고 있었다.

그 일은 곧 그에게 발생하였다. 느부갓네살은 왕궁으로부터 쫓겨나게 되었다. 그리고 그의 몸은 하늘에서 내리는 이슬에 젖고 머리털은 독수리 털과 같고 손톱은 새 발톱 같은 상태로 살지 않으면 안 되었다.24 이는 그가 왕위에서 쫓겨난 사실을 묘사하고 있다. 대적자들로부터 왕좌를 빼앗긴 느부갓네살은 일곱 때25를 들짐승과 함께 거하며 소처럼 풀을 먹으며 살아야만 했다.

우리는 이에 관한 말들을 상징적인 의미로 받아들여야 한다. 즉 느부갓네살 왕이 본문 가운데 묘사되고 있는 것처럼 문자적으로 짐승의 모습으로 변한 채 들짐승같이 살고 소처럼 풀을 뜯어먹으며 살았다는 의미가 아니다. 이는 도리어 느부갓네살을 대적하는 반란 세력에 의해 왕위를 빼앗기고 왕궁 바깥으로 쫓겨나 광야에서 유리하는 삶을 살았음을

---

24 느부갓네살은 왕궁에 있을 때 손가락 하나 까딱하지 않아도 항상 시중을 드는 신하들이 대기하고 있었다. 그렇지만 광야에서는 험한 일들을 하게 됨으로써 손톱이 갈라질 정도가 되었다. 본문은 느부갓네살의 변화된 상황에 따른 형편을 상징적으로 말해주고 있는 것으로 이해해야 한다.

25 70인역(LXX)은 이 본문의 '일곱 때'를 7년으로 번역하고 있다. 그러나 '일곱 때'는 7년이 아니라 7개월을 의미할 수 있다는 주장을 하는 학자들도 있다(박윤선, 다니엘서 주석. 참조: R.C.Thomson's, Reports of the Magicians and Astrologers of Nineveh and Babylon, Number 251, Rev.4-6).

의미하고 있다.26 본문 가운데 느부갓네살이 사람들에 의해 쫓겨났다고
하는 표현은 궁중 반란을 의미하는 것이 분명하다(단 4:32).

그렇지만 대다수 학자들은 느부갓네살이 왕궁으로부터 쫓겨난 까닭
을 정신질환 때문이라 간주한다.27 그것은 올바른 주장이 될 수 없다. 만
일 그가 정신병에 걸렸다면 그를 광야로 쫓아내는 것이 아니라 궁궐 내
에 격리 수용해 보호했을 것이기 때문이다. 가족 가운데 한 사람이 정신
질환에 걸렸다면 나머지 가족들은 그의 치유를 위해 온갖 노력을 다하
는 것이 당연하다. 약물치료를 비롯한 할 수 있는 모든 방법을 동원해
정성을 다할 것이 틀림없다.

사람들이 먹는 음식에 대해서도 그렇다. 질병에 걸려 고통에 빠진 가
족을 집 밖으로 내쫓는다는 것은 전혀 이치에 맞지 않다. 도리어 환자가
먹기 좋아하는 음식을 마련하기 위해 최선의 노력을 다하는 것이 일반
적이다. 하물며 느부갓네살은 막강한 제국을 통치하던 왕위에 있던 인
물이다.

---

26 다니엘서 본문에 느부갓네살이 '인생의 마음 같지 아니하고 짐승의 마음을 받
　았다'(단 4:16)고 한 말의 의미는 정신질환으로 볼 것이 아니라 왕위를 찬탈당한
　그가 평상심을 유지할 수 없었음을 말해주는 것으로 이해하는 것이 바람직하다.
27 대다수 학자들은 느부갓네살이 정신병이 걸려 미친 것으로 해석한다. 그 결과 7
　년 동안 야수 생활을 했다는 것이다. 특히 Edward J. Young은 느부갓네살의
　질병이 매우 특이한 것으로 보안드로피(Boanthropy)라 불리는 정신질환으로
　본다. 그 질병은 자기가 스스로 황소라 생각하며 풀을 뜯어먹는 것과 같은 정신
　질환의 일종이다. 다수의 학자들이 다니엘서 본문을 해석하며 느부갓네살이 정
　신병에 걸려 미쳤다고 생각하는 근거는 본문에 대한 문자적 접근과 더불어 BC
　3세기경의 베로수스(Berosus)가 "느부갓네살이 제위 43년경에 갑자기 병마의
　침입을 받았다"(Contra Apionem 1:20)고 한 기록과 "느부갓네살이 지붕에서
　어떤 신이 들렸다고 갈대아 사람들을 통해 전하여 내려온다"고 하는 아비네누
　스(Abydenus)의 구전을 인용한 요세푸스(Josephus)의 글 때문이다. 그러나 그
　들의 주장은 잘못된 전승일 가능성이 농후하며 성경본문을 볼 때 그렇게 이해하
　기에는 많은 무리가 따른다.

본문 가운데 왕이 소처럼 풀을 뜯어먹었다는 말은 반란으로 인해 쫓겨난 느부갓네살이 왕궁의 진수성찬珍羞盛饌이 아니라 초근목피草根木皮로 연명하며 궁색한 식생활을 했다는 의미이다.28 그리고 그의 몸이 하늘에서 내리는 이슬을 맞았다는 것은 화려한 왕궁을 떠나 사는 그의 초라한 모습을 보여주고 있다.

또한 그의 머리털이 독수리 털 같고 손톱은 새 발톱 같았다는 말 역시왕의 위엄에 가득 찬 모습이 아니라 다듬지 않은 거친 외모를 그대로 묘사하고 있다. 이 모든 것들은 왕궁에서 쫓겨난 느부갓네살의 광야생활이야말로 그가 일시적으로 왕위를 찬탈당한 초라한 모습을 보여주고 있다.

(2) 느부갓네살의 지위 회복(4:34-37)

'하나님께서 정하신 기한'인 광야에서 일곱 때가 지나고 나서 느부갓네살은 다시금 왕위를 회복해 환궁하게 되었다. 반란을 일으킨 세력이 무너지고 다시금 느부갓네살의 세력이 권력을 되찾게 된 것이다. 본문 가운데서 자신의 '총명'이 돌아왔다고 한 표현은 그의 통치력을 회복했음을 말해주고 있다. 이 모든 것은 하나님의 특별한 경륜과 은혜로 말미암은 것이었다.

왕위를 되찾아 환궁한 느부갓네살은 자기의 지위를 회복하게 되자 지극히 높은 자인 하나님에게 감사와 찬송을 했다. 그는 하나님을 존경한다는 말과 더불어 그의 영원한 권세와 그의 영원한 나라에 대해 입술로 노래했다. 하늘과 땅의 모든 것들은 하나님이 뜻대로만 행할 수 있으며

---

28 우리는 일반적인 대화 가운데서 '풀만 먹고 산다'는 표현을 곧잘 하곤 한다. 예를 들어 식생활을 언급하며, 요즘 뭘 먹고 어떻게 사느냐고 물을 때 그 궁핍함을 드러내며 '요즘은 염소처럼 매일 풀만 먹고 산다'는 비유적인 표현을 사용한다. 이는 경제적인 어려움으로 인해 고기를 먹지 못하고 채소를 주로 먹는다는 표현으로 결코 사람이 염소가 먹는 풀을 먹고 산다는 의미라 할 수 없다. 이처럼 느부갓네살이 소처럼 풀을 먹고 살았다는 사실은 그가 매우 비참하게 살았다는 의미로 이해하는 것이 바람직하다.

그것을 금할 자는 아무도 없음을 말했던 것이다.

전에 왕으로 군림하고 있을 때의 모든 권력을 회복한 느부갓네살 왕이 왕궁에 돌아와 왕좌에 앉게 되자 그의 모든 신하들은 그 앞에 나아가 조회를 하게 되었다. 그로써 그의 왕국은 다시금 옛날처럼 일어서게 되었다. 뿐만 아니라 그의 권세는 도리어 그 전보다 더욱 커지게 되었다.

느부갓네살 왕은 그것으로 인해 하늘의 왕을 찬양하며 칭송하며 존경한다는 마음을 드러냈다. 하나님의 모든 일은 다 진실하고 그의 행함은 의롭다는 사실을 노래했던 것이다. 그는 교만하게 행하는 자를 낮추는 분임을 노래하기도 했다. 이는 그가 자신의 꿈과 해몽 그리고 자신이 처했던 끔찍한 위기 상황을 기억하고 있었기 때문이다.

그렇다면 느부갓네살은 그때 진심으로 하나님을 경배했을까? 하지만 그랬던 것 같지는 않다. 그가 비록 입술로 하나님을 경배했지만 우리는 그것을 그의 순수한 신앙으로 받아들이기는 어렵다. 하나님의 은혜로 인한 메시아에 대한 진정한 소망이 없는 상태에서 행해지는 말과 행동은 종교적인 것일 뿐 참된 신앙이 아니기 때문이다.

5. 느부갓네살에게 일어난 일들은 누구를 위한 것이었는가?

이 사건이 진행되는 동안 느부갓네살의 종교적 행위는 하나님 앞에서 진심으로 회개한 것으로 볼 수 없다. 그럼에도 불구하고 다수의 학자들은 마치 그가 진정으로 회심하여 하나님을 경배하며 찬송한 것으로 여기고 있다.[29] 그러나 그것은 그의 언어를 통한 외형을 보고 판단하는 잘

---

29 요세푸스(Josephus), 불링거(H. Bullinger), 오지안더(A. Osiander), 외콜람파디우스(Oecolampadius), 매튜 헨리(M. Henry), 로빈슨(T. Robinson), 영(E. J. Young), 박윤선 등 여러 학자들은 느부갓네살이 하나님을 찬양한 자로서 구원의 은혜를 받은 것으로 생각한다. 그러나 다니엘서의 전체적인 문맥을 살펴볼 때 그렇게 생각할 수 없다.

못된 생각들이다.

느부갓네살이 당시 진정으로 하나님을 경외하고 있었다면 그동안 자기가 저질렀던 모든 악한 일들에 대한 진정한 회개가 뒤따라야만 했다. 그리고 자신이 저지른 하나님에 대한 배도 행위와 그에 연관된 모든 것들을 척결하기 위해서 분명한 행동을 취하지 않으면 안 되었다. 그것은 바벨론 제국 내부에서 마땅히 정리되어야 할 일과 이스라엘 민족에 연관된 가나안 땅에서 어떤 변화가 일어나야만 했던 것이다.

바벨론의 내부에서는 그가 세웠던 두라(Dura)의 금 신상을 파괴하는 것과 더불어 바벨론 제국 내에서 자신이 만든 이방 신앙과 신상들에 대한 분명한 금지와 파괴 명령이 뒤따르는 것은 지극히 당연하다. 나아가 예루살렘 성전에서 강제로 빼앗아 온 성물聖物들에 대한 반환이 즉시 이루어져야 했다. 과거에 저질렀던 느부갓네살의 그러한 행동들은 하나님께 저항하는 불신앙적인 행위였던 것이 분명하기 때문이다.

만일 느부갓네살이 진정한 하나님의 자녀가 되었고 예루살렘 성전이 파괴되기 전에 그 꿈을 꾸었다면 그가 감히 하나님의 거룩한 성전을 파괴하지 못했을 것이 분명하다. 또한 그 꿈을 꾸기 전에 이미 예루살렘 성전 파괴가 이루어졌으며 이스라엘 민족에 대한 억압이 지속되고 있었다면 성전 재건과 성전의 모든 기명들을 예루살렘으로 되돌려놓는 일이 동반되는 것은 필연적이라 할 수밖에 없다. 그러나 느부갓네살 왕의 입술을 통한 하나님에 대한 종교적인 표현과는 달리 그런 일들은 동반되지 않았다.

예루살렘 성전으로부터 강제로 빼앗아온 하나님의 거룩한 성물들은 그후에도 여전히 바벨론 지역에 방치되고 있었다. 그것은 나중 느부갓네살의 사위 니보니더스의 아들 벨사살 왕이 축제를 벌이면서 귀족들과 왕후들을 비롯한 여러 신하들과 더불어 술을 마실 때 예루살렘 성전에서 빼앗아 온 금과 은으로 된 잔들로 술을 마시는 악행을 저지른 사실을 통해 분명히 알 수 있다(단 5:1-3).

우리가 느부갓네살의 지나간 여러 행적들 가운데 눈여겨보아야 할 사실은 과거부터 그는 커다란 사건이 있을 때마다 '지극히 높으신 하나님'[30]을 찬양한다고 되풀이해 말했지만 실상은 그렇지 않았다는 점이다. 그는 다니엘이 자기에게 거대한 신상에 관한 꿈을 알려주고 해몽해주었을 때도 그와 같은 반응을 보였었다(단 2:47).

그리고 사드락과 메삭과 아벳느고가 용광로에 던져졌을 때 '신들의 아들' 같은 이와 더불어 뜨거운 용광로 안을 거니는 것을 보고, 그들이 죽음으로부터 되살아왔을 때도 느부갓네살은 저들이 믿는 하나님을 찬송하며 나름대로 유일신을 고백하는 것과 같은 태도를 보였다(단 3:28,29). 그러나 그의 그런 태도만으로는 진정한 신앙이라 인정할 수 없다. 이는 그 이후 불신앙적인 그의 태도를 보면 쉽게 알 수 있다.

본문에서 보는 것처럼 느부갓네살 왕은 하나님의 크신 일들을 여러 차례 경험한 후에도 여전히 불신자의 사고와 행동을 버리지 않았다. 느부갓네살은 자신의 그 꿈이 '지극히 높으신 하나님'으로부터 허락된 것이라 분명히 말했다(단 4:2). 그러면서도 그는 '자신의 신'과 '다니엘의 하나님'을 구별했다(단 4:8). 그런 가운데 그는 자신이 꾼 꿈에 대해 심각한 번민을 하면서 그것을 해결하기 위해 바벨론의 용하다는 무당들과 술사들과 점쟁이들을 불러 모아 해몽해 주도록 요구했다.

느부갓네살은 나중에 다니엘을 불러 자신의 꿈에 대한 해몽을 듣기는 하지만 할례와 상관이 없는 그의 모든 행동들은 할례받은 하나님의 자녀로서 순종하는 삶과는 아무런 상관이 없는 비신앙적인 행동이었다.

---

30 느부갓네살이 '지극히 높으신 하나님'이라 할 때는 여호와 하나님을 믿는 성도로서 하나님을 고백하는 말이라기보다는 불신자들이 일컫는 천지신명(天地神明) 중에 최고의 신을 일컫는 것과 유사한 개념이다.

우리는 하나님을 알지 못하는 느부갓네살의 꿈들과 사건들이 하나님의 자녀들을 위한 것이었으며 이땅에 메시아를 보내고자 하는 하나님의 놀라운 뜻과 연관되어 있다는 사실을 깨달아야 한다.

제7장
벨사살 왕궁 벽의 '손가락' 과 '글'

(단 5:1-31)

1. 느부갓네살 왕을 계승한 벨사살 왕의 잔치(5:1-4)

느부갓네살이 죽은 후 왕위는 그의 자손들을 통해 계승되었다. 본문 가운데는 벨사살 왕이 '부친' 느부갓네살을 계승해 바벨론 제국의 왕 위를 이어받은 것으로 말하고 있다. 사실 벨사살 왕은 느부갓네살의 친 아들이 아니라 그의 외손자였다.[31] 느부갓네살 이후 왕위에 오른 여러 왕들이 통치하는 기간 동안 바벨론은 부침浮沈을 겪으면서도 상당한 세

---

31 다니엘서에서는 느부갓네살이 벨사살 왕의 '부친' (father)이라 기록되어 있다 (단 5:2). 여기에서 말하는 부친(father)이란 우리가 일반적으로 이해하는 것처 럼 직접 낳아준 아버지라는 의미가 아니라 '조상' 을 의미한다. 그러므로 벨사살 왕은 느부갓네살의 친아들이 아니라 그의 자손으로 왕위를 물려받은 자이다. 바 벨론 제국의 왕 계보를 보면 다음과 같다: 나보폴라살(BC 627-605년) - 느부 갓네살(BC 605-562년) - 에빌 므로닥(BC 562-560년, 느부갓네살의 아들) - 릭리살(BC 560-556년, 느부갓네살의 첫째 사위) - 나바쉬 말둑(BC 556년에 2 개월간 통치, 릭리살의 아들) - 나보니두스(BC 556-539년, 느부갓네살의 둘째 사위) - 벨사살(553-539년, 나보니두스의 아들). 벨사살은 느부갓네살의 외손 자로 부친 나보니두스와 공동으로 왕위에 올라 나라를 다스렸다. 그는 부왕(父 王)이 중앙 아라비아 지역에 10여 년간 원정을 가 있는 동안에는 단독으로 통치 했던 것으로 보인다. 이는 전쟁이 많았던 당시에 있었던 매우 특별한 상황이었 다. 그가 통치하던 시기에 바벨론 제국은 페르시아의 고레스 왕에 의해 멸망당 하게 된다.

력을 유지하고 있었다. 따라서 왕궁에서는 종종 성대한 축제가 베풀어졌다.

그러던 중 벨사살 왕은 바벨론 제국에서 신분과 지위가 높은 귀족들을 왕궁으로 불러 축제를 배설하게 되었다. 그 축제는 단순히 먹고 마시며 즐기는 잔치가 아니라 종교적인 의미를 지니고 있었다. 나아가 그 자리에는 아무나 자유롭게 참석할 수 있었던 것이 아니라 특별히 초청받은 일천 명의 인사들만 참가할 수 있었다. 왕은 그 축제를 통해 종교적인 제의祭儀와 더불어 지도자급 위치에 있는 자들의 단합을 꾀하고 자신의 위엄을 보여주며 건재함을 과시하고자 했을 것이다.

벨사살 왕은 그 자리에서 함께 술을 마시며 건배하기 위해 특별한 잔들을 준비하도록 신하들에게 명령했다. 그것은 이스라엘 민족의 예루살렘 성전을 파괴하고 빼앗아온 금과 은으로 된 잔들로 건배하겠다는 것이었다. 당시 왕들은 궁중에서 축제를 벌일 때 자신의 위엄을 보여주기 위한 목적으로 다른 민족들로부터 약탈해 온 아름다운 잔들로 술을 마시고자 했던 것 같다.

이처럼 벨사살 왕도 당시에 있었던 일종의 관습 가운데 예루살렘 성전에서 약탈해온 잔들을 가져와 술을 마시며 종교적 제의를 위해 사용하려 했던 것으로 보인다. 나아가 벨사살 왕은 그것을 통해 무소불위無所不爲의 세력을 지닌 바벨론 제국의 위엄을 그 자리에 모인 모든 신하들 앞에서 과시하며 선포하고자 했던 것이 분명하다.

벨사살 왕은 예루살렘 성전의 금과 은으로 된 잔들을 가지고 귀족들과 왕후 및 빈궁들과 더불어 술을 마셨다. 그리고는 바벨론 백성들이 섬기는 금, 은, 동, 철, 나무, 돌 등으로 만든 여러 신들에게 숭배하는 의례를 행했다. 그것은 공식적인 절차였음이 분명하다. 이는 고대의 축제가 단순한 교제를 위한 놀음이 아니라 종교적 의미를 지니고 있었음을 시사해주고 있다.

그런데 문제는 벨사살 왕과 바벨론 귀족들이 그 행위를 통해 여호와 하나님을 정면으로 모독했다는 사실이다. 그들은 이방의 참람한 종교의 례를 통해 하나님을 욕되게 했을 뿐 아니라 예루살렘 성전의 거룩한 물건들을 가지고 이방신들을 섬기는 의례를 행하는데 사용함으로써 적극적인 모독 행위를 했던 것이다. 따라서 벨사살 왕을 비롯한 바벨론 제국은 하나님의 진노를 피할 수 없었다.

2. 왕궁 벽에 나타난 손가락과 글자(5:5-10)

바벨론의 왕궁에서 베풀어지는 축제가 진행되는 가운데 아무도 예측하지 못했던 놀라운 일이 발생했다. 하나님을 알지 못하는 벨사살 왕과 신하들이 여호와 하나님의 거룩한 잔을 들어 이방신을 숭배하는 의례를 행하고 있을 때 왕궁 내부의 촛대 맞은편 석고로 된 벽에 느닷없이 사람의 '손가락' 이 나타나 글씨를 썼던 것이다.

본문 가운데서 '손가락' 이 나타났다는 사실에 주의를 기울일 필요가 있다. 즉 '손가락 같은 것' 이라든지 '손가락 형상' 이 아니라 사람의 손가락이었다. 이 가운데는 여간 중요한 의미가 들어있는 것이 아니다. 이는 그때 나타난 손가락이 과연 누구의 것이었던가 하는 사실을 생각해 보아야 함을 의미하고 있다.

벨사살 왕을 비롯한 거기 있던 자들은 글을 쓰는 손가락만 보았을 따름이지만 그 가운데는 손가락의 주인이 눈에 보이지 않는 상태로 존재해 계셨다. 손가락만 있고 손가락 주인의 몸은 그곳에 없었던 것이 아니다. 그 자리에는 '한 사람' 이 있었던 것이 분명하다. 우리는 그 손가락의 주인이 오래 전 사드락과 메삭과 아벳느고가 느부갓네살 왕의 심판을 받아 용광로에 던져졌을 때 저들을 보호하며 지켰던 '하나님의 아들 같은 이'(단 3:25)와 동일한 인물이라는 사실을 쉽게 알 수 있다.

그렇지만 그에 대해 전혀 예기치 못한 상태에서 느닷없이 발생한 그 놀라운 장면을 바라보던 벨사살 왕은 심한 두려움에 빠지지 않을 수 없었다. 따라서 축제의 즐거운 분위기에 휩싸여 있던 그의 얼굴빛이 즉시 사색死色으로 변하게 되었다. 벨사살 왕은 너무나 두려운 나머지 크게 번민하여 두 다리의 마디들이 녹는 듯하고 무릎이 심하게 후들거려 떨릴 지경이 되었다.

벨사살은 즉시 바벨론의 유명한 술객들과 점쟁이들과 박사들을 왕궁으로 불러오게 했다. 왕은 그들에게 벽에 쓰인 그 글자들을 읽고 해석을 하도록 요구했다. 누구든지 그 내용을 해석하는 자에게는 자주색 옷과 금목걸이를 늘어뜨리도록 하고 바벨론 제국에서 세 번째 높은 고위 공직자32로 기용하겠다는 공약을 내놓았다.

그렇지만 왕의 간절한 요구에도 불구하고 왕궁 벽에 쓰인 그 글을 읽어내는 자가 없었으며 아무도 그것을 해석하지 못했다. 왕의 근심과 고민은 더욱 깊어져 갔으며 거기 모인 모든 귀족들도 크게 놀라지 않을 수 없었다. 그러자 즐거운 축제 분위기는 급속히 가라앉게 되고 어수선한 분위기로 돌변하게 되었다.

왕궁에서 일어난 급작스런 소식을 접하게 된 태후太后는 곧장 축제가 벌어진 궁 안으로 들어왔다. 그녀는 벨사살 왕 이전의 느부갓네살 왕 시대에 있었던 '꿈과 해몽'에 관한 일들을 알고 있던 인물이었다. 벨사살

---

32 여기에서 세 번째 높은 고위 공직자란 벨사살 왕 자신과 그의 부왕 나보니두스 다음의 최고위직에 임명하겠다는 말이다. 즉 이는 왕 다음의 높은 지위를 의미하고 있다. 그러나 다니엘서 6장 2절에 기록된 것처럼 페르시아 제국에 세 명의 총리를 둔 것과는 다른 개념이다. 세 명의 총리를 두었다는 사실은 마치 조선시대의 직제처럼 왕 아래에 영의정, 좌의정, 우의정을 둔 것과 유사한 것으로 이해할 수 있다.

을 비롯한 당시 다른 신하들 역시 그에 대해 어느 정도 알고 있었겠지만 태후는 왕궁에 거하면서 느부갓네살 왕에게 일어난 모든 일들을 소상하게 알고 있었다. 그녀는 벨사살 왕에게 그 글을 읽고 해석할 수 있는 실제적인 방안을 알려주기 위해 왕궁으로 급히 들어왔던 것이다.

3. 다니엘을 부름(5:11-16)

태후는 깜짝 놀랄 만한 일을 당한 벨사살 왕이 당황하여 깊은 고민에 빠져 있는 것을 보면서 걱정하지 말도록 당부하며 안심시켰다. 그 전에 느부갓네살 왕도 꿈으로 인해 깊은 고민에 빠졌던 적이 있었음을 말했다. 천하를 호령하는 탁월한 왕이었던 느부갓네살도 그와 유사한 일들을 만났지만 해결할 수 있는 길이 있었다는 것이다.

느부갓네살 왕이 죽은 후 뒤이은 왕들이 통치하던 정부들에서 다니엘은 정치적 핵심으로부터 물러나 있었던 것으로 보인다. 왕들과 정권이 바뀐 다음에 새로운 인사 정책이 있었으리라는 사실은 자연스럽다. 벨사살 왕은 선대先代의 왕 느부갓네살과 달리 다니엘을 가까이 두고 있지 않았을 것으로 보인다.

태후는 왕궁 벽에 손가락이 나와 글을 쓰게 된 사실로 말미암아 깊은 고민에 빠져 있던 벨사살 왕에게 다니엘을 소개하며 그에 관한 언급을 했다. 그녀는 다니엘을 '거룩한 신들의 영을 보유한 자'(단 5:11)로 표현했다. 이는 다니엘의 종교성을 말하고 있는 것일 뿐 그 이상의 신앙적 의미를 담고 있는 것은 아니다.

태후는 벨사살 왕에게 지나간 역사에 대한 기억을 되살리고자 했다. 느부갓네살 왕 통치 당시 종교성이 남달랐던 다니엘은 명철과 총명과 지혜가 뛰어났으므로 그에게 박수와 술객과 점쟁이와 박사들 등 모든 종교인들을 관리하는 총책을 맡기게 되었다는 사실을 말했다. 그리고

그가 그렇게 될 수 있었던 것은 느부갓네살 왕의 은밀한 꿈을 해몽하여
그 의문들을 풀어냈기 때문이었던 사실을 상기시켰다.

그러면서 태후는 벨사살 왕에게 이제 다니엘을 왕궁으로 불러 그에게
물어보면 왕궁 벽에 쓰인 글을 읽고 해석할 수 있으리라고 말했다. 바벨
론의 수많은 술객들과 박사들이 도저히 알 수 없었던 그 글의 의미를
'거룩한 신들의 영'을 지닌 그가 선명하게 풀어 주리라는 것이었다. 그
것은 궁지에 몰려 절망 상태에 있던 벨사살 왕에게 여간 반가운 소식이
아닐 수 없었다.

왕은 태후의 말을 듣고 즉시 다니엘을 왕궁으로 불러들였다. 다니엘
이 자기 앞으로 나아왔을 때 벨사살 왕은 그의 인적사항과 더불어 과거
에 있었던 몇 가지 일들을 언급하며 사실을 확인했다. 그리고 현재 자신
이 처하게 된 고민스런 형편을 있는 그대로 털어놓았다.

궁중에서 왕과 귀족들이 모인 성대한 축제가 베풀어지고 있던 중에
갑자기 손가락이 나타나 벽에 글을 썼다는 것이다. 왕은 다니엘에게
벽에 쓰인 그 글을 보여주며 읽고 해석해 주도록 요청했다. 왕은 다니
엘에게 마지막 기대를 걸 수밖에 없는 급박한 형편에 놓여 있었던 것
이다.

그때 벨사살 왕은 만일 다니엘이 그 글을 읽고 해석하게 된다면 바벨
론 제국의 최고위직에 등용하겠다고 약속했다. 그에게 최고 권력을 가
진 자들이 입을 수 있는 자주색 옷을 입히고 금목걸이를 늘어뜨리도록
하여 바벨론에서 세 번째 높은 지위를 허락하겠다는 것이었다.

이는 그를 위한 최대의 혜택일 수밖에 없다. 왕이 그렇게까지 하고자
했던 까닭은 그만큼 심각한 처지에 놓여 있었다는 사실을 말해주고 있
다. 동시에 그 글을 해석해 낼 수 있는 인물이라면 자기의 정권을 위해
절대적으로 필요한 인물일 것이라는 생각을 하고 있었기 때문이다.

4. 다니엘의 반응(5:17-21)

벨사살 왕의 명령과 그에 대한 상급에 연관된 언급을 들은 다니엘은
먼저 자기의 견해를 분명히 밝혔다. 그는 왕궁 벽에 쓰인 글을 왕을 위
해 읽고 해석해 주겠지만 그로 인한 모든 상급은 정중히 사양하겠노라
고 말했다. 자기에게는 달리 특별한 상급이 필요하지 않으니 그 모든 것
들을 다른 사람에게 주라는 것이었다. 이는 다니엘이 세상에서 소유하
게 되는 권력과 부에 아무런 탐심을 가지고 있지 않다는 사실을 보여주
고 있다.

다니엘은 왕궁 벽에 쓰인 그 글을 해석하기에 앞서 바벨론 제국의 정
치에 관련된 냉정한 언급을 했다. 바벨론 왕국의 모든 권력과 권위는 하
나님으로 말미암는다는 것이었다. 즉 바벨론으로 사로잡혀 온 다양한
언어를 사용하는 많은 민족들이 느부갓네살 왕 앞에서 떨며 두려워했던
것은 하나님이 허락한 권력 때문이었음을 강조했다.

이는 바벨론 제국이 특별히 이스라엘 민족과 직접 연관되어 있었기
때문임이 분명하다. 패망한 이스라엘 민족을 포로로 사로잡아 와서 그
들 위에 군림하며 다스리는 바벨론 제국의 통치자인 왕은 하나님의 간
섭을 받지 않을 수 없었던 것이다. 다니엘은 벨사살 왕에게 선대의 왕
느부갓네살에 대한 이야기를 하며 현실에 관한 지적을 하고자 했다.

과거에 있었던 가장 심각한 문제는 느부갓네살 왕의 마음이 강퍅해져
매우 교만하게 행했던 사실이다. 그는 자신의 권력이 하나님으로부터
왔다는 사실을 전혀 인식하지 못한 채 백성들을 탄압했다. 그런데 문제
는 그 가운데 하나님의 언약 자손인 이스라엘 민족이 포함되어 있었다
는 점이다. 왕은 자기가 휘두르는 정치적 권력이 어떤 의미를 지니고 있
는지 알지 못하고 있었던 것이다.

하나님께서는 느부갓네살 왕의 악행을 방지하기 위해 그의 왕위를 폐했으며 그로부터 모든 위엄과 명예를 박탈하셨다. 결국 그는 궁중에서 일어난 반란으로 말미암아 광야로 쫓겨나는 신세가 되었으며 고통스런 기간을 보내지 않으면 안 되었다. 그동안 그는 왕궁의 화려한 삶이 아니라 견디기 힘든 어려운 삶을 살았고, 산해진미山海珍味가 아니라 들에서 나는 거친 식물植物로 음식을 삼았으며, 안락하지 못한 광야를 거처삼아 생활해야 했다.

그것은 사실 하나님께서 느부갓네살 왕에게 자신의 존재에 대한 깨달음을 주기 위한 경륜으로 말미암은 것이었다. 그것을 통해 느부갓네살은 전지전능하신 하나님께서는 인간들이 다스리는 바벨론 제국을 통치하신다는 사실과 그의 뜻대로 누구든지 통치자로 세울 수 있다는 점을 깨닫게 하셨던 것이다.

다니엘은 궁중 안벽에 쓰인 글에 대한 해석을 기다리는 벨사살 왕에게 그전에 있었던 느부갓네살 왕에 연관된 일들에 대한 의미를 분명히 설명했다. 이는 당시 벨사살 왕이 행하던 통치력과 정권 역시 그와 전혀 다르지 않다는 사실을 지적하고 있다. 즉 벨사살 왕이 베푸는 축제의 현장에서 그런 일이 일어난 것은 하나님의 간섭을 보여주고 있다는 사실을 말했던 것이다.

5. 다니엘의 벨사살 왕에 대한 책망과 벽에 쓰인 글씨 해석(5:22-28)

다니엘은 선대의 왕이었던 느부갓네살에 관한 언급을 한 후 감히 벨사살 왕의 행동에 대해 직설적인 강한 책망을 했다. 왕의 면전面前에서 그런 직언을 한다는 것은 목숨을 내놓지 않고는 감히 할 수 없는 행동이었다. 그가 벨사살 왕을 책망한 내용은 과거 느부갓네살 왕이 겪은 모든 일들을 알고 있으면서도 마음을 낮추어 겸손하지 않고 하나님을 거역했다는 것이다.

벨사살 왕이 예루살렘 성전에서 **빼앗아** 온 거룩한 잔들을 가져와 왕과 귀족들과 왕후들이 술을 따라 마시면서 금, 은, 동, 철, 목, 석으로 만든 신상들을 숭배하며 그 앞에서 즐기는 것은 하나님을 욕되게 하는 행위였다. 오직 여호와 하나님을 위해 사용되어야 할 성물聖物들을 더러운 이방신들을 섬기는 데 사용하면서 술을 마시며 축제를 벌인 것은 하나님의 진노를 사는 일이 아닐 수 없다.

왕궁의 벽에 손가락이 나타나 그 글을 쓴 것은 그런 악행을 저지른 바벨론 제국에 대한 하나님의 심판을 보여준다는 것이었다. 다니엘은 그 글을 읽고 그 의미가 '메네 메네 데겔 우바르신'(MENE, MENE, TEKEL, UPHARSIN)이라 말했다. 이 말은 '세어 보고 세어 보고 달아보매 부족하여 가른다' 는 의미를 지니고 있다. 그런데 우리가 여기에서 분명히 알아야 할 점은 그 글이 아람어가 아닌 다른 글로 기록되었다는 사실이다(단 5:8).

만일 그 글자가 아람어였다면 그 문장 자체에 대한 일반적인 해석은 어렵지 않았을 것이다. 나아가 그 글이 히브리어도 아니었을 것이 분명하다. 그것이 만일 히브리어였다면 당시 바벨론 제국 내에 히브리어를 읽고 해독할 수 있는 사람들이 많이 있었을 것이기 때문이다. 물론 기록된 문장을 읽고 일반적인 해석을 한다고 할지라도 그것의 상징적인 의미를 깨닫는 것은 별개의 문제라 생각해 볼 수도 있다. 그러나 '메네 메네 데겔 우바르신' 이라는 문장을 읽을 수 있어서 그에 담긴 표면적인 의미를 안다면 그것을 해석하는 일도 그리 어렵지 않을 것이 틀림없다.

그 글은 당시 왕궁에 모여 있던 사람들뿐 아니라 바벨론 제국 내의 모든 사람들이 알지 못하는 글이었다. 왕궁의 벽에 나타난 손가락이 쓴 그 글이 단순한 그림이나 기호가 아니라 문자인 것은 명확한데 그것을 읽고 해독할 수 있는 사람이 없었던 것이다. 바벨론 제국 내에 그 글을 알고 있는 사람이 아무도 없다는 사실은 여간 당황스러운 일이 아닐 수 없다.

그래서 벨사살 왕은 바벨론 박사들 가운데 아무도 해독하지 못하는 그 낯선 글을 읽고 해석하기 위해 다니엘을 특별히 왕궁으로 불러들였던 것이다. 다니엘이 그 글을 익숙하게 알고 있었을 것으로 여겼다기보다는 그가 믿는 이스라엘 민족의 하나님이 그를 통해 그 글을 읽고 그것의 의미를 정확하게 해석하도록 해줄 것으로 기대하고 있었던 것이다.

다니엘은 벨사살의 간절한 기대를 저버리지 않았다. 그는 왕궁의 벽에 쓰인 그 글을 읽고 그에 대한 해석을 했다. 거기 기록된 글은 '메네 메네 데겔 우바르신' 이라는 말이었으며, 그 상징적인 의미가 밝혀져야 했다.

'메네' (number)는 하나님이 이미 왕의 나라의 시대를 세워서 그것을 끝나게 하셨다는 뜻이며, '데겔' (weigh)은 왕이 저울에 달아보아 부족함을 보였다는 뜻이라는 것이었다. 그리고 '베레스' (divide)[33]는 왕의 나라가 나뉘어서 메대와 페르시아 사람들에게 준 바 되었다는 뜻이라고 했다. 이렇게 하여 이방신과 연관된 벨사살 왕의 축제 중에 왕궁의 벽에 손가락이 나와 쓴 글을 다니엘이 해석하게 되었다.

6. 다니엘과 벨사살(5:29-31)

벨사살 왕은 다니엘의 해석을 그대로 받아들였다. 사실상 그것은 하나님의 은혜의 결과였다. 만일 그 해석이 자기의 마음에 들지 않는다고 해서 거부하며 분노한다면 어떻게 할 것인가? 그러나 하나님을 알지 못하는 불신자인 벨사살 왕은 다니엘의 해석을 그대로 받아들이는 태도를

---

33 '우바르신' 은 '우' 와 '바르신' 이 합쳐진 말로 '우' 는 우리말의 접속사 '그리고' 에 해당한다. 물론 '바르신' 은 '베레스' 에서 나온 말이다.

보였다.

왕은 그전에 공약한 대로 그 글을 읽고 의미를 해석해 낸 다니엘을 최고위 공직에 등용했다. 왕은 다니엘에게 자주색 옷을 입히고 금목걸이를 길게 드리우도록 했다. 그리고는 그에게 막강한 권력을 주어 바벨론 제국에서 벨사살의 아버지와 왕인 자기 자신 다음의 지위인 세 번째 높은 서열의 공직자로 임명했으며 전국에 그에 대한 조서를 내리도록 명령했다.

다니엘로서는 그것이 느부갓네살 왕 때에 이어 두 번째 오르는 고위 공직이었다. 엄밀한 의미에서 볼 때 이 역시 다니엘 개인을 위한 것이라기보다 하나님의 언약 백성인 이스라엘 민족을 위한 것이었다. 하나님께서는 그 언약 백성들을 지켜 보존함으로써 자신의 놀라운 구속사를 이루어가고자 하셨던 것이다.

하지만 다니엘이 최고 권력을 얻어 공직에 오르던 그날 밤 벨사살 왕은 살해를 당하고 말았다. 예루살렘 성전의 거룩한 기물들을 아무렇게나 사용한 데 대한 여호와 하나님의 진노 때문이었다. 뿐만 아니라 그로 말미암아 바벨론 제국은 패망에 이르게 된다. 당시 조그만 나라에 지나지 않던 메대 왕국 출신의 당시 62세였던 다리오[34]가 바벨론을 침공해

[34] 다니엘서에 기록된 다리오(Darius)는 일반 역사 가운데 나타나지 않는다. 다리오라는 이름은 아마도 바벨론이 정복된 지 얼마 후(BC 539) 고레스로 말미암아 바벨론 총독이 된 구바라(Gubara)의 페르시아식 이름일 가능성이 크다고 보는 이들이 있다. 그가 왕이라 불린 것은 메대-페르시아 제국 전체의 왕이 아니라 한 지역의 왕이라고 간주하는 것이다(박윤선, 다니엘서 주석 참조). 하지만 다른 학자들 가운데는 다리오를 고레스의 다른 이름으로 보는 이들도 없지 않다. 즉 다리오와 고레스를 동일 인물로 보는 것이다. 고레스 왕은 바벨론 제국을 멸망시키고 메대-페르시아 왕국을 세운 자이며(BC 539년), 특별 칙령을 내려 유대인들의 본토 귀환을 허락한 인물이다(BC 538년). 그러나 다니엘서 6장 28절에 '다리오 왕'과 '고레스 왕'의 이름이 동시에 나오는 점을 보아 두 사람이 동일 인물이라고 단정하기는 쉽지 않아 보인다. 하지만 그에 대한 가능성이 전혀 없는 것이라 말할 수도 없다. 이에 대해서는 나중 관련 본문을 언급할 때 설명을 덧붙이고자 한다.

멸망시킨 후 모든 권력을 장악하게 된 것이다.

7. 이스라엘 민족에게 허락된 소망

왕궁 벽에 손가락이 나타나 쓴 글과 그에 대한 해석을 듣고 소망을 가진 사람들은 다름 아닌 바벨론 제국에서 억압받고 있는 이스라엘 민족이었다. 그 글이 예언하던 대로 바벨론이 멸망당했다는 사실은 이스라엘 민족에게는 기대할 만한 소망이 아닐 수 없다. 막강한 세력을 가지고 뭇 백성들을 억압하던 바벨론이었지만 하나님을 모독함으로써 멸망당했다는 것을 보며 하나님의 존재와 사역을 더욱 실감했을 것이 분명하다.

이 사건을 통해 이스라엘 백성들은 오래 전 느부갓네살 왕이 꿈에서 보았던 거대한 신상을 쳐서 무너뜨린 '사람의 손으로 하지 않은 뜨인 돌'(단 2:34)과, 다니엘의 세 친구인 사드락과 메삭과 아벳느고가 용광로 가운데 던져졌을 때 저들을 보호했던 '하나님의 아들과 같으며 동시에 사람과 같은 자'(단 3:25)를 떠올렸을 것이 분명하다. 참된 신앙을 가진 이스라엘 자손들은 그 사건을 통해 하나님의 메시아 사역이 진행되고 있음을 다시금 깨닫고 감사할 수 있었던 것이다.

우리가 분명히 명심해야 할 바는 바벨론 왕궁 벽에 나타나 글을 쓴 손가락과 그에 연관된 진정한 의미이다. 벨사살 왕은 벽면에 글을 쓰는 손가락만 보았을 뿐이지만 그 자리에는 그의 몸이 함께 있었다는 사실을 간과해서는 안 된다. 그는 하나님께서 특별히 선택하신 언약의 민족을 박해하며 악행을 저지르는 바벨론 제국에 심판을 선언하는 하나님의 아들 메시아였음이 틀림없다.

제8장
사자굴의 다니엘과 '하나님의 천사'

(단 6:1-28)

1. 다리오와 다니엘(6:1-3)

다리오(Darius)가 바벨론 제국을 무너뜨린 후 패권을 장악한 메대-페르시아 왕국은 새로운 국면을 맞이하게 된다. 그동안 강력한 나라였던 바벨론이 멸망하고 당시 세계 질서에 커다란 변화가 오게 된 것이다. 새로 권력을 장악한 다리오 왕은 전국의 행정구역을 일백 이십 개의 주州로 나누어 각 주마다 한 명씩 지방장관을 두었다.

여기에서 매우 궁금한 문제 하나를 만나게 된다. 그것은 다리오 왕이 다니엘을 자신의 직속 부하이자 최고의 공직자들인 세 사람의 총리 가운데 한 사람으로 발탁했다는 사실이다. 왕은 나중에 세 명의 총리들 가운데 다니엘을 가장 선임자로 임명했다. 어떻게 그런 일이 가능했을까?

전에 다니엘이 다리오 왕과 메대-페르시아 왕국을 위해 특별한 공적을 세운 일이 없었던 것은 분명하다. 그럼에도 불구하고 다리오가 다니엘을 자기 다음가는 최고위직에 임명하게 된 몇가지 이유를 생각해 볼 수 있다.

다리오 왕은 다니엘이 자기를 직접 돕지 않았지만 바벨론 제국의 마지막 왕이었던 벨사살 왕의 패망을 예언했던 인물이었기 때문에 자기에게 유리한 발언을 한 것으로 생각했을 가능성이 있다. 물론 다니엘이 직접 다리오 왕을 위해 그렇게 한 것은 아니었지만 다니엘의 예언을 통해 벨사살 왕은 물론 바벨론 제국의 모든 공직자들의 사기가 급격히 꺾였던 것은 틀림없다.

또 하나 이유는 신흥 강국으로 부상한 메대-페르시아 왕국이 큰 저항 없이 바벨론 사람들을 지배하기 위해서는 바벨론 출신의 고위 관료가 필요했을 것이라는 점이다. 더구나 다니엘은 바벨론 민족 출신이 아니라 당시 피지배계층에 속한 이민족 출신으로 다리오 왕의 정국政局을 위해 가장 적합한 인물로 보였을 수 있다. 즉 다니엘은 바벨론 제국의 최고위 관료 출신이자 당시에도 중요한 위치에 있던 인물이었지만, 바벨론 제국의 멸망을 내심 반기고 있다는 사실을 그가 알고 있었을 것이다.[35] 만일 그런 이유들이 작용하고 있었다면 다리오의 판단은 잘못되지 않았다.

우리의 옛 격언 가운데 '충신불사이군'忠臣不事二君이라는 말이 있다. 충신은 두 왕을 섬기지 않는다는 의미이다. 이는 동서고금東西古今을 막론하고 모든 경우에 통용될 수 있는 격언이다. 물론 이 말은 한 사람의 신하가 대로 계승되는 다른 왕들에게 충성해서는 안 된다는 뜻이 아니다. 동일한 왕조라면 선대의 왕에게 충성을 하고 다음 왕에게 충성을 다하는 것은 지극히 자연스럽다.

그러나 정변에 의한 정권교체가 일어난다면 문제가 완전히 달라진다. 반란이나 쿠데타에 의해 정권이 바뀌었는데도 앞선 정권에 충성을 맹세

---

35 과거 바벨론 제국에서 보이는 다니엘의 행적을 감안할 때 그가 비록 충신이었다 할지라도 바벨론의 패망을 막기 위해 최선을 다하지 않았을 것은 틀림없다. 이는 그것이 하나님의 뜻이라는 사실을 이미 잘 알고 있었기 때문이다.

한 신하가 다음 정권에서도 여전히 충성을 다한다면 그것은 결코 바람직하지 않다. 그런데 다니엘의 경우는 왕조가 바뀐 것이 아니라 그 전에 충성하던 왕국 자체가 망하고 그 자리에 새로운 나라가 들어섰는데 그 왕국에서 충성을 맹세했다. 즉 자신이 충성하던 바벨론 제국을 패망시킨 메대-페르시아 왕국의 최고위직 발탁 제안을 받아들였던 것이다.

그렇다면 이것은 과연 무엇을 의미하는가? 우리는 여기에서 매우 중요한 의미를 발견하게 된다. 그것은 다니엘이 세속 국가에 충성을 다하는 것을 최고의 덕목으로 간주하지 않았다는 사실이다. 다니엘은 바벨론의 고위 공직자 출신으로 그 나라를 패망시키고 정권을 장악한 메대-페르시아 왕국에서 고위 공직자가 되는 것에 대한 아무런 부담감을 느끼지 않았다. 우리가 명확하게 기억해야 할 바는, 다니엘이 비록 세속 국가에서 최고위직 관료를 지냈지만 그는 여전히 하나님께서 특별히 택하신 이스라엘 백성이었으며 다윗 왕국과 연관된 인물이었다는 사실이다.

2. 메대-페르시아 관료들의 시기와 음모계획(6:4,5)

다니엘은 선지자로서 특별한 하나님의 사람이었다. 그에게 중요한 것은 하나님의 언약과 다윗 왕국의 의미였다. 그의 육신이 어느 시대, 어느 왕국에 속해 있든지 간에 그는 항상 이스라엘 민족으로서 진정한 정체성을 지닌 인물이었다. 따라서 다니엘은 일반적인 세속 정치와 그것 자체에 특별한 의미를 두지 않았다. 그에게 있어서 세상의 모든 왕국들은 하나님의 구원사역을 이루어 가는 방편으로 이해될 따름이었다. 그가 막강한 권력과 부를 소유하고 있을 때조차도 그의 근본적인 관심은 하나님의 나라에 있었던 것이다.

그러나 다니엘의 주변에서 세속적인 권력을 추구하며 행사하던 하나님을 알지 못하는 자들의 관심은 그렇지 않았다. 그들은 이방 족속 출신이자 앞선 바벨론 제국의 신하였던 다니엘에게 새로 개편된 다리오의 정권에서 왕 다음의 최고위직이 돌아가는 것을 쉽게 용납할 수 없었다. 그것은 메대-페르시아의 배경을 가지고 있는 민족으로서 자존심 상하는 일이 아닐 수 없었다.

그러자 다른 두 명의 총리들과 여러 지방 장관들은 다니엘로부터 정치적인 비리를 찾아내 그것을 트집잡아 왕에게 고소하려 했다. 하지만 그들은 성실한 인물이었던 다니엘의 비리를 발견할 수 없었다. 그는 하나님을 진정으로 경외하는 자로서 양심적인 인물이었기 때문이다. 차라리 그들 자신은 남이 알지 못하는 사이 온갖 비리를 저질렀겠지만 다니엘은 그렇지 않았던 것이다.

다니엘의 신실함에 대해서는 누구보다 다리오 왕이 잘 알고 있었던 것으로 보인다. 그래서 왕은 다니엘을 전적으로 신임하고 있었다. 왕이 다니엘에게 그런 신뢰의 자세를 보일수록 다른 신하들의 질투와 시기심은 더욱 커져 갔으며 그의 비리를 찾기 위해 혈안이 되어 갔다.

그럼에도 불구하고 그들이 다니엘의 비리를 찾아내지 못하자 급기야는 최종의 카드를 사용하고자 했다. 그것은 다니엘의 종교적인 신앙을 자신들의 정치적인 목적으로 이용하는 것이었다. 그들은 다니엘의 모든 것에 대해 이미 잘 알고 있었다. 과거 바벨론 제국 시대에 있었던 꿈에 관련된 여러 사실들과 그것이 그의 종교적인 신앙으로 말미암는다는 사실을 확인하고 있었다.

그들은 다니엘이 믿는 이스라엘 민족의 하나님이 요구하는 율법에 정면으로 배치되는 내용의 정책을 마련했다. 즉 이스라엘의 하나님에게 저항할 수밖에 없는 법령을 만들어 그 법에 순종하도록 요구한다면 신앙에 투철한 다니엘은 절대로 하나님의 뜻을 저버리지 않으리라는 것이었다. 그것은 결국 왕의 명령을 어기고 범법하게 되리라는 사실을 말해주고 있다.

그들은 왕이냐, 하나님이냐를 눈앞에 둔 다니엘이 결국 왕의 명령을 버리고 하나님을 택하게 될 것이라 확신했다. 그렇게만 된다면 다니엘을 정식으로 고발하여 왕으로부터 엄벌을 받게 할 수 있으리라 생각했다. 우리는 이를 통해 하나님의 말씀에 순종하며 최선을 다하던 다니엘을 모함하여 흔들어대는 자들이 많이 있었음을 보게 된다. 이는 그가 비록 최고의 높은 지위에 있었다 할지라도 결코 평안하고 안락한 삶을 누렸던 것이 아님을 보여주고 있다.

3. 메대-페르시아 관료들의 음모와 덫(6:6-9)

다니엘을 권력의 중심부에서 제거하고자 하는 무리들은 의기투합意氣投合하여 즉시 그에 대한 구체적인 의견을 내놓게 된다. 다니엘을 제외한 두 명의 총리들과 행정 관료들과 지방 장관들, 그리고 자문단과 관리들이 모여 함께 머리를 맞대고 치밀한 작전을 세웠다.

그들은 왕으로 하여금 새로운 금령을 정해 전국에 반포하도록 하고 모든 백성들로 하여금 그 내용을 반드시 지키도록 한다는 것이었다. 어느 누구라도 그 금령을 어긴다면 극형에 처해지게 된다는 단서를 달기로 했다. 그것은 왕의 지위를 절대화하여 새로 출범한 왕국의 기강을 확립한다는 명분이 실려있는 내용이었다.

저들의 의견이 하나로 결집되자 그들은 다리오 왕에게 나아가 건의를 했다. 앞으로 삼십일 동안에는 모든 백성들로 하여금 왕에게만 간구하고 다른 신들에게 아무 것도 구하지 못하게 하자는 법안을 제출했던 것이다. 그것은 신들을 향한 종교적인 기도와 연관되며, 거기에는 왕을 어느 정도 신격화하겠다는 의미가 담겨 있다. 또한 만일 누구든지 왕의 그 금령을 무시하여 어기는 자가 있다면 사자굴에 던져 극형에 처하도록 해야 한다는 규정도 포함되어 있었다.

다리오 왕이 그 말을 들었을 때 매우 그럴 듯한 제안이 아닐 수 없었다. 이제 새로운 정권이 들어서서 거대한 지역을 다스리기 위해 왕권을 강화한다는 것은 필요한 조처였다. 간사한 신하들은 왕권 강화를 명분으로 삼아 그와 같은 조언을 하며 전국에 왕명을 선포하도록 간청했던 것이다. 그것은 다리오 왕의 귀에 여간 솔깃한 제안이 아닐 수 없었다.

다리오 왕은 신하들의 간청에 따라 그에 관련된 금령을 만들어 세웠다. 그리고 왕국의 전 지역에 조서를 내려 반포했다. 또한 메대-페르시아 왕국에 선포된 그 명령은 절대로 변개치 못한다는 단서를 달아 어느 누구도 그 내용을 고치지 못하도록 못박았다. 따라서 어인御印이 찍힌 금령이 담긴 그 조서를 보고 감히 왕명을 거절할 자는 아무도 없었다.

4. 다니엘의 저항(6:10)

메대-페르시아의 모든 백성들은 어인이 찍힌 조서를 보고 아무런 저항 없이 왕명을 따랐다. 지위고하를 막론하고 모든 사람들이 그 금령에 순복했다. 백성들 가운데 대다수는 즐거운 마음으로 그 금령을 흔쾌히 받아들이고 실천했을 것이 분명하다. 아마도 새로운 정국이 전개되는 형편 가운데 왕권이 강화되는 것을 보며 왕국의 평화를 기원하며 적극적으로 동조한 자들도 많았을 것이다.

그러나 여호와 하나님을 진정으로 경외하는 인물이었던 다니엘은 그렇지 않았다. 그는 자신에게 어떤 위험과 불이익이 닥친다 할지라도 왕의 그 명령을 따를 수 없었다. 당시 다니엘은 다리오 왕 다음가는 최고위 공직을 가진 중요한 인물이었지만 그 명령에 순복하지 않았다. 그는 그것이 자기를 모함하려는 자들의 올무라는 사실을 잘 알고 있었다.

다니엘은 그것에 개의치 않고 그 전처럼 자신의 집에서 예루살렘을 향하여 하루에 세 번씩 무릎을 꿇고 여호와 하나님께 기도하며 감사했다. 우리는 여기에서 예루살렘에 연관된 매우 중요한 언약적 의미를 생각해야 한다. 그것은 다니엘이 예루살렘을 향해 기도할 때 그곳에는 이미 하나님의 거룩한 성전이 파괴되고 없었다는 사실 때문이다.

예루살렘은 지구상의 다른 어느 도시에도 존재하지 않는 매우 중요한 지역적 특성을 소유한 도성이다. 즉 성전이 완전히 파괴되고 없어진 상태에서도 예루살렘은 여전히 언약적 의미를 지니고 있었다. 아브라함이 이삭을 하나님의 제물로 바친 모리아산의 바로 그 장소 자체에는 하나님의 언약이 담겨 있었던 것이다. 다니엘이 예루살렘을 향해 기도했던 것도 바로 그 이유 때문이었다.

그가 하루에 세 번씩 예루살렘을 향해 무릎을 꿇고 기도했던 것은 하나님의 언약을 날마다 기억하고 있었음을 말해주고 있다. 이는 그가 비록 이방 왕국의 최고위직에 있는 공직자였지만 그에게는 자신의 지위가 아니라 예루살렘이 중요했다. 다니엘의 그 모습은 당시 그 지역에 끌려와 이방생활을 하던 이스라엘 백성의 관심이 예루살렘을 중심으로 하는 본향에 있었다는 사실을 그대로 보여주고 있다.

그러한 갈망이 하나님께서 택하신 이스라엘 민족의 정체성을 유지하도록 했다. 그들은 예루살렘과 가나안 땅을 언젠가는 돌아가야 할 본향本鄕으로 믿고 있었던 것이다. 이는 저들의 조상인 이스라엘 백성들이 애굽 땅에서 고된 노예 생활을 하던 중에도 앞으로 하나님의 인도하심에 따라 가나안 땅으로 돌아가야 한다는 간절한 소망을 가지고 있었던 것과 동일한 관점에서 이해되어야 한다.

5. 신하들의 고발과 다니엘의 사자굴 처형(6:11-17)

다리오 왕의 신하들이 꾸민 음모는 그대로 맞아 들어갔다. 선임 총리였던 다니엘 앞에 덫을 놓은 자들은 그의 범법행위를 기다리며 예의주시하고 있었다. 다니엘은 자신을 제거하기 위해 교묘한 음모를 꾸며둔 채 왕 숭배정책에 버금가는 정책을 추진한 대적들의 의도를 파악하고 있었을 것이 분명하다.

그러나 다니엘은 그에 대해 전혀 개의치 않았다. 그는 긴박한 정치상황 가운데서도 평상시와 다름없이 여호와 하나님을 향한 자신의 신앙을 굳건히 지켜나갔으며 그와 같은 사실은 이미 충분히 예견되고 있던 바였다. 이스라엘 민족인 다니엘이 결코 자신의 하나님을 버리고 다리오 왕의 명령에 순복하는 행위를 하지 않으리라는 사실을 대적자들도 이미 잘 알고 있었다.

다니엘이 왕명을 거역하고 예루살렘을 향해 기도하며 이스라엘 민족의 하나님을 섬기는 것을 확인한 대적자들은 즉시 왕에게 그를 고발하고자 했다. 그들은 왕에게 다니엘을 고발하기에 앞서 은근히 왕을 압박하는 일을 선행했다. 그들은 왕에게 그가 친히 어인을 찍고 전국에 조서를 내린 법령을 상기시키면서 왕이라 할지라도 법을 무시해서는 안 된다는 점을 강조했다. 이렇게 다니엘을 고발하고자 하는 자들은 정해진 삼십일 동안에 왕 이외에 어느 신들이나 사람을 향해서라도 기도하는 자가 있다면 사자굴에 던져 넣어 극형에 처하기로 하고 어인을 찍어 조서를 내린 사실을 왕 앞에서 재확인했다. 감히 왕의 금령을 어기는 자가 있다면 어느 누구라 할지라도 사자굴에 던져져 극형을 받는 엄벌에 처해야 함을 강조했던 것이다.

다리오 왕은 앞뒤 정황을 제대로 파악하지 못한 채 신하들의 말에 전적으로 동의할 수밖에 없었다. 자신이 직접 어인을 찍고 내린 메대-페르시아 왕국의 조서는 아무도 변개할 수 없는 규례로 정한 것이니 반드시 그렇게 되리라는 사실을 다시 한번 확인했던 것이다. 어떤 의미에서 볼 때 이는 다리오 왕마저도 자신의 신하들이 쳐놓은 그물에 걸려든 셈이 되었다. 이제 그와 같은 일이 발생하면 어찌할 수 없이 법령에 따라 극형을 집행할 수밖에 없었다.

　왕의 신하들은 그에 대한 분명한 왕의 입장을 확인한 후 비로소 다니엘을 왕에게 고발했다. 메대-페르시아 왕국을 다스리는 최고위층인 총리 자리에 있는 다니엘이 감히 왕이 내린 금령을 어기고 자기 민족의 신을 위해 예루살렘을 향해 매일 세 번씩 기도한다는 것이었다.

　그제야 다리오 왕은 그동안의 사태를 파악할 수 있었다. 자기에게 그런 금령을 내리도록 끈질기게 요구한 신하들의 음모를 비로소 알아차렸다. 다리오 왕은 그것이 자신의 충성스런 신하였던 다니엘을 제거하기 위해 꾸며진 음모라는 사실을 뒤늦게 알게 된 것이다. 하지만 그때는 이미 너무 늦었다. 자기가 내린 조서에 기록된 내용과 자기가 찍은 어인에 대해 달리 대응할 방도가 없었기 때문이다.

　그럼에도 불구하고 다리오 왕은 자신이 신임하던 다니엘을 구출하기 위해 나름대로 애를 썼다. 왕은 그 사실로 인해 매우 근심하며 가능한 모든 방안들을 세워보았지만 묘안을 찾을 수 없었다. 결국 다니엘을 고발한 신하들은 메대-페르시아의 규례를 따라 왕이 내린 법령대로 집행하도록 왕에게 요구했다. 당시는 이미 왕이 도저히 그 국면을 피할 수 없을 만큼 확실한 분위기가 조성된 상태였다.

　다리오 왕은 자신의 의도와 상반되었지만 하는 수 없이 다니엘을 체포해오도록 했다. 그리고는 법령에 따라 다니엘을 사자굴에 던져 넣도록 명령했다. 하지만 신뢰하는 신하에게 억울한 극형을 내리는 왕의 마음은 결코 가벼울 수 없었다. 그에게는 자기의 명령을 따르지 않고 이스라엘의 하나님을 경배한 다니엘의 종교 행위에 대해 아무런 분노심도 가지고 있지 않았다.

　당시 다리오 왕은 도리어 그 금령을 제정하여 어인을 찍고 조서를 내리도록 한 신하들에게 괘씸한 마음을 가지고 있었을 것이 틀림없다. 자기가 아끼는 신하였던 다니엘을 제거하기 위해 자신을 이용했다는 점도 그렇거니와 감히 왕인 자기마저도 그물에 걸리게 만들어 옴짝달싹하지 못하게 만든 그들에게 분노하지 않을 수 없었다. 그러나 다리오 왕은 자신의 그런 내심을 겉으로 드러낼 수 있는 형편이 아니었다.

다리오 왕은 다니엘을 사자굴에 던져 넣기 전에 자신의 불편한 심경을 감추지 않았다. 왕은 사자굴에 던져질 다니엘에게 이스라엘 민족의 하나님이 그를 구원해주리라는 말을 했다. 이는 실제로 다니엘이 섬기는 그 신이 그렇게 할 것이라 진정으로 믿고 있다기보다는 극형에 처해지는 다니엘에 대한 깊은 아쉬움을 토로하고 있는 것으로 이해해야 한다. 다리오가 정말 그렇게 믿었다면 그는 이미 여호와 하나님을 믿는 성도가 되어 있어야만 했기 때문이다.

그렇지만 왕이 한 그 말은 사실 엄청난 의미를 지니고 있다. 이는 왕 스스로 자기가 어인을 찍고 내린 조서의 내용을 거부하는 성격을 지니고 있기 때문이다. 왕의 그런 태도를 가까이서 지켜보는 신하들은 불안한 마음을 감추지 못했을 것이 분명하다. 그러나 그들은 다니엘을 제거하는 데 성공한 것만으로도 큰 위안을 삼았을 것이다.

결국 사형 집행관들은 불편한 상태에서 내려진 왕명에 따라 다니엘을 사자굴에 던져 넣었다. 그리고는 굴 입구를 막고 왕의 어인과 관련부서에 속한 신하들의 인을 쳐서 봉했다. 이제 다니엘은 그 사자굴에서부터 나올 수 없었다. 그리고 어느 누구도 다니엘을 그 사자굴에서 구출할 목적으로 굴 입구의 문을 열지 못했다. 만일 그런 일이 발생한다면 그 역시 극형에 처해질 수밖에 없었다.

6. 다니엘에 대한 다리오 왕의 태도와 하나님의 역사(6:18-23)

신뢰하며 아끼던 신하 다니엘을 사자굴에 던져 넣어 극형에 처한 다리오 왕은 심한 괴로움에 빠졌다. 그는 왕궁으로 돌아가서 밤새도록 금식했다. 자기 앞에서 오락과 악기를 중단시켰으며 쉽게 잠자리에 들지 못했다.

왕은 이튿날 새벽에 일어나서 급하게 사자굴로 달려갔다. 도저히 그냥 있을 수 없었던 것이다. 그는 다니엘이 던져진 사자굴 입구 가까이 가서 슬프게 소리질렀다. "살아있는 하나님의 종 다니엘아 네가 섬기는 하나님이 너를 사자로부터 구원했느냐?"며 소리질러 외쳤다.

우리는 여기에서 매우 난해한 문제를 만나게 된다. 그것은 다리오 왕이 과연 무슨 마음으로 그렇게 외쳤을까 하는 문제 때문이다. 우리는 그가 여호와 하나님을 진정으로 믿는 신앙을 가진 것으로 보기는 어렵다.36 그렇다면 어떻게 새벽 일찍 다니엘이 던져진 사자굴 앞으로 가서 그렇게 외칠 수 있었는지 생각해 보지 않을 수 없다.

그에 대해 몇가지 가능성 있는 짐작을 해 볼 수 있다. 가장 먼저 생각해야 할 점은 다리오 왕이 다니엘을 깊이 신뢰하고 있었다는 사실이다. 그런 상태에서 다른 신하들이 다니엘을 제거하고자 음모를 꾸몄던 것은 다리오 왕에게는 충격적인 일이 아닐 수 없었다.

달리 말하자면 겉으로는 왕권강화를 명분으로 내세웠지만 실상은 다리오 왕의 세력을 약화시키고자 하는 자들의 음모였던 셈이다. 따라서 다니엘을 처형한 왕의 아쉬움은 엄청났던 것이 분명하다. 그 아쉬움이 다리오 왕으로 하여금 새벽 일찍 사자굴로 달려가서 자신의 심경을 토로하게 했을 가능성이 있다.

그리고 다리오는 그전에 있었던 다니엘에 관한 정보를 이미 충분히

---

36 다리오 왕은 이스라엘의 하나님을 칭할 때 '너의 항상 섬기는 네 하나님'(16, 20절), '다니엘의 하나님'(26절) 등의 용어를 사용함으로써 자기가 믿고 섬기는 하나님이라는 의미와는 다른 표현을 했다.

가지고 있었을 것이라는 사실이다. 다니엘은 과거 바벨론 제국의 느부 갓네살 치하에서 최고위직에 있었던 신실한 인물이었다. 그는 왕의 꿈을 해몽함으로써 절대적인 신임을 얻었으며 이방인으로서 탁월한 정치력을 보였다. 다리오 왕은 자신의 정권에서도 다니엘이 그와 같은 역할을 해주기를 기대했을 것이다.

또한 다리오 왕은 바벨론 제국 시대에 다니엘의 세 친구들이 용광로에 던져지는 극형에 처해졌을 때 '하나님의 아들과 같은 이'가 나타나 저들을 구원했다는 사실을 알고 있었을 것이 분명하다. 그리고 벨사살 왕이 왕궁 벽에서 보았던 '손가락'이 쓴 글을 다니엘이 해석했으며 그로 말미암아 벨사살 왕이 죽고 바벨론이 패망한 사실을 익히 기억하고 있었다.

다리오 왕은 다니엘을 자기 곁에 두기를 원했으며 그가 믿고 있는 이스라엘 민족의 신이 보통 신들과 다르다는 사실을 인식하고 있었다. 따라서 다리오는 그런 다니엘의 하나님이 과거에 행했던 것처럼 혹시 그 상황에 관여했을지 모른다는 생각을 했을 것이다. 다리오 왕이 다니엘이 처형당한 사자굴의 현장을 찾아갔던 것은 바로 그런 복합적인 이유 때문이었던 것으로 이해해야 한다.

다리오 왕이 사자굴 앞에서 사자에게 찢겨 죽었을 다니엘을 향해 큰소리로 외쳤을 때 정말 다니엘이 그의 말을 듣고 회답했다. 그가 믿는 하나님이 '천사'를 보내 사자들의 입을 봉하셨으므로 사자들이 자신을 해하지 못했다는 사실을 고했다. 그러면서 그것이 자기의 무죄함을 입증하고 있음을 언급했다. 아마도 그런 반응은 다리오 왕에게는 의외였을 것이 분명하다. 혹시 싶어 사자굴 앞으로 찾아가 그렇게 외쳤을 따름인데 그의 막연한 기대가 현실로 드러났던 것이다.

사자굴에서 들려온 다니엘의 말을 들은 다리오 왕은 매우 기뻐했다. 그가 놀라지 않고 기뻐할 수 있었던 것은 앞에서 언급한 그런 내용들이

배경이 되어 있었기 때문이다. 이는 하나님의 놀라운 경륜을 보여주고
있는 것이다.

다리오 왕은 다니엘이 죽지 않고 살아있음을 알고 봉해졌던 사자굴
입구를 열고 그를 밖으로 끌어내도록 명령했다. 다니엘은 무서운 사자
굴에 던져졌으나 그의 몸이 전혀 상하지 않았다. 이는 그가 여호와 하나
님을 진정으로 의지하는 신실한 성도였음이 증거되고 있다.

7. 다리오 왕의 진노와 다니엘의 높아진 위상(6:24-28)

다니엘이 사자굴에서 죽지 않고 살아나오게 된 것을 본 다리오 왕의
신하들에 대한 진노는 그때서야 표출되었다. 왕은 다니엘을 참소한 자
들을 끌어오게 했다. 진노한 다리오는 음모를 꾸민 당사자들뿐 아니라
그의 가족까지 다니엘을 던져 넣었던 그 사자굴에 던져 넣도록 명령했
다. 그들은 사자 굴의 바닥에 떨어지기도 전에 사자의 밥이 되어 그 뼈
까지 부서졌다.

다리오 왕은 전국에 흩어져 있는 모든 백성들과 다양한 방언을 하는
족속들에게 특별한 조서를 내렸다. 그것은 다니엘이 믿는 신에게 함부
로 하지 말고 두려워하라는 것이었다. 그는 이스라엘 민족의 하나님에
대해 최상의 용어들을 동원했다. 그 신은 살아있어 영원히 변치 않으며
그의 나라는 망하지 않고 그 권세는 무궁할 것이라고 했다. 그리고 그는
사람을 구원하여 건져내기도 하며 하늘과 땅에서 이적과 기사를 행하는
자이기 때문에 다니엘을 사자의 입에서 벗어나게 했음을 밝혔다.

분명한 사실은 다리오 왕이 이스라엘 민족이 믿는 여호와 하나님에
대해 커다란 두려움을 가지고 있었다는 점이다. 그것은 그가 여호와 하
나님을 진정으로 믿고 의지했다는 말과 다르다. 만일 그렇다고 한다면
그는 창세기 3장 15절에 기록된 '여자의 후손'으로 오시게 될 메시아에

대한 참된 신앙이 있어야 했다. 그러나 다리오에게는 그런 신앙이 있었던 것으로 보이지 않는다.

하지만 다리오의 판단과 행동은 하나님의 구속사에 있어서 매우 중요한 경륜적 의미를 지닌다. 그로 인해 다니엘은 '메대의 다리오 왕' 시대와 '페르시아 사람 고레스 왕' 시대에 형통할 수 있었다.[37] 그것은 이스라엘 민족으로 하여금 본토로 귀환하게 하는 중요한 연결고리가 되고 있음을 기억하지 않으면 안 된다.

8. 다니엘의 사자굴 처형에서 얻는 교훈

우리는 다니엘이 던져졌던 사자굴 안으로 찾아온 '그 천사'를 '그리스도'로 이해해야 한다.[38] 다니엘서에서는 계속해서 메시아가 예언되고

---

[37] 우리는 앞 장에서 다리오 왕과 고레스 왕이 동일한 인물일 가능성에 대해 언급한 바 있다. 만일 다니엘서6장 28절에 기록된 내용을 문맥 그대로 받아들인다면 '다리오'와 '고레스'는 동일 인물이 될 수 없다. 그러나 본문의 기록에도 불구하고 그 가능성을 생각해 볼 수 있는 것은 '메대 사람 다리오'라는 말과 '페르시아 사람 고레스'라는 말을 어떻게 해석하느냐 하는 문제와 연관되기 때문이다. 즉 본문의 '메대 사람 다리오'라는 말은 메대가 주도적으로 세력을 장악하고 있던 시대의 왕 다리오를 의미하며, '페르시아 사람 고레스'라는 말은 페르시아가 주도권을 가지고 패권을 장악하던 시대의 왕 고레스를 의미하는 것으로 볼 수 있다. 즉 다리오 왕과 고레스 왕은 동일한 인물이면서 시대에 따라 다른 이름으로 불려진 것으로 이해할 수 있다고 보는 것이다. 이런 예는 고대에 종종 있었던 일이다. 예를 들어 유다 왕국의 마지막 왕 '맛다니야'는 바벨론의 왕에 의해 '시드기야'로 불렸는데 그 두 이름은 동일한 한 인물이다. 이러한 사실을 염두에 둔다면 그에 대해 어느 정도 이해할 수 있을 것이다.

[38] 구약시대에는 그리스도가 천사의 모습으로 나타나신 경우를 종종 볼 수 있다. 예를 들어 출애굽기 3장 1-6절에는 호렙산의 떨기나무 불꽃 가운데 나타나신 '여호와의 천사'(angel:사자)에 관한 기록이 나온다. 2절에서는 여호와의 사자 곧 천사로 기록되어 있으며, 4-6절에서는 그 천사를 '여호와'와 '하나님'이라 칭하고 있다. 즉 불꽃 가운데 있던 천사는 자신을 아브라함과 이삭과 야곱의 하나님이라 말씀하셨던 것이다. 이와 같이 다니엘의 사자굴에 나타난 천사는 떨기나무 불 가운데 나타난 천사와 마찬가지로 '하나님의 아들 그리스도'로 이해하는 것이 자연스럽다.

있다. '사람의 손으로 하지 않은 뜨인 돌' (단 2:34), '용광로 가운데 나타난 하나님의 아들 같은 사람' (단 3:25), '벨사살의 왕궁 벽에 나타난 손가락과 그 주인' (단 5:5), '다니엘의 사자굴에 나타난 천사' (단 6:22)는 모두 그리스도를 말하고 있는 것이 분명하다.

이는 패망한 이스라엘 민족 가운데 메시아를 보내 저들을 구원하시겠다는 하나님의 놀라운 메시지였다. 절망에 빠진 백성들은 이를 통해 하나님께서 보내실 메시아를 소망하며 살아갈 수 있는 진정한 은혜를 소유하게 된 것이다.

여기에서 우리는 다니엘서에 나타나는 다리오가 구원받은 하나님의 백성이 된 것으로 말할 수 없다. 그가 하나님의 경륜 가운데 사용된 중요한 인물이었음은 분명하다. 하지만 그의 입술을 통해 나타난 몇마디 언어적 표현들과 그의 행동만으로 구원받은 성도라 단정하기는 어렵다.

무서운 사자굴에 던져져 극형에 처해졌던 다니엘은 메대−페르시아 왕국의 여러 공직자들의 기대와 달리 멀쩡하게 살아나왔다. 포악한 굶주린 사자가 그를 해하거나 삼킬 수 없었다. 다니엘의 몸이 전혀 상하지 않은 것은 그가 여호와 하나님을 전적으로 의지했기 때문이다.

그렇지만 그것이 일반적인 의미에서 해석되거나 적용되어서는 안 된다. 즉 다른 시대에 살고 있는 다른 어떤 신실한 성도들이 그와 동일한 형편에 놓이게 될 때 진심으로 하나님을 의지하고 믿는다면 그들의 생명이 다니엘처럼 구원받을 수 있을까? 우리는 그렇다고 단정적으로 말할 수 없다. 다니엘에게 일어난 사자굴 사건은 하나님의 특별한 구속사역에 속하는 사건이었기 때문이다.

하나님께서 다니엘을 사자굴에서 구원하신 까닭은 다니엘서의 앞부분에 기록된 다른 여러 경우들과 마찬가지로 다니엘 개인이 아니라 이스라엘 백성들을 위한 것이었다. 따라서 우리가 기억해야 할 가장 중요한 점은 사자굴에서 살아나온 다니엘의 영웅적인 이야기가 아니라 극한 위기에서 그를 구원했던 '하나님의 천사' 곧 메시아인 그리스도이다.

이방인의 포로가 되어 나라를 잃은 상태였지만 하나님께서는 그들에게 예수 그리스도로 말미암아 도래하게 될 새로운 왕국을 계시하셨다. 그것이 저들에게 진정한 소망이 되었으며 하나님의 놀라운 은혜의 방편이었다.

제3부
환상과 계시

제9장
'네 짐승'에 관한 다니엘의 환상

(단 7:1-28)

1. 다니엘이 본 환상(7:1-3)

벨사살 왕이 즉위하던 해 어느 날 밤, 다니엘은 하나님께서 계시하신 환상을 보게 되었다. 그 환상 가운데는 하늘의 사방으로부터 큰 바람이 일어나 바다로 세차게 몰아닥쳤다. 그러자 큰 파도가 치는 바다로부터 네 마리의 커다란 짐승이 올라왔다. 그 짐승들은 제각각 특징이 있는 다양한 모습을 하고 있었다.

우리가 여기에서 각별히 관심을 기울여야 할 점은 문제의 발단이 위로부터 시작되었다는 사실이다. 하늘의 바람이 바다에 거센 파도를 일으켜 그 가운데 있던 짐승들로 하여금 밖으로 나오게 했다는 것이다. 이는 그 짐승들이 위로부터의 허락이 없이는 제멋대로 행동을 개시할 수 없음을 시사해주고 있다. 이처럼 구속사에 연관된 모든 사건들은 하나님의 섭리와 경륜 가운데 발생하게 된다.

다니엘이 본 큰 짐승들은 겉보기에는 사자 같은 짐승, 곰 같은 짐승,

표범 같은 짐승, 그리고 마지막으로 괴물처럼 보이는 짐승이었다. 그러
나 그 짐승들은 우리가 일반적으로 알고 있는 사자, 곰, 표범 같은 모습
을 하고 있었던 것은 아니다. 외관상 그렇게 보이기는 했지만 그와는 상
당한 차이가 있는 예사롭지 않은 모습들이었다.

이 네 마리 짐승들은 이스라엘 민족의 주변에 존재하거나 존재하게
될 막강한 왕국들을 상징하고 있다. 그 짐승들이 강한 파도가 치는 바다
에서 올라왔다는 사실은 막강한 세상의 왕국들이 요동치는 인간 세상
가운데서 일어났음을 말해 준다.[39]

다니엘이 본 네 마리의 짐승에 관한 환상은 다니엘서 2장에 기록된
느부갓네살 왕이 꿈에서 보였던 큰 신상의 환상과 조화를 이룬다.[40] 그
리고 그 짐승들은 요한계시록 13장에 기록된 짐승에 관한 계시의 말씀
과 더불어 생각해 보아야 한다.

이는 다니엘이 본 네 짐승에 관한 환상이 구속사에 연관된 역사적인
의미와 더불어 종말론적 의미를 지니고 있음을 말해주고 있다. 이스라
엘 민족의 주변에는 항상 세력이 막강한 세속 왕국들이 시대에 따라 차
례로 존재하고 있었다. 다니엘서 본문에는 인간들이 세운 막강한 왕국
들 가운데 이스라엘의 메시아 왕국을 위해 구체적으로 역사하게 될 하
나님의 놀라운 뜻이 계시되고 있는 것이다.

즉 메시아의 도래와 그의 사역을 통한 새로운 왕국을 앞두고 심각한
위기의 시대가 닥치게 된다. 그 위기의 상황들은 솔로몬이 건설한 예루

---

39 본문에 언급된 '바다'를 '지중해'(地中海)로 보는 이들도 없지 않다. 바벨론 제
   국, 페르시아 제국, 헬라 제국, 로마 제국 등 네 제국들이 지중해를 중심으로 세
   력을 확장한 나라들이었기 때문이다.
40 느부갓네살의 환상에서 보인 큰 신상 가운데 금 머리는 다니엘이 본 사자 같은
   짐승, 은으로 된 가슴과 팔 부위는 다니엘이 본 곰처럼 생긴 짐승, 동으로 된 배
   와 넓적다리는 표범 같은 짐승, 그리고 철로 된 종아리와 철과 진흙으로 된 발은
   다니엘이 본 괴물과 같은 짐승과 조화된다.

살렘 성전이 바벨론 제국에 의해 파괴되고(BC 586년) 페르시아 시대에 다시 건립된 후 로마 제국에 의해 최종적으로 파괴된(AD 70년) 사건 사이에 발생한다. 그 다음에 하나님의 '영원한 왕국'이 세워진다.41 이처럼 다니엘서 7장에서는 '네 짐승'에 관한 환상을 통해 위기의 시대 끝에 세워지는 '영원한 왕국'을 예언하고 있다.

2. 네 짐승의 구체적인 모습(7:4-8)

다니엘은 환상 중에 바다에서 올라온 네 짐승들의 구체적인 모습과 그 행동하는 모습을 묘사하고 있다.

그가 본 첫 번째 짐승은 사자와 같은 모습을 보이고 있으면서 독수리의 날개를 가지고 있었다. 그것은 짐승의 얼굴은 사자였지만 몸통은 달랐음을 말해준다. 날개 달린 사자의 조각상은 바벨론 작품들에서 종종 발견된다.42 독수리 날개를 가진 사자는 바벨론을 상징하는 동물로 볼 수 있다.

다니엘은 환상 중에 사자 같은 모습을 지닌 짐승에게서 예사롭지 않은 일이 발생하는 것을 보았다. 그 사자 같은 짐승의 날개가 뽑히는 것을 목격했다. 그리고 그 짐승은 마치 '사람처럼 두 발로 일어서서 인간의 마음'(단 7:4)을 받는 것을 보았다.

이는 그 짐승이 세력을 잃게 되는 것과 마치 인간처럼 행세하게 될 것을 말해주고 있다. 여기에서 인간과 같은 마음을 받아 인간처럼 행세한다는 것은 인간이 하나님을 인격적으로 배도하듯이 그 사자 같은 짐승역시 인격적으로 하나님을 배도하여 그에게 저항하게 된다는 사실을 의

---

41 이광호, 요한계시록, 서울: 도서출판 깔뱅, 2009, pp.29-35. 참조.
42 박윤선, 다니엘서 주석; 바벨론 왕궁을 지키는 조각상은 '날개 달린 사자 형상'이었으며, 왕이 행차하는 도로의 벽에는 120마리의 '사자 조각상'이 새겨져 있었다.

미하는 것으로 보인다.

　두 번째 곰 같은 짐승은 몸의 한 편을 들었으며 입에는 갈비뼈 세 대를 물고 있었다.[43] 이는 메대와 페르시아가 연합해 페르시아 제국으로 통합되는 것을 시사하는 것으로 보인다. 그때 다니엘은 누군가 그 짐승에게 '일어나 고기를 많이 먹으라'(단 7:5)고 말하는 소리를 들었다. 이를 통해 바벨론 제국을 패망시키고 애굽을 비롯한 주변 국가들을 침략하여 끝없는 정복욕을 채워가는 페르시아 제국의 속성을 볼 수 있다.

　세 번째의 표범과 같은 짐승의 등에는 새의 날개들이 네 개 달려 있었다. 이는 신속한 기동력을 말해주고 있다. 그리고 그 짐승은 네 개의 머리를 가지고 있으면서 누군가로부터 큰 권세를 받았다. 이는 우리가 일반적으로 알고 있는 표범과는 전혀 다른 모습을 띤 짐승이었다. 우리는 표범의 얼굴을 하고 있으면서 신속하게 날아갈 수 있는 네 개의 날개를 가진 네 머리의 짐승을 쉽게 상상할 수 없다. 그럼에도 불구하고 다니엘은 그 짐승이 힘이 세고 재빠른 표범과 같다는 사실을 말하고 있다.

　그 세 번째 짐승은 헬라 제국을 일컫고 있는 것으로 보인다. 네 날개가 달린 표범은 당시 엄청난 영역을 짧은 기간에 신속하게 재패한 알렉산더(Alexander) 대왕의 헬라 제국을 지칭하는 것 같다. 그리고 그 짐승에게 네 개의 머리가 있어서 권세를 받았다는 것은 헬라 제국의 세력이 네 개의 왕국으로 분할되는 것을 의미하는 것으로 보인다. 동방원정에서 광활한 지역을 정복했던 알렉산더 대왕이 갑작스럽게 죽은 후 헬라

---

43 본문에서 말하는 '갈비뼈 세대'를 메대-페르시아가 정복한 세 나라로 생각하는데 Keil과 Pusey는 이 세 나라를 리디아, 바벨론, 애굽으로 본다. 그러나 루터는 페르시아 왕국의 세 왕인 고레스, 다리오, 크세르크세스인 것으로 생각했다. 그러나 숫자에 집착하여 구체적 대상을 거명하며 해석할 필요 없이 곰 같이 생긴 짐승의 탐욕스런 식욕이 상징하는 것처럼 메대-페르시아의 정복욕으로 보는 것이 자연스럽다(Calvin); 박윤선, 다니엘서 주석 참조.

제국은 네 왕국으로 분할되었다.44

다니엘이 본 네 번째 짐승은 무섭고 놀라운 모습을 가졌을 뿐 아니라 매우 강했으며 쇠로 된 큰 이빨로 닥치는 대로 먹고 나서 남은 것들을 발로 짓밟고 있었다. 그 짐승은 앞의 짐승들과는 달리 열 개의 뿔을 가지고 있었다. 다니엘이 그 뿔들을 유심히 보고 있는데 다른 작은 뿔이 그것들 사이에서 올라왔다. 그러자 앞의 열 뿔 중에 세 개가 그 앞에서 뿌리 채 뽑혀버렸다. 그 작은 뿔은 막강한 힘을 가지고 있었으며 사람의 눈처럼 보이는 눈과 입이 있어서 큰 소리로 말했다.

우리는 다니엘이 환상 중에 본 여러 짐승들을 보며 사도교회 시대 말미에 요한이 밧모섬에서 본 환상의 내용을 떠올리게 된다. 사도 요한 역시 바다에서 큰 짐승이 올라오는 것을 목격했다. 그런데 요한이 본 짐승은 여러 마리가 아니라 한 마리였다. 즉 다니엘은 환상 중에 네 마리의 짐승(단 7:3)을 본 것에 반해 요한은 한 마리의 커다란 짐승이 바다에서 올라온 것을 보았다.

우리가 분명히 알 수 있는 점은 선지자 다니엘이 보았던 환상과 사도 요한이 보았던 환상 사이에 상호 깊은 연관성이 있다는 사실이다. 요한 계시록에 기록된 환상에서 바다로부터 올라온 그 짐승의 얼굴 생김새는 표범과 비슷하고 발은 곰의 발 같았으며 입은 사자의 입같이 생긴 것으로 묘사되어 있다. 그 짐승은 열 개의 뿔에 일곱 개의 머리를 가진 화려하고 위엄 있는 모습을 하고 있었다.

44 다수의 학자들은 알렉산더 대왕의 사망 이후 헬라 제국이 안티파터(Antipater)와 카산더(Cassander)의 헬라와 마케도냐(Greeca-Macedonia) 지역, 리시마쿠스(Lysimachus)의 트라케와 소아시아(Trace-Asia Minor) 지역, 셀류쿠스(Seleucus)의 시리아(Syria) 지역, 톨레미(Ptolemy)의 애굽(Egypt) 지역에 분할되어 세워진 네 왕국들로 보고 있다.

"내가 보니 바다에서 한 짐승이 나오는데 뿔이 열이요 머리가 일곱이 라 그 뿔에는 열 면류관이 있고 그 머리들에는 참람된 이름들이 있더라 내가 본 짐승은 표범과 비슷하고 그 발은 곰의 발 같고 그 입은 사자의 입 같은데 용이 자기의 능력과 보좌와 큰 권세를 그에게 주었더라"(계 13:1,2).

사도 요한이 환상 중에 보았던 그 짐승은 구약시대 다니엘이 보았던 사자, 곰, 표범 같은 짐승들을 통합해서 하나로 나타난 모습을 보여주고 있다. 즉 다니엘과 요한이 서로 아무런 관계가 없는 짐승을 본 것이 아 니었다. 다니엘이 네 번째 본 괴물 같은 짐승에게는 열 뿔이 있었는데 그 중에 셋은 다른 작은 뿔에 의해 뿌리 채 뽑히고 일곱 뿔이 남게 된 사 실을 기록하고 있다. 사도 요한은 이에 관한 언급을 하면서 그 짐승의 열 뿔과 일곱 머리로 묘사하고 있다.

이는 다니엘서와 요한계시록이 동일한 의미를 지닌 종말론적인 하나 님의 계시라는 사실을 보여주고 있다. 즉 시대적 차이가 나지만 이 세상 에서 발생하게 될 구속사 주변의 역사적 사건들에 관한 놀라운 예언을 하고 있는 것이다. 그렇다면 우리는 구약시대 다니엘이 본 환상과 신약 시대 요한이 본 환상은 구체적으로 어떤 관계가 있는지 생각해 볼 필요 가 있다. 즉 다니엘은 네 마리의 짐승을 보았으며 요한은 한 마리의 짐 승을 보았는데 이를 어떻게 조화시킬 수 있을까?

바다에서 올라온 순서에 따라 다니엘은 네 마리의 큰 짐승을 보았으 며, 요한은 바다에서 한 마리의 큰 짐승이 올라오는 것을 보았다. 여러 정황으로 미루어 보건데 다니엘이 목격한 네 번째 짐승이 밧모섬에서 사도 요한이 보았던 그 짐승과 유사했을 것이 분명하다. 우리는 역사와 계시적 점진성에 따라 앞에서 언급한 전체적인 내용을 기억하는 가운데 네 번째 짐승의 역할을 이해하는 것이 가장 바람직할 것으로 보인다.

3. 천상의 나라와 여호와 하나님(7:9,10)

다니엘은 괴물처럼 생긴 네 마리 짐승들의 모습을 본 후 천상의 나라에 존재하는 거룩하신 하나님의 영화로운 모습을 보게 되었다. 정결하고 놀라운 위력을 갖춘 하나님과 그에게 수종드는 수많은 천사들과 인간들의 광경이 다니엘에게 보였다. 그것은 선과 악을 심판하는 엄위한 하나님의 심판대와 같은 모습이었다.

> "내가 보았는데 왕좌가 놓이고 옛적부터 항상 계신이가 좌정하셨는데 그 옷은 희기가 눈 같고 그 머리털은 깨끗한 양의 털 같고 그 보좌는 불꽃이요 그 바퀴는 붙는 불이며 불이 강처럼 흘러 그 앞에서 나오며 그에게 수종하는 자는 천천이요 그 앞에 시위한 자는 만만이며 심판을 베푸는데 책들이 펴 놓였더라"(단 7:9,10).

이 말씀 가운데 우리가 관심을 가져야 할 내용은 하나님 앞에 심판의 책들이 놓여 있었다는 사실이다. 이것은 공의와 연관된 하나님의 언약을 보여주고 있다.

하나님께서는 죄인들과 배도자들을 결코 용납하지 않으실 것이다. 이는 하나님의 즉흥적인 결단을 의미하는 것이 아니라 창세전부터 작정된 언약에 근거하고 있음을 보여준다.

또한 우리는 다니엘이 본 하나님의 모습과 유사한 내용을 요한의 기록에서 그대로 보게 된다. 요한은 밧모섬에서 환상을 보는 가운데 '인자 같은 이'의 정결하고 권세 있는 모습을 보았다. 이는 우리에게 중요한 구속사적 의미를 보여주고 있다.

> "촛대 사이에 인자 같은 이가 발에 끌리는 옷을 입고 가슴에 금띠를 띠고 그 머리와 털의 희기가 흰 양털 같고 눈 같으며 그의 눈은 불꽃같고 그의 발은 풀무에 단련한 빛난 주석 같고 그의 음성은 많은 물소리와

같으며"(계 1:13-15).

우리가 여기에서 구속사적 의미를 본다는 것은 매우 중요한 의미를 지닌다. 왜냐하면 다니엘이 본 환상은 '여호와 하나님'이었던데 반해 요한계시록에 묘사된 분은 '인자 같은 이' 곧 예수 그리스도였기 때문이다.

사도 요한이 본 '인자 같은 이'는 다니엘서에 기록된 '사람의 손으로 하지 않은 뜨인 돌'(단 2:34), '용광로 가운데 나타난 하나님의 아들 같은 사람'(단 3:25), '벨사살의 왕궁 벽에 나타난 손가락과 그 주인'(단 5:5), '다니엘의 사자굴에 나타난 천사'(단 6:22)에 대한 예언 성취로써 인간의 몸을 입고 이땅에 오신 예수 그리스도와 동일한 존재이다. 다니엘과 요한은 환상을 통해 천상의 왕국에 계신 하나님 곧 그리스도를 보았던 것이다. 이는 예수 그리스도가 삼위일체 하나님이라는 사실을 증거해 주고 있다.

4. 하나님의 심판과 '인자 같은 이' (7:11-18)

하나님께서는 이 세상을 지배하는 모든 왕국들에 대해 엄격한 심판을 행하신다. 더구나 하나님의 특별한 언약 백성인 이스라엘 민족을 지배하며 억압했던 여러 왕국들에 대해서는 그것이 더욱 분명하게 드러난다. 공의로운 하나님께서는 자기 자녀들을 악의 세력으로부터 구원해 내시기 위해 그 심판을 반드시 감행하시게 된다.

다니엘은 환상 가운데서 나중에 올라와 짐승의 열 뿔들 가운데 셋을 뿌리 채 뽑아버린 작은 뿔의 거만한 소리에 주목하는 동안 짐승이 죽임을 당하는 것을 보게 되었다. 그 짐승의 시체는 크게 상해를 입어 타는 불 가운데로 내던져졌다. 그리고 그 외의 다른 짐승들도 모든 세력을 완전히 박탈당하게 되었다. 그 짐승들은 생명만 보존한 채 정한 시기가 이

르기를 기다릴 수밖에 없었다.45

그러던 중 '인자 같은 이'가 '천상의 나라의 구름과 더불어'(with the clouds of heaven) 오시게 된다.46 그는 옛적부터 항상 계신 여호와 하나님 앞으로 인도되어 나아왔다. 하나님께서는 그에게 권세와 나라를 주고 모든 족속들로 하여금 그를 섬기도록 했다. 그 권세는 영원한 것이었으며 그와 그의 왕국은 결코 멸망하지 않는 영원한 나라였다.

> "내가 또 밤 이상 중에 보았는데 인자 같은 이가 하늘 구름을 타고 와서 옛적부터 항상 계신 자에게 나아와 그 앞에 인도되매 그에게 권세와 영광과 나라를 주고 모든 백성과 나라들과 각 방언하는 자로 그를 섬기게 하였으니 그 권세는 영원한 권세라 옮기지 아니할 것이요 그 나라는 폐하지 아니할 것이니라"(단 7:13,14).

다니엘은 환상 중에 하나님께서 '천상의 구름'과 더불어 오신 '인자 같은 이'47 곧 그리스도께 모든 것을 위임하는 광경을 보게 된 것이다. 이는 또한 사도교회 시대의 말미인 AD 70년 예루살렘 성전이 파괴되는 사건과 연관되는 것으로 보인다.

---

45 우리는 여기에서 해석하기 쉽지 않은 어려운 내용을 만나게 된다. 왜냐하면 로마 제국에서 다니엘의 예언에 연관된 내용이 실현되기 전에 이미 앞의 세 짐승들을 상징하는 바벨론, 메대-페르시아, 헬라 제국들이 멸망했기 때문이다. 그럼에도 불구하고 다니엘은 그 세 짐승들의 생명이 보존되어 정한 시기가 이르기를 기다리게 되었다고 말하고 있다. 이는 그 세 왕국들의 사상, 문화, 종교 등이 여전히 로마 제국의 영역에 살고 있는 사람들 가운데 남아 있음을 의미하는 것으로 이해할 수 있다. 그렇지만 타락한 인간들로 말미암은 그런 것들은 결코 영원할 수 없다.

46 한글 성경에서 '하늘 구름'이라는 표현은 미흡하며 적절한 표현이라 할 수 없다. 왜냐하면 그 구름은 '하늘의 구름'(clouds of sky)이 아니라 '천상 나라의 구름'(clouds of heaven)이기 때문이다. 구약시대 이스라엘 백성들은 종종 상징적인 의미로 구름을 하나님과 연관지어 사용했다. 유대인들은 메시아를 '구름의 사람' 혹은 '구름에 연관된 아들'로 이해했다(계 14:14 참조).

47 우리는 '인자같은 이'가 '하늘 구름을 타고 오신다'는 표현과 '천상의 구름과 더불어 오신다'는 말의 뉘앙스 차이를 주의 깊게 이해할 필요가 있다.

배도에 빠진 자들이 성전을 장악하고 있을 때 하나님께서는 이방인들인 로마 제국의 군사력을 동원해 예루살렘 성전을 파괴하셨다. 그것은 악한 자들에 대한 심판임과 동시에 아브라함과 모세와 다윗의 언약에 대한 성취를 의미하고 있다. 이는 또한 사도교회를 이은 보편 교회의 출현과 연관된다. 이 사실은 세상 왕국에 대한 하나님 왕국의 승리를 예시하고 있는 것이다.

여기에서 주의를 기울여 생각해야 할 점은 다니엘의 예언이 주님의 재림과 연관된 최종의 종말을 직접 의미하는 것과 다르다는 사실이다. 세상에 있는 모든 족속, 모든 나라에 속한 자들이 하나님을 섬기게 된다는 것은 예수 그리스도께서 성취하신 사역의 효과로 말미암는다. 하나님의 아들 그리스도를 통해 세워지는 왕국은 영원한 나라이다.

그리고 하나님으로부터 그리스도가 받은 권세와 영광과 나라는 하나님의 것이었으며, 그것이 위임되는 과정을 통해 그리스도가 곧 하나님 자신이라는 사실을 시사해주고 있다. 즉 성부와 성자 하나님은 결코 분리될 수 없는 일체를 이룬다. 그러므로 예수께서는 제자들에게 기도를 가르치시면서 그점을 분명히 언급하셨으며, 요한계시록에도 그에 관한 기록이 나타나고 있다.

> "나라와 권세와 영광이 아버지께 영원히 있사옵나이다"(마 6:13);
> "일곱째 천사가 나팔을 불매 하늘에 큰 음성들이 나서 가로되 세상 나라가 우리 주와 그 그리스도의 나라가 되어 그가 세세토록 왕노릇하시리로다 하니"(계 11:15).

예수께서 제자들에게 가르쳐 주신 기도 가운데 이에 대한 표현을 언급했던 것은 다니엘서에 기록된 내용과 연관되어 있다. 그 나라와 권세와 영광은 성부 하나님의 것인 동시에 성자 하나님의 것이 된다. 다니엘

은 환상 가운데서 성부와 성자의 관계를 보는 가운데 하나님께서 들려
주시는 그 음성을 들었던 것이다.

우리는 또한 다니엘의 예언이 사도 요한의 예언과 밀접하게 연관되어
있음을 기억해야 한다. 요한은 천사가 일곱 번째 나팔을 불 때 주 예수
그리스도의 나라가 임하게 될 사실이 하늘로부터 선포되었음을 기록했
다. 그것은 예루살렘 성전 파괴 후에 따르게 되는 보편 교회 시대를 의
미하며 동시에 천년왕국을 의미하고 있다.[48]

그런데 다니엘서 본문에서는 그 광경을 목격하고 들은 후에 다니엘이
마음에 근심하여 번민케 되었음을 언급하고 있다. 이 말은 과연 무엇을
의미하고 있는가? 다니엘은 그것을 보고 나서 도리어 기뻐해야 했던 것
이 아닌가? 그럼에도 불구하고 그는 매우 근심하며 번민하게 되었다.

다니엘이 근심하고 번민했던 까닭은 전체적인 환상의 내용이 엄청난
싸움을 동반하게 된다는 사실과, 그 환상이 가지는 상징적인 의미를 알
수 없었기 때문이었다. 다니엘에게 보인 환상의 내용이 매우 중요한 내
용인 것은 틀림없는데 그것을 정확하게 알아낼 방법이 없었다. 하나님
의 도우심 없이는 아무도 그것이 상징하고 있는 바 구체적인 내용을 알
수 없었다. 그러나 그에 대한 하나님의 약속은 분명했다.

> "그 네 큰 짐승은 네 왕이라 세상에 일어날 것이로되 지극히 높으신
> 자의 성도들이 나라를 얻으리니 그 누림이 영원하고 영원하고 영원하
> 리라"(단 7:17,18).

하나님께서는 다니엘에게 포악한 짐승의 모습으로 상징화된 네 왕국
들은 결국 멸망당하게 되리라는 사실을 말씀하셨다. 그러나 성도들은
하나님으로부터 영원한 왕국을 얻게 된다. 그것은 이방인들의 억압 가

---

48 이광호, 『요한계시록』, 서울: 도서출판 깔뱅, 2009, pp.180-182, 참조.

운데 살아가던 이스라엘 백성들에게 엄청난 소망이 아닐 수 없었다.

5. 꿈에 대한 해석과 예언(7:19-28)

(1) 느부갓네살의 큰 신상과 다니엘의 짐승들에 관한 환상

하나님께서는 다니엘의 환상을 통해 앞으로 전개될 구속사 주변의 역사적 형편을 계시해 주셨다. 다니엘이 차례로 보았던 네 짐승들은 이스라엘 민족의 주변에서 일어나 부정적인 역할을 감당하게 될 막강한 세력을 지닌 세상 왕국들이다. 그러나 다니엘은 흉측한 모습을 한 짐승들에 대한 상징적인 의미를 정확하게 알 수 없었다. 그점이 그로 하여금 매우 불안하게 만들었다.

다니엘은 그 곁에 서있던 자에게 나아가 그 모든 환상에 관한 내용이 무엇을 의미하는지 그 실상을 물었다. 그러자 그는 다니엘에게 그것이 가지는 구체적인 의미를 설명해 주었다. 특히 마지막 네 번째 짐승이 상징하는 나라는 느부갓네살 왕이 꿈에서 본 철로 된 왕국으로 막강한 힘을 가진 나라와 동일한 왕국이었다. 막강한 세력을 가지고 이스라엘 민족을 억압하던 그 왕국은 메시아를 통해 하나님의 심판을 받게 된다.

(2) 심판당할 네 번째 왕국의 발악

다니엘에게 말한 하나님을 모신 자는 네 짐승이 지상의 네 왕국을 가리킨다는 사실을 언급했다. 그 왕국들이 세상을 통치하는 중에 하나님의 백성들이 영원한 왕국을 얻어 삶을 누리게 된다는 사실을 말해 주었다. 이는 네 짐승에 대한 하나님의 크고 무서운 심판이 동반될 것을 말하고 있다.

그 네 마리 큰 짐승들은 구체적으로 바벨론, 메대-페르시아, 헬라, 로마 제국을 상징적으로 지칭하고 있다.49 그 가운데 네 번째 나라, 즉 로마 제국 시대에 메시아께서 강림하실 것이며, 그때 성도들이 얻을 하나님의 영원한 나라가 구체적으로 시작될 것이다. 그것은 다니엘 2장 44절의 예언과 조화되는 예언이다.

> "왕께서 철과 진흙이 섞인 것을 보셨은즉 그들이 다른 인종과 서로 섞일 것이나 피차에 합하지 아니함이 철과 진흙이 합하지 않음과 같으리이다 이 열왕의 때에 하늘의 하나님이 한 나라를 세우시리니 이것은 영원히 망하지도 아니할 것이요 그 국권이 다른 백성에게로 돌아가지도 아니할 것이요 도리어 이 모든 나라를 쳐서 멸하고 영원히 설 것이라"(단 2:43,44).

다니엘은 막강한 세력을 가지고 있음에도 불구하고 하나님의 직접적인 심판을 받게 된다는 말을 듣고 네 번째 짐승에 대한 실상을 알고자 했다. 그 짐승은 앞의 세 짐승에 비해 훨씬 강하고 무섭게 보였기 때문이다. 다니엘은 괴물과 같은 그 짐승이 철로 된 강한 이빨을 가진 입으로 닥치는 대로 집어 삼켰으며 놋으로 된 발톱을 가진 발로써 나머지를 포악하게 짓밟아버리는 것을 보았다.

그리고 머리에 열 개의 뿔을 가지고 막강한 세력과 더불어 영화로운 상태를 보여주고 있을 때 조그만 다른 뿔 하나가 나와 그 짐승의 머리에 달린 열 뿔 가운데 세 뿔을 뿌리 채 뽑아버린 것도 놀라운 일이었다. 그 조그만 뿔이 열 뿔을 가진 짐승의 명성을 훼손한 것은 기이하게 보이지 않을 수 없었다. 그 작은 뿔에는 눈과 큰 소리로 말하는 입이 달려 있었으므로 다른 뿔들보다 훨씬 강하게 보였다.

---

49 이에 대해서는 다양한 학설들과 주장들이 있다. 이는 그 상징적인 의미를 완벽하게 알 수 없다는 말이기도 하다. 그렇지만 우리는 성경 해석을 위해 그 가능성을 짐작해 봄으로써 말씀이 성도들에게 교훈하는 바에 대한 상당한 유익을 얻을 수 있게 된다.

그런데 그 작은 뿔이 하나님의 성도들과 맞서 싸웠으며 결국 성도들이 패하게 되었다. 그것은 다니엘에게 매우 충격적이었다. 다니엘이 그 광경을 지켜보며 궁금한 상태에 빠져 있을 때 하나님을 모신 자가 그에게 네 번째 짐승의 실상에 관한 상징적인 설명을 해주었다.

이는 AD 70년 예루살렘 성전 파괴와 더불어 사도교회 시대를 마감하고 보편 교회 시대에 들어선 초대교회 성도들이 로마 제국에 의해 엄청난 박해를 받은 사실과 연관되는 것으로 보인다. 하지만 하나님께서는 성도들을 고통스런 패배의 자리에 영원히 머물게 하지 않으셨다. 그러한 역사적 과정을 통해 이땅에 메시아 왕국이 확장되어 간 것이다.

그 넷째 짐승은 곧 땅의 네 번째 등장한 나라인데 그 나라는 앞서 있었던 다른 나라들과 달라서 천하를 집어삼키고 발로 짓밟아 부서뜨리게 되리라는 것이었다. 그리고 그 열 뿔은 네 번째 일어나게 될 그 나라에 세워지게 될 열 왕들[50]이며 그후에 한 왕[51]이 나타나게 되는데 그는 먼저 있던 자들과 비교가 되지 않는 권력을 가지고 있어서 세 왕을 복종시킬 것이라 말했다.

원래 짐승이 가지고 있던 열 뿔을 초대부터 십대까지 있었던 열 명의

---

50 우리는 여기에서 말하는 열 뿔을 다수를 의미하는 상징적인 수로 이해하는 것이 좋을 듯하다(Calvin). 하지만 학자들 가운데는 다니엘이 본 열 뿔을 로마 제국의 초대부터 열 번째까지의 황제로 보기도 한다: 그들은 아우구스투스, 티베리우스, 칼리굴라, 클라우디우스, 네로, 갈바, 오토, 비텔리우스, 베스파시안, 티투스 등 열 명의 로마 제국 황제들이다.

51 그리고 나중에 나타난 작은 뿔은 미래에 등장하게 될 '적그리스도'로 이해하는 자들이 많다. 한편 그를 로마 제국의 열한 번째 황제인 도미티안이라 생각하는 자들도 있다. 네 번째 짐승의 열 뿔과 나중에 나온 작은 뿔을 로마 제국의 열한 명의 황제들에 연관지어 생각하는 것에 특별히 관심을 가지는 이유는 그 시기가 예수 그리스도의 지상 사역과 '사도교회' 시대의 말미에 '예루살렘 성전 파괴'와 더불어 '보편 교회' 시대의 도래와 연결되어 있기 때문이다. 그러나 마지막에 등장한 작은 뿔이 앞의 열 뿔 가운데 세 뿔을 뽑아버린 점에 있어서 과연 그 세 뿔이 구체적으로 누구를 지칭하고 있는가에 대해서는 결코 간단하지 않은 문제로 남아 있다.

로마 황제로 보는 자들은 그 작은 뿔이 로마 제국의 도미티안 황제를 가리키는 것으로 여긴다. 그 견해를 어느 정도 긍정적으로 받아들일 수 있는 것은 그 작은 뿔로 상징된 도미티안 황제가 로마 제국의 열한 번째 황제로서 엄청난 세력을 가지고 예루살렘 성전 파괴와 더불어 도래한 보편 교회, 즉 천년왕국을 무자비하게 박해한 인물이었기 때문이다.

그 왕은 장차 큰 말로 여호와 하나님을 대적하며 그의 성도들을 심하게 괴롭히게 된다. 하지만 하나님의 심판을 눈앞에 둔 그는 극도의 발악을 한다. 또한 그는 때와 법을 제 맘대로 뜯어고치고자 할 것이다. 그는 자신을 하나님보다 높은 위치에 두게 되는데 그것은 세상 왕국들의 속성을 대표하는 성격을 띤다.

그렇게 되면 하나님의 성도들은 그의 손에 붙인 바 되어 '한 때와 두 때와 반 때'를 그 가운데서 지내게 된다. 이 기간을 문자적으로 이해한다면 삼 년 반을 가리키지만 햇수로 삼 년 반이라는 말이라기보다 '정해진 기한'이 있음을 알려주는 것이라 이해할 수 있다.[52]

> "그가 장차 말로 지극히 높으신 자를 대적하며 또 지극히 높으신 자의 성도를 괴롭게 할 것이며 그가 또 때와 법을 변개코자 할 것이며 성도는 그의 손에 붙인바 되어 한 때와 두 때와 반 때를 지내리라"(단 7:25).

하나님께서 다니엘에게 환상과 더불어 특별한 예언의 말씀을 주신 것은 앞으로 그런 일이 반드시 발생하게 된다는 사실과, 장래 성도들로 하여금 그것으로 말미암아 놀라지 말라는 격려의 메시지가 포함되어 있다. 따라서 하나님의 교회가 악한 자들에 의해 엄청난 고통의 때가 도래

---

[52] 학자들 가운데는 '한 때'를 핍박이 과도하지 않은 통치 시기, '두 때'를 핍박 행위가 강화되는 시기, 그리고 '반 때'를 작은 뿔의 극악한 권세가 붕괴될 사실을 시사하고 있는 것으로 이해하는 자들이 더러 있다. Calvin, Young 등이 이러한 견해에 동조한다.

하게 된다 할지라도 이미 예언된 바이기 때문에 성도들은 그리 당황하지 않는다. 그 사실을 미리 알고 있는 신자들은 괴로운 환경 가운데서도 절망하지 않고 승리를 가져오시는 하나님의 섭리를 바라보게 되는 것이다.

(3) 영원한 하나님 나라의 승리

세상에 속한 왕국들은 하나님의 왕국 도래를 방해하려는 속성을 지니고 있다. 사탄의 통치영역 아래 존재하는 세속의 권력들은 본능적으로 하나님께 저항하게 된다. 그러므로 하나님의 자녀들은 이 세상에 살아가면서 환난과 핍박을 받을 수밖에 없다. 서로 다른 속성을 지닌 상태에서 온전한 조화를 이룰 수 없기 때문이다. 하나님의 언약 백성과 지리상 근접한 위치에 있으면서 강한 영향력을 행사할 수 있는 경우라면 더욱 그렇다.

다니엘이 본 네 마리의 짐승들은 한결같이 포악한 특성을 지니고 있었다. 각각 상이한 짐승들로 묘사되고 있는 그 왕국들은 하나님의 자녀들을 심하게 박해하기를 주저하지 않았다. 특히 네 번째 등장하게 될 포악한 짐승의 때에는 신약시대 교회에 속한 하나님의 백성들에 대한 박해가 더욱 심해질 것이다.

때문에 교회와 그에 속한 성도들은 그 엄청난 고통을 참아내기 힘들겠지만 영원한 천국을 바라보며 소망을 가지게 될 것이다. 하나님께서는 자기 자녀들이 당하는 고통과 그것으로 인해 신원하는 음성을 듣고 저들에게 영원한 나라를 허락하신다. 그 나라는 세상에 존재하면서 일시적인 위세를 떨치던 인간들이 세운 왕국들과는 본질적으로 다른 의미를 지니고 있다. 다니엘은 그에 대한 하나님의 놀라운 예언을 이스라엘 백성에게 전했던 것이다.

"지극히 높으신 자의 성도들이 나라를 얻으리니 그 누림이 영원하고 영원하고 영원하리라"(단 7:18); "옛적부터 항상 계신 자가 와서 지극히 높으신 자의 성도를 위하여 신원하셨고 때가 이르매 성도가 나라를 얻었더라"(단 7:22); "나라와 권세와 온 천하 열국의 위세가 지극히 높으신 자의 성민에게 붙인바 되리니 그의 나라는 영원한 나라이라 모든 권세 있는 자가 다 그를 섬겨 복종하리라"(단 7:27).

하나님께서는 연약한 성도들로 하여금 영원한 나라를 얻도록 하신다. 그렇지만 그 나라는 세상의 방법대로 무력으로 싸워 쟁취하게 되는 나라가 아니다. 오히려 세상에 의해 모진 박해를 당하는 성도들을 위해 신원하는 것을 통해 예수 그리스도로 말미암는 은혜의 왕국이 세워진다. 그 나라는 하나님의 계획과 작정에 의해 세워지게 된다.

그 나라의 권세는 세상에서 막강한 세력을 지닌 천하 열국에 비할 바가 아니다. 세상의 왕국들은 일시적으로 세력을 펼치다가 결국 다른 나라에 의해 패망하게 된다. 나중에 세워진 나라들이 앞선 왕국을 대항해 싸워 정복하는 일이 끊임없이 되풀이되기 때문이다. 그것이 인간들이 세운 왕국들의 역사적인 흐름이다.

그러나 하나님께서 세운 나라는 영원하며 그에게 속한 백성들도 영원하다. 그러므로 세상의 왕국들과 통치자들은 그 앞에 굴복하지 않을 수 없다. 그에 관한 환상을 지켜본 다니엘은 마음이 혼란스러워 안색이 변했다. 그러나 그는 자기가 본 환상을 사람들에게 공개하지 않고 마음에 담아두고 있었다. 그러던 중 다니엘은 하나님의 계시를 통해 그 내용을 말씀으로 기록하였다.

6. '인자 같은 이'(7:13)와 '하나님의 나라'(7:18,22,27)

다니엘서 7장에 기록된 천상의 구름과 더불어 오시는 '인자 같은 이'와 '하나님의 나라'는 약속된 메시아와 앞으로 도래하게 될 그의 왕국과 직접 연관되어 있다. '인자 같은 이'로 묘사된 메시아 곧 그리스도는 세상 왕국들의 권세에 대한 심판을 시작하여 그의 완벽한 나라를 세우게 된다. 그것이 참 이스라엘 민족에 있어서 유일한 소망이었다.

하나님께서는 로마 제국 시대에 이땅에 메시아를 보냈으며 나중에는 저들의 군사력을 동원해 배도에 빠진 유대인들이 장악하고 있던 예루살렘 성전을 파괴하도록 하셨다. 그것은 하나님의 섭리 가운데 일어난 사건이며 악한 세력에 대한 심판과 더불어 아브라함과 모세와 다윗 언약에 대한 역사적 성취를 의미하고 있다.

이로써 구약시대에 허락된 하나님의 언약이 예수 그리스도의 십자가 사역과 사도교회 시대를 지나 보편 교회의 출현으로 이루어졌다.[53] 이는 요한계시록에서 말하는 천년왕국과 직접 결부되어 있다. 하나님의 백성들이 천년동안 그리스도와 더불어 왕 노릇한다는 의미와 같다.

반면에 보편 교회는 세상과 적대 관계가 되어 구체적인 싸움을 하게 될 것이 예고되고 있는데, 맨 처음 교회를 무자비한 박해의 대상으로 여겼던 인물이 도미티안 황제였다. 그가 통치하던 시대에 교회에 대한 엄청난 박해가 시작되었다. 그는 공포정치를 하면서 하나님을 따르는 성도들에게 '황제'와 '예수' 둘 중 하나를 선택하도록 강요했다. 그것은 변개한 법을 통해 예수 그리스도에 대한 배도를 요구하는 정책이었다. 그렇게 함으로써 그는 스스로 자신을 신의 자리에 올려놓게 되었다. 이는 물론 상징적인 의미를 지니고 있으며 많은 로마 시민들이 그 정책을 삶속에 받아들였다.

하지만 다니엘은 하나님께서 메시아를 통해 세우신 완성된 나라로서의 하나님 나라가 인간들이 세운 막강한 로마 제국에 궁극적으로 승리

---

53 필자는 '예수 그리스도의 지상 사역'으로부터 AD 70년 예루살렘 성전 파괴까지를 사도교회 시대로 보며 그 이후 주님의 재림까지를 보편 교회 시대로 본다.

하게 될 것을 언급하고 있다. 그로 말미암아 세상의 모든 권세자들이 심판의 대상이 된다. 이는 하나님 나라가 쟁취하는 물리적인 차원의 승리가 아니라 로마 제국에 대해 영적인 승리를 거두게 됨을 말해준다. 우리는 이 왕국이 보편 교회로서 천년왕국을 의미하고 있는 것으로 이해한다.

이처럼 하나님의 보편 교회와 그에 속한 성도들은 로마 제국의 무자비한 박해 가운데서 천년왕국으로 세워져 오히려 세상을 심판하며 왕 노릇을 하게 된다. 자기 백성들을 구원하시며 세상을 심판하시는 예수 그리스도가 왕으로 존재하시는 동안 지상에 살고 있는 그의 성도들도 그의 사역에 참여하게 되는 것이다. 그러므로 요한은 세상 왕국이 정복되고 그 가운데 하나님과 그리스도께서 세우는 나라가 설립되어 세세토록 왕 노릇하게 되리라고 예언했다(계 11:15).

제10장
'수양과 수 염소'의 환상

(단 8:1-27)

1. 다니엘에게 허락된 하나님의 계시(1,2)

벨사살이 바벨론 제국의 왕으로 재임하고 있을 때 하나님께서는 다니엘에게 몇년을 사이에 두고 연거푸 계시적 환상을 보여주셨다. 그 전에 느부갓네살 왕의 꿈을 통해 하나님의 계시가 드러난 적이 있지만 바벨론의 마지막 왕이었던 벨사살 시대에 하나님의 계시가 집중되었다.

벨사살 왕이 즉위하던 원년에 '네 마리의 큰 짐승들'에 관한 다니엘의 환상을 통해 앞으로 전개될 역사적 상황들에 대한 계시가 주어졌다(단 7장). 그리고 벨사살 왕의 축제가 벌어지던 왕궁의 벽면에 '사람의 손가락'이 나타나 앞으로 바벨론 제국이 메대-페르시아에 의해 패망될 것이 예언되었다(단 5장).

벨사살 왕이 즉위한 지 삼 년이 되던 해에 하나님께서는 또다시 다니엘에게 특별한 환상을 보게 하셨다. 그것은 벨사살 왕의 시대가 오래가지 못하고 바벨론 제국의 종말이 도래하리라는 사실을 말하고 있다. 예루살렘에 있던 하나님의 거룩한 성전을 파괴하고 귀중한 기물들을 빼앗

아 갔을 뿐 아니라 이스라엘 민족을 포로로 잡아와 억압했던 바벨론 제
국의 종말이 눈앞으로 가까이 다가오고 있었다.

　그럼에도 불구하고 어리석은 자들은 그에 대한 상황을 구체적으로 감
지하지 못하고 있었다. 바벨론 제국에 속한 일반 백성들은 마치 저들의
나라가 영원히 존속할 것인 양 착각한 채 살고 있었다. 이는 세상에 존
재하는 세속 국가의 시민으로 살아가고 있는 백성들의 보편적인 경향성
이다.
　지금도 세상의 다양한 국가에 속해 살아가는 보통 사람들은 그와 같
은 사고에 빠져 있다. 그들은 자기 나라가 언젠가는 송두리째 완전히 패
망하게 되리라는 상상을 하지 않는다. 그런 사람들은 어떤 긴박한 문제
가 발생하게 된다 할지라도 멸망이 구체적으로 현실화되기 전까지는 위
기가 닥쳤다고 생각할 뿐 그것을 통해 그 나라의 종말이 오게 될 가능성
이 있다는 사실은 그다지 염두에 두지 않는다.
　하나님의 자녀들은 자기의 육체가 속한 세속 왕국이 영원히 지속되리
라는 기대를 하지 않는다. 하나님께서 친히 세우신 왕국이 아니라면 결
코 이 세상에서 영원할 수 없기 때문이다. 이런 점에서 성숙한 성도들은
인간 세상에서 되풀이되는 세속 국가들의 흥망성쇠興亡盛衰에 대한 객관
성 있는 이해를 하게 된다.

　바벨론 제국이 멸망을 향해 치닫고 있을 때 일반 백성들은 여전히 자
기 욕망을 채워가며 일상적인 삶을 영위하고 있었다. 그럴 때 하나님께
서는 다니엘에게 또다시 미래에 전개될 이스라엘 민족의 주변 역사와
관련된 환상을 보여주셨다. 당시 다니엘은 엘람(Province of Elam)의 수산
(Shushan)성에 거주하고 있었다. 이 성은 나중 페르시아 제국의 행정 수
도首都가 된다.
　다니엘은 환상 가운데서 홀로 을래(Ulai) 강변에 서 있었다. 을래 강은

수산 성 부근에 흘러내리고 있는 강이다. 하나님께서 환상 중에 을래 강가에 서 있는 다니엘에게 특별한 환상을 보여주신 것은 그로 하여금 장래의 비밀을 조용히 깨닫게 해주기 위한 은혜의 방편이었던 것으로 이해된다.

2. 다니엘이 본 수양과 수 염소의 환상의 내용(3-14)

다니엘은 을래 강의 환상 중에 두 뿔 가진 한 마리의 수양이 강가에 서 있는 것을 보게 되었다. 그 수양의 뿔들은 모두 길었지만 그냥 보기에도 서로 현저한 차이가 났다. 한쪽 뿔은 길이가 훨씬 더 길었으며 다른 한쪽은 더 짧았다. 그런데 나중에 난 뿔이 앞서 난 뿔보다 더 길게 자라났다.

다니엘은 환상 가운데서 그 수양이 매우 포악한 행동을 하는 것을 목격했다. 수양은 서쪽과 북쪽과 남쪽을 향해 뿔로 들이받으며 싸웠다. 그 수양의 공격을 받는 짐승들 중에서는 하나도 감당하지를 못했다. 아무도 그에 감히 저항하지 못하므로 수양은 제멋대로 행하면서 막강한 세력을 확보해 나갔다.

다니엘이 그 놀라운 광경을 지켜보는 가운데 갑자기 서쪽 지역에서 힘센 수 염소 한 마리가 나아왔다. 그 염소의 두 눈 사이에는 뚜렷하게 드러나 보이는 커다란 뿔이 나 있었다. 그 염소는 두 뿔을 가진 것이 아니라 하나의 뿔을 가지고 있었다. 다니엘은 서쪽으로부터 온 그 수 염소가 발이 보이지 않을 정도로 재빨리 두루 다니며 온 땅을 정복하는 것을 보았다.

한 뿔 가진 그 수 염소는 더욱 포악하여 다니엘이 처음 강가에서 보았던 두 뿔 가진 수양을 향해 분노한 듯 돌진해 공격했다. 수 염소가 수양을 쳐서 길게 난 두 뿔을 꺾었지만 그 수양에게는 그에 저항할 만한 힘이 없었다. 그러므로 한 뿔을 지닌 수 염소는 수양을 땅에 내치고 짓밟았다. 하지만 죽어가는 그 수양을 수 염소의 공격에서 벗어나게 할 자는 아무도 없었다.

그렇게 하여 한 뿔 가진 수 염소는 두 뿔 가진 양을 죽이고 천하무적天下無敵의 막강한 세력을 얻게 되었다. 그런데 그 세력이 점차 커져 갈 때 갑자기 하나 달린 그 뿔이 꺾여버렸다. 그러나 그 수 염소는 완전히 죽지 않고 대신 뚜렷하게 보이는 네 개의 뿔들이 하늘 사방을 향해 솟아났다.
다니엘은 그 네 개의 뿔들 가운데 한 뿔에서 또 다른 작은 뿔 하나가 돋아나 남쪽과 동쪽을 향해 세력을 펼치면서 하나님의 '영화로운 땅'을 향한 방향으로 심하게 커지는 것을 목격했다. 결국 그 세력은 '하늘 군대'에 미칠 만큼 커져서 그 군대와 별들 중에 몇을 땅에 떨어뜨리고 그것을 발로 짓밟았다. 뿐만 아니라 거룩한 '성소'를 헐어버렸으며 하나님께 '매일 드리는 제사'를 중단시켰다.

그러자 하나님의 백성들은 매일 드리는 제사를 중단하게 되었으며, 그 작은 뿔은 '진리'를 땅에 내동댕이쳤다.[54] 그런 과정 가운데 그 뿔은 제멋대로 행하며 형통한 행보를 진행해 나갔다. 하나님을 모독하는 불의한 세력이 아무런 저항 없이 세력을 펼쳐나가는 것은 놀라운 일이 아닐 수 없었다.

---

[54] 그 당시의 역사적인 일면을 기록하고 있는 마카비 1서에 보면 안티오쿠스 4세 왕은 예루살렘과 유대의 도시들에 칙령을 내렸다. 그 내용은 유대인들은 이교도들의 관습을 따를 것, 성소 안에서 제사를 드리지 말 것, 안식일과 절기들을 지키지 말 것, 성소를 모독할 것, 이교의 제단과 신당을 세울 것, 돼지와 부정한 동물들을 제물로 잡아 바칠 것, 남자아이들에게 할례를 베풀지 말 것, 모든 종류의 음란과 모독 행위를 제재하지 말 것, 율법을 저버리고 모든 규칙을 바꿀 것, 그리고 이 명령을 따르지 않는 자는 사형에 처할 것(마카비 1서 1:44-50) 등이었다. 안티오쿠스 에피파네스는 거룩한 하나님을 정면으로 대적하고 하나님의 백성 이스라엘을 핍박한 매우 참람하고 악한 통치자였다.

그때 다니엘은 '거룩한 자'의 소리를 듣게 되었다. 그리고 다른 '거룩한 자'가 그에게 환상 중에 나타난 바 '메일 드리는 제사'와 '멸망하는 죄악에 관한 일'과 '성소와 백성이 내어준 바 되며 짓밟힐 일'이 어느 때까지 이르게 될지 물었다. 그런 참람한 일은 하나님의 진노와 심판을 동반할 수밖에 없었다. 따라서 그 거룩한 자는 그 말을 듣고 다니엘을 향해 말하기를 이천 삼백 주야까지 그렇게 될 것이며 그때가 되면 하나님의 성소가 정결하게 될 것이라 말했다.[55]

3. 환상을 보여 주신 하나님의 의도(15-19)

하나님께서는 구속사에 연관된 의도를 가지고 다니엘에게 그 환상을 보여주셨다. 그러나 하나님의 가르쳐주심이 없이는 그 상징적인 내용의 의미를 알 수 없었다. 다니엘이 수양과 수 염소에 관한 환상을 본 후 그것의 상징적인 의미가 무엇인지 궁금하여 알고자 할 때 '사람의 모습과 같은 자'(one who looked like a man)[56]가 그의 앞에 섰다. 그때 을래 강의 두 언덕 사이에서 사람의 목소리가 났다. 그 목소리는 '가브리엘아 이 이상을 이 사람에게 깨닫게 하라'는 음성이었다.

그 소리가 난 후 가브리엘은 다니엘이 서 있는 곳으로 다가갔다. 다니엘은 그를 보고 두려움에 가득 차서 얼굴을 땅에 대고 엎드렸다. 그는 다니엘에게 그 환상이 정한 때 마지막에 관한 것이라는 사실을 말해주

---

55 2,300주야란 2,300일을 의미하며 약 6년 반을 가리키고 있다. 그 기간은 안티오쿠스 4세가 유대의 대제사장 오니아스 3세를 죽인 때(BC 171년)로부터 예루살렘 성전을 모독하여 더럽힌 때(BC 167년)를 거쳐 그가 죽은 때(BC 164년)까지 이르는 대략 6년 반을 가리키는 것으로 보인다. 그가 하나님의 심판으로 말미암아 죽게 됨으로써 예루살렘 성전이 다시 정결케 되리라는 사실이 예언되었던 것이다.

56 이는 다니엘서의 앞부분에 나타났던 '인자 같은 이'와 동일한 분이다. 즉 사드락과 메삭과 아벳느고가 용광로 불에 처형당할 때 나타났던 천사와, 벨사살의 왕궁 벽에 예언의 글을 썼던 손가락의 주인, 그리고 다니엘이 사자굴에 던져져 처형에 처해졌을 때 나타나 그를 보호했던 천사와 같은 분이다.

었다. 그가 말하는 동안 다니엘은 얼굴을 땅에 대고 엎드려 깊이 잠들게 되었다.

그러자 천사 가브리엘은 잠들어 있는 다니엘을 어루만져 깨웠다. 잠에서 깨어난 그를 일으켜 세운 가브리엘은 '하나님의 진노의 때가 마친 후'(단 8:19)에 발생하게 될 사실을 알려 주겠다고 말했다. 여기에서 진노의 때가 마친 후라는 말은 이스라엘 민족을 억압하는 바벨론 제국이 패망한 후라는 의미이다. 하나님께서는 자신의 거룩한 성소를 파괴한 바벨론 제국을 심판하시게 되는 것이다.

그것은 곧 다니엘이 본 환상이 '정한 때'에 일어나게 될 상황에 관한 내용임을 확인하는 것이었다. 바벨론 제국이 이스라엘을 패망시키고 예루살렘 성전을 파괴했지만 하나님께서는 그것을 다시금 돌이키실 것이다. 이는 구속사와 연관된 모든 인간 역사가 하나님의 섭리와 경륜에 연관되어 있음을 잘 보여주고 있다.

4. 환상에 대한 해석(20-27)

천사 가브리엘은 다니엘에게 그가 환상 중에 보았던 내용에 대한 구체적인 해석을 해주었다. 다니엘이 처음 본 을래 강변에 있던 두 뿔을 가진 수양은 메대와 페르시아 왕들을 상징하는 것이었다. 그리고 두 번째 나타났던 한 뿔 가진 수 염소는 헬라 왕을 상징하고 있었다.

그 염소의 두 눈 사이에 난 큰 뿔은 곧 그 첫째 왕을 의미하며, 그 뿔이 꺾이고 난 다음에 네 뿔이 솟아난 것은 그 나라 가운데서 네 나라가 일어나게 되리라는 사실을 의미하고 있다.[57] 처음에 있던 한 나라에 뒤

---

57 그 뿔 넷은 알렉산더 대왕 이후의 네 왕국을 가리킨다. 알렉산더 대왕은 갑자기 죽었고 그의 나라는 그의 네 장군들에 의해 네 왕국으로 나뉘었다. 그것은 서쪽의 캐산더 왕국(헬라와 마케도냐 지역), 동쪽의 셀류쿠스 왕국(수리아, 바벨론, 인도 지역), 북쪽의 리시마쿠스 왕국(트레이스, 비두니야, 소아시아 지역), 남쪽의 톨레미 왕국(애굽 지역) 등이다.

이어 네 나라가 나중에 일어나게 된 것은 처음 왕의 세력만 못하다는 사실을 보여준다.

그 네 왕국들의 말기가 이르게 되면 패역한 지도자들이 많이 일어나게 된다. 그때 그들 가운데서 한 사람의 특별한 왕이 일어나게 되는데 그는 얼굴이 뻔뻔스런 얼굴을 하고 있으며 속임수에 능란하고 교활한 자이다(단 8:24,25 참조). 그는 안티오쿠스 4세로 막강한 권세를 가지게 되지만 자신의 능력으로 말미암아 왕좌에 오르게 된 것이 아니었다.[58] 사실 안티오쿠스 4세는 권력을 장악하고 왕위에 오르는 과정에서 자신의 힘이 아니라 타인의 힘에 의해 그 자리를 차지하였다.

안티오쿠스 에피파네스는 장차 엄청난 파괴를 행하면서도 순탄한 길을 걸을 것이며 유다 지역의 유력한 자들과 '거룩한 백성'을 파멸시키게 된다. 앞에서 작은 뿔 하나가 하늘 군대에 미칠 만큼 커져서 그 군대와 별 중에 몇을 땅에 떨어뜨리고 그것을 짓밟는다는 말은 바로 그런 의미이다(단 8:9,10).

그는 약은 술수를 부려 남을 속여 자기가 하고자 하는 모든 일들을 이루고 스스로 한없이 교만한 마음을 가지게 될 것이 예언되고 있다. 그리하여 주변을 평정함으로써 전쟁 없는 평화를 구가하고 있을 때 많은 무리를 멸망시키며 스스로 서서 '만왕의 왕 여호와 하나님'을 대적하게 되는 것이다.

---

58 안티오쿠스 4세 에피파네스는 총리였던 헬리오도로스에 의해 셀류쿠스 4세가 살해되자 왕위를 계승하게 되었다. 간교한 인물이었던 그는 방심의 시기를 틈타 왕위에 올랐다. 그는 안티오쿠스 3세의 둘째 아들로서 부왕이 로마에 패배한 때(주전 190) 로마의 인질로 끌려가서 14년을 보냈으나 그의 형 셀류쿠스 4세의 장자 '데메토리우스'를 대신 인질로 잡아두고 시리아로 귀환했다. 귀환 중에 형의 죽음을 전해 듣고 형을 독살한 헬리오도로스를 제거하고 실질적인 왕위 계승자인 '데메토리우스' 대신 왕위를 차지하게 되었다. 그후 안티오쿠스 4세는 조카 대신 왕위에 오른 사실을 정당화하기 위해 갖가지 흉계와 권모술수를 행했다.

그러나 그는 사람의 손으로 말미암지 않고 스스로 깨어지게 될 것이 예언되었다.[59] 이는 그에게 하나님의 두려운 심판이 임하게 되리라는 점에 대한 예언이다. 이러한 모든 일들은 앞에서 언급된 것처럼 정해진 때가 이르게 되면 반드시 이루어질 환상이었다.

또한 그 일들은 다니엘이 환상을 보고 난 뒤 즉시 일어나게 되는 것이 아니라 오랜 세월이 지난 후 시간을 두고 역사 가운데서 발생하게 된다. 천사 가브리엘은 다니엘에게 그 환상을 마음속 깊이 간직하도록 요구했다. 다니엘이 그 환상의 내용을 마음속 깊이 간직해야 한다는 것은 단순히 개인적인 문제가 아니라 이스라엘 민족 가운데 그 의미가 깊이 새겨져야 함을 의미하고 있다.

다니엘은 자기가 본 모든 환상과 그에 대한 해석을 들은 후 혼절昏絕하고 말았다. 그 놀라움은 엄청났으며 그냥 감당하기 어려웠던 것이다. 그것으로 인해 다니엘은 며칠 동안을 심하게 앓은 후에야 자리에서 일어나 직무를 감당할 수 있었다. 다니엘은 그 환상으로 인해 매우 놀랐지만 다른 사람들 가운데서는 장래 일어나게 될 그 놀라운 사실에 대해 아는 사람이 아무도 없었다.

5. 성취된 역사적인 실체와 그에 대한 해석

다니엘이 본 수양과 수 염소에 관한 환상의 내용은 아직 역사적인 실체가 진행되기 전에 예언적으로 계시된 것이었다. 오늘날 우리는 그 모든 내용들이 실현된 후의 역사적 사실들을 알고 그에 관한 분명한 의미를 확인할 수 있다. 성경에서 밝히고 있는 대로 다니엘서 8장에 기록된

---

59 안티오쿠스 에피파네스는 하나님을 정면으로 대적하는 인물이었다. 그는 죽을 때 내장에 벌레가 먹어 생을 마감한 것으로 알려져 있다(마카비 2서 9:5,9,28). 이 사실은 '그가 사람의 손으로 말미암지 않고 깨어지리라'는 예언이 성취된 것으로 보인다.

수양과 수 염소에 관한 환상은 바벨론 제국과 메대-페르시아 제국, 그리고 헬라 제국에 관한 예언이었다.

벨사살 왕이 통치하던 당시 바벨론 제국은 국력이 기울어 가는 시점이었다 할지라도 여전히 막강한 세력을 보유한 세계적인 대제국이었다. 그리고 메대와 페르시아는 아직 큰 세력을 갖추지 못한 변방의 작은 나라에 지나지 않을 때였다. 그리고 헬라는 서쪽 변방 지역에 있는 매우 작고 미미한 소국에 지나지 않는 형편이었다.

그럴 때 하나님께서는 다니엘에게 그 나라들이 장래 어떤 상황 변화들을 몰고 오게 될지 환상을 통해 알려 주셨다. 오늘 최강의 세력을 자랑하는 막강한 나라가 내일 다른 약소국에 의해 맥없이 무너지고, 그 나라는 나중에 일어나는 또 다른 나라에 의해 힘없이 무너지게 되는 형편을 보여주신 것이다.

역사적 관점에서 본다면 바벨론 제국의 패망과 메대-페르시아 제국의 발흥과 패망, 그리고 헬라 제국의 발흥과 분열 및 패망을 향한 형편을 그대로 드러내 보여주고 있다. 물론 이 모든 역사적 정황들 가운데는 하나님의 특별한 경륜이 작용하게 된다.

수 염소의 머리에 난 한 뿔이 부러지고 새로 솟아난 네 뿔은 알렉산더 대왕 이후에 등장하는 헬라의 네 왕국들을 가리킨다. 알렉산더 대왕이 갑자기 죽은 후 그가 통치하던 헬라 제국은 그의 휘하에 있던 네 명의 장군들에 의해 네 왕국으로 나뉘어졌다. 그것은 서쪽 지역의 캐산더 왕국, 동쪽 지역의 셀류쿠스 왕국, 북쪽 지역의 리시마쿠스 왕국, 남쪽 지역의 톨레미 왕국이었다.

다니엘이 보았던 수양과 수 염소의 환상에 나타난 예언 가운데 분명히 나타나는 실체적인 인물로서 우리가 반드시 기억해야 할 중요한 인물은 알렉산더 대왕과 안티오쿠스 4세이다.

알렉산더 대왕은 헬라의 마게도니아 왕국의 왕인 필립 2세의 아들이
었다. 마게도니아 왕국의 왕자였던 알렉산더는 당시 유명한 철학자였던
아리스토텔레스의 제자가 되었으나 학문을 포기하고 군인이 되어 세계
를 제패하는 전쟁 영웅이 되었다.

알렉산더 대왕은 학문을 연구하는 학자로서의 길은 접었지만 여전히
철학자인 자기의 스승을 존경했던 인물로 알려져 있다. 알렉산더는 이
집트를 정복한 후 최북단의 지중해 연안에 거대한 도시를 건립하고 자
신의 이름을 따라 알렉산드리아(Alexandria)로 명명했다. 그리고 그곳에
스승 아리스토텔레스를 기억하여 대규모의 도서관을 세웠다.

알렉산더는 전쟁에 능숙한 용맹한 장군이었으나 학문에 상당한 관심
을 가지고 있던 인물이었다. 알렉산더 대왕의 그런 정신이 헬레니즘 문
명을 꽃피우게 하는 중요한 원동력이 되었다. 특히 알렉산드리아가 역
사상 중요한 학문의 중심지가 된 배경에는 알렉산더 대왕이 있었다. 그
도시는 구약시대의 중간기뿐 아니라 신약시대에도 매우 중요한 학문의
중심지 역할을 감당했다.

BC 2세기 경에는 구약 성경이 알렉산드리아에서 헬라어로 번역되었
다. 그것을 70인역(Septuagint)이라고 하는데 이는 구약과 신약 시대에
연관된 매우 중요한 의미를 지닌다. 그것은 유대인들을 넘어 보편 교회
설립에 대한 구속사적인 예언의 기능을 함유하고 있으며 신약성경의 헬
라어 기록과도 연관이 된다.[60] 또한 초대교회 시대 알렉산드리아는 신
학의 한 조류를 형성하는 중심지 역할을 하게 되었다.

BC 323년 알렉산더 대왕이 아직 삼십대 초반의 젊은 나이에 갑자기
죽은 후 분할된 헬라 세계에서의 유다 지역은 톨레미 왕조의 통치 영역

---

60 이광호, 『신약성경의 구속사적 이해』, 서울: 도서출판 칼뱅, 2006, pp.26-29.
참조.

이 되었다. 그러나 BC 198년 파네이온(Paneion) 전투 후 그 지역은 셀류
키드 왕조의 통치 지역으로 흡수되었다. 그리하여 안티오쿠스 에피파
네스는 자기 영토가 된 유다 지역의 예루살렘을 제멋대로 유린하게 되
었다.

그는 스스로 자신을 신의 자리에 올려놓아 에피파네스(Ephipanes)라는
별칭을 가졌다. 그 말의 의미는 '제우스신의 현현' 이라는 의미를 지니
고 있다. 에피파네스는 유대인들의 하나님을 모독하기 위해 최대의 노
력을 기울였다. 그는 예루살렘 성전에 더러운 돼지 피를 뿌리도록 했으
며, BC 167년 하나님의 거룩한 제단에 '멸망의 가증한 것' 인 자신의 동
상을 앉혀 놓음으로써 참람한 행동을 했다.

그로 말미암아 유대인들의 저항이 시작되어 마카비 전쟁이 일어나게
되었다. 안티오쿠스 에피파네스의 악행에 저항하는 유대인들이 강력하
게 항거했다. 그 결과 이스라엘 백성들은 부분적인 승리를 거두게 된다.
그때 구속사적 의미를 지닌 수전절修殿節61이 생겨나게 되었다. 이 모든
일들은 하나님께서 다니엘의 환상을 통해 예언하신 대로 하나님의 경륜
가운데 전개된 사건들이었다. 따라서 우리는 구속사적 주변 맥락 가운
데서 그 사건들을 이해하고 있다.

물론 하나님께서 다니엘의 환상을 통해 역사적 미래를 예언하신 것은
단순한 일반적인 역사 정황을 계시하신 것은 아니다. 중요한 것은 그 가
운데 약한 모습으로 박해를 받으며 존재하게 될 이스라엘 민족과 예루
살렘 성소이다. 역사적 소용돌이 가운데서도 하나님께서는 언약의 백성
을 인도하심으로써 장래 메시아를 보내시고자 했던 것이다. 우리는 이

---

61 오늘날도 유대인들이 수전절을 하누카(히브리어: הכחה, '봉헌')라 하여 축제일
로 지킨다. 이는 키슬레브의 25번째 날부터 8일간 치르는데, 대개 양력 11월 말
이나 12월에 해당된다. 이 날은 안티오쿠스 에피파네스에 의해 더럽혀진 예루살
렘 성전을 기원전 164년 마카비 전쟁을 통해 다시 회복하여 여호와 하나님께 봉
헌한 데서 유래했다.

땅에 메시아를 보내시기 위해 친히 역사하시는 하나님의 놀라운 섭리를 읽을 수 있어야 한다. 이 모든 것들은 하나님의 경륜 가운데 분명한 의미가 드러나게 된다.

우리가 반드시 기억해야 할 바는 다니엘이 본 환상의 중심에 예루살렘 성전이 존재한다는 사실이다. 다니엘이 그 환상을 보았던 바벨론 제국의 말기에는 아직 예루살렘 성전이 재건되기 전이었다. 일반 백성들은 파괴된 성전이 다시 세워지게 되리라는 사실을 기대하기 어려웠다. 하지만 장래 역사 가운데 일어나게 될 구속사적 사건들에 관한 예언이 다니엘의 환상을 통해 주어졌다.

> "그가 내게 이르되 이천 삼백 주야까지니 그때에 성소가 정결하게 함을 입으리라 하였느니라"(단 8:14).

하나님께서는 다니엘의 환상 가운데서 앞으로 재건될 성전이 이천 삼백 주야까지 심하게 유린당하리라는 점을 시사하셨다. 이는 거룩한 성전이 하나님을 알지 못하는 이방인들에 의해 심한 모독을 받게 되리라는 사실을 말한다. 그러나 재건된 성전은 일정기간 동안 모독을 당한 후 하나님의 도우심에 의해 정결을 회복하게 된다.

재건된 예루살렘 성전이 또다시 이방인들에 의해 모독을 당하게 되지만 때가 이르면 다시 정결케 되리라는 사실을 하나님께서 계시하셨던 것이다. 이스라엘 백성들은 그 성전을 통해 하나님의 메시아가 오시게 된다는 사실을 기억해야 한다. 예루살렘 성전과 메시아는 밀접한 언약적 관계를 지니고 있기 때문이다.

제11장
'바벨론 포로 칠십 년'과 다니엘의 기도

(단 9:1-19)

1. 다니엘이 예언된 연수年數를 깨달음(9:1,2)

막강한 세력을 떨치던 바벨론 제국도 영원히 존재할 수 없었다. 세계적인 대제국이었던 그 나라는 이미 오래 전에 선지자 예레미야를 통해 예언된 대로 하나님의 심판을 받아 종말을 맞게 되었다. 바벨론은 벨사살 왕이 통치하던 BC 539년62에 메대의 다리오 왕에 의해 패망했다.

바벨론 제국이 패망한 자리에서는 새로운 세력인 갈대아 출신의 다리오 왕이 통치권을 행사하게 되었다. 바벨론이 패망하고 새로운 왕국이 들어섰다는 사실은 국제 정치적인 사건을 넘어서는 매우 독특하고 중요한 의미를 지닌다. 그것은 바벨론에 속한 시민들뿐 아니라 그들의 속민屬民이 되어 있던 이스라엘 백성들에게도 엄청난 영향을 미치게 될 것이 틀림없는 사실이었기 때문이다.

---

62 앞에서도 언급한 바 있듯이 당시 바벨론 제국에서는 벨사살 왕이 나보니두스 (Nabonidus) 왕과 공동으로 통치하고 있었다. 그러므로 우리는 바벨론 제국의 마지막 왕을 언급할 때 두 왕을 동시에 거명할 수 있는 것이다.

그 역사적 소용돌이 가운데서 가장 중요한 사명을 감당한 인물은 역시 다니엘이었다. 바벨론 제국이 패망하고 갈대아 출신의 다리오가 새로운 왕국의 최고 통치자의 지위에 올랐을 때 하나님께서는 다니엘에게 특별한 깨달음을 주셨다. 예레미야 선지자가 예언한 '칠십 년'(렘 25:11; 29:10)에 관한 의미를 구체적으로 깨닫게 해주셨던 것이다.

우리는 바벨론의 패망과 더불어 새로운 왕국이 설립된 직후 다니엘이 그 사실을 깨닫게 된 점에 관심을 기울여야 한다. 이는 구속사적인 소중한 의미를 시사하고 있다. 다니엘은 그전에도 이방의 포로가 된 후 '칠십 년'이 지나면 예루살렘의 황무함이 마치게 되리라는 예레미야의 예언을 기억하고 있었을 것이 분명하다.

물론 그때까지 다니엘은 그 칠십 년의 의미를 상징적인 것으로 받아들이고 있었을지도 모른다. 그런데 이스라엘 민족을 포로로 잡아간 바벨론 제국이 다리오 왕에 의해 멸망당하는 것을 목격함으로써 그 구체적인 형편을 깨닫게 되었던 것이다.

2. 예레미야를 통해 예언된 '칠십 년'(렘 25:9-14; 29:10-13)

(1) 다니엘의 예레미야 인용

예레미야는 다윗 왕조의 마지막 시기 멸망을 향해 달음박질치고 있던 때 하나님의 말씀을 예언하기 시작했다. 그는 요시야 왕 제13년(BC 626년 경)부터 이스라엘 백성들에게 하나님의 말씀을 선포하기 시작하여 예루살렘 성전이 파괴되고 유다 왕국이 멸망한 직후까지 약 40여 년간 예언했다.

그가 하나님의 선지자로서 활동하던 중에 말씀을 통한 개혁을 추진하던 요시야 왕이 전사하게 되었다. 당시 이스라엘 백성들은 극도로 타락한 상태였으며 이미 다윗 왕조에 대한 멸망이 예언되고 있었다. 하지만 예루살렘이 멸망하고 거룩한 성전이 파괴될 위기에 직면해 있는데도 배도한 지도자들은 자기 욕망을 채우기에 급급했다.

타락한 이스라엘 민족의 지도자들과 종교인들을 향한 선지자 예레미야의 준엄한 책망은 저들에게 받아들여지지 않았다. 도리어 요시야 왕이 죽은 후에는 이방신 사상을 끌어들인 세력과 친 애굽파 세력은 그에게 노골적인 저항을 하게 되었다. 그들은 예레미야의 생명을 위협하였을 뿐 아니라 그의 성전출입까지 금지했다.

여호야김 왕 시대에는 하나님의 참된 선지자에 대한 박해가 더욱 심하고 악해졌다. 그리하여 왕은 하나님으로부터 주어진 예레미야의 예언서를 불사르며 박해하기까지 했다.

또한 시드기야 왕은 비참한 종말을 예언하는 예레미야를 매우 못마땅하게 여겼다. 예레미야가 이스라엘 민족을 축복하지 않고 저주한다고 생각했기 때문이었다. 그러나 결국 BC 586년 예루살렘 성은 바벨론 제국에 의해 함락되고 성전은 완전히 파괴되었다. 성전 안에 보관되어 있던 소중한 기물들은 빼앗겨 바벨론 지역으로 옮겨졌다. 시드기야 왕은 자기 자식들이 비참하게 처형당하는 광경을 목격해야 했으며 결국은 두 눈이 뽑힌 채 쇠사슬에 묶여 바벨론으로 끌려갔다. 이러한 경우는 인간 역사상 그 유례를 찾아보기 힘든 경우라 할 수 있다.

예레미야는 이스라엘 민족이 직면한 처참했던 모든 역사적 사실들을 겪어야만 했다. 그것이 하나님의 경륜에 따른 심판이었기에 달리 피할 도리가 없었다. 결국 예레미야는 유다 왕국이 패망한 후 바벨론으로 사로잡혀 가는 대신 정치적인 이유로 애굽으로 가서 말년을 보내게 되었다.

우리는 선지자 예레미야의 일생이 얼마나 고통스럽고 힘들었을까 하는 점을 생각하게 된다. 유다 왕국은 멸망해 가는데 이스라엘 백성들은 그것을 깨닫지 못하고 있었다. 거기다가 배도한 종교지도자들은 '하나님의 능력'을 들먹이면서 예루살렘은 절대로 파괴되지 않는다고 선전하고 있었다. 그들은 '입술의 평화'를 노래하며 '거짓 믿음'을 앞세워 백성들을 기만했다. 그들과 반대로 이스라엘의 패망을 예언한 예레미야는 도리어 옥에 갇히게 되고 숱한 고통을 감내해야 했다.

(2) 이스라엘 민족에 대한 하나님의 진노와 심판

하나님께서는 유다 왕국이 멸망하기 전 배도한 이스라엘 백성들에 대해 오래 참고 인내하는 가운데 심하게 진노하셨다. 북 이스라엘 왕국의 멸망을 생생하게 목격하고 경험했음에도 불구하고 그들은 여전히 이방신 사상을 약속의 땅 안으로 끌어들여 거룩한 하나님의 뜻을 저버리고 있었다. 배도한 지도자들의 그런 종교적인 태도는 신앙이 어린 백성들을 혼란케 했다.

그럼에도 불구하고 어리석은 자들은 세상이 주는 즐거움에 깊숙이 빠져 있었다. 그들은 하나님 없는 상태에서 행복한 가정을 꾸리기 위해 노력했으며 풍요로운 삶을 추구했다. 그런 가운데 이스라엘 민족을 특별히 택하여 세우신 하나님의 구속에 관한 뜻을 망각하고 교만의 극치를 향해 치달았다.

하나님께서는 배도에 빠진 자들을 그냥 두고만 보고 계시지 않았다. 그들은 무서운 징계를 받아야만 자신을 되돌아 볼 수 있는 자들이었다. 하나님께서는 예레미야 선지자를 통해 저들에게 이방인들을 불러 엄한 징계를 내리시겠다는 뜻을 전하셨다. 이스라엘 민족이 저들의 경멸 대상인 이방인들에 의해 엄청난 모멸과 고통을 당하게 되리라는 것이었다.

하나님을 떠나 교만에 빠진 이스라엘 백성들이 살고 있는 약속의 땅은 바벨론 왕 느부갓네살에 의해 멸망당할 것이며 그 백성들은 포로가 되어 이방 지역으로 사로잡혀 가게 된다. 그렇게 되면 저들에게서 기쁨과 즐거움, 행복의 소리는 사라지고 대신 고통과 괴로움, 신음의 소리만 들리게 된다. 저들은 풍요가 아니라 궁핍한 삶을 견뎌내지 않으면 안 된다. 하나님께서는 장래에 임하게 될 그 사실을 예레미야를 통해 예언하셨다.

> "보라 내가 보내어 북방 모든 족속과 내 종 바벨론 왕 느부갓네살을 불러다가 이땅과 그 거민과 사방 모든 나라를 쳐서 진멸하여 그들로 놀람과 치소거리가 되게 하며 땅으로 영영한 황무지가 되게 할 것이라 내가 그들 중에서 기뻐하는 소리와 즐거워하는 소리와 신랑의 소리와 신부의 소리와 맷돌소리와 등불 빛이 끊쳐지게 하리니 이 온 땅이 황폐하여 놀램이 될 것이며 이 나라들은 칠십 년 동안 바벨론 왕을 섬기리라 나 여호와가 말하노라 칠십 년이 마치면 내가 바벨론 왕과 그 나라와 갈대아인의 땅을 그 죄악으로 인하여 벌하여 영영히 황무케 하되 내가 그 땅에 대하여 선고한바 곧 예레미야가 열방에 대하여 예언하고 이 책에 기록한 나의 모든 말을 그 땅에 임하게 하리니 여러 나라와 큰 왕들이 그들로 자기 역군을 삼으리라 내가 그들의 행위와 그들의 손의 행한 대로 보응하리라 하시니라"(렘 25:9-14).

하나님께서는 선지자 예레미야를 통해 배도한 이스라엘 백성에 대한 무서운 심판을 선언하셨지만 여전히 그들을 통한 자신의 특별한 계획이 있음을 언급하셨다. 바벨론의 느부갓네살 왕이 이스라엘 백성들을 포로로 잡아가고 예루살렘 성전을 파괴하게 되지만 그것이 저들의 궁극적인 승리가 될 수는 없었다. 하나님은 약속의 땅을 파괴하고 자기의 백성을 포로로 잡아간 이방인들을 결코 좌시하지 않으실 것이기 때문이었다.

하나님께서는 정해진 '칠십 년'이 지나면 반드시 저들에게 보응하게 되리라는 말씀을 하셨다. 하지만 어리석은 백성들은 선지자 예레미야를 통해 말씀하신 하나님의 음성에 귀를 기울이지 않았다. 하나님을 진정으로 경외하는 자들만이 그 예언을 염두에 새겨두고 있었을 따름이다.

(3) 이스라엘 민족을 향한 은혜

하나님께서는 배도에 빠진 이스라엘 백성을 징계하시겠다고 말씀하셨지만 여전히 그들에 대한 관심과 사랑을 가지고 계셨다. 배도한 자들을 징계함으로써 저들에게 진정한 깨달음을 주시고자 하셨다. 하지만 어리석은 백성들은 그에 대한 아무 것도 깨닫지 못하고 있었다.

이에 하나님은 선지자 예레미야를 통해 앞으로 일어나게 될 일에 대한 더욱 구체적인 뜻을 계시하셨다. 이스라엘 백성이 바벨론에 포로로 잡혀가지만 칠십 년이 차면 그들을 다시금 본토로 인도해 내시겠다는 것이었다. 우리는 여기에서 이스라엘 백성들에게 베푸시는 하나님의 진정한 사랑을 엿볼 수 있다.

패망한 이스라엘 백성들에게 있어서는 그 말씀이 유일한 소망이 된다. 배도에 빠진 백성들 스스로 행할 수 있는 일은 아무 것도 없다. 오직 하나님의 은혜만이 효력이 있을 따름이었다. 즉 이방의 포로생활로부터의 귀환은 저들의 자력自力으로써 회복되는 것이 아니라 하나님의 경륜적인 은혜로 말미암아 이루어지게 된다. 예레미야 선지자는 그점에 대해 분명히 말하고 있다.

"나 여호와가 이같이 말하노라 바벨론에서 칠십 년이 차면 내가 너희를 권고하고 나의 선한 말을 너희에게 실행하여 너희를 이곳으로 돌아오게 하리라 나 여호와가 말하노라 너희를 향한 나의 생각은 내가 아나니 재앙이 아니라 곧 평안이요 너희 장래에 소망을 주려하는 생각이라 너희는 내게 부르짖으며 와서 내게 기도하면 내가 너희를 들을 것이요 너희가 전심으로 나를 찾고 찾으면 나를 만나리라"(렘 29:10-13).

하나님께서는 이 말씀 가운데서 이스라엘 백성들에게 내리는 '바벨론 포로'의 징계가 무서운 재앙을 내리고자 하는 데 목적이 있는 것이 아니라 진정한 평안을 위해서라는 사실을 말씀하셨다. 우선은 재앙같이 보이지만 근본적으로는 하나님의 은혜라는 것이다. 그것을 통해 장래 영원한 소망을 허락하시는 것이 하나님의 진정한 뜻이라는 것이었다.

하나님께서는 이스라엘 민족으로 하여금 자신을 향해 간절히 부르짖으며 기도하도록 요구하셨다. 그렇게 하면 저들의 기도를 들어주시겠다는 약속을 하셨다. 즉 그들이 전심으로 하나님을 찾는다면 만나게 되리라는 것이었다. 이는 하나님의 궁극적인 은혜를 말해주고 있다. 이방인의 포로가 된 상태에서 저들이 지은 죄악을 회개하고 진심으로 하나님을 찾는다면 하나님께서 응답하시리라는 것이었다.

3. 깨달음의 결과에 따른 다니엘의 금식과 기도(9:3-19)

(1) 베옷을 입고 재를 무릅쓴 다니엘의 기도(9:3,4)

바벨론 제국을 패망시키고 다리오가 왕위에 오른 원년이었던 BC 539년에 다니엘은 베옷을 입고 재를 뒤집어썼다. 그것은 사실 패망한 조국으로 인해 바벨론 사람들이 취해야 할 행동이었다. 어쩌면 다니엘의 그런 행위를 보고 그것이 마치 패망한 바벨론 제국의 한 고위 관료의 바벨론을 위한 애국행위로 오해한 사람들이 있었을지도 모른다.

그러나 다니엘은 바벨론 제국의 패망 때문이 아니라 이스라엘 민족의 배도로 인해 베옷을 입고 재를 뒤집어썼다. 다니엘이 베옷을 입고 금식하며 하나님께 간구하기를 결심했던 것이다. 그는 여호와 하나님께 자신의 신앙을 고백하며 간절히 기도했다. 다니엘의 기도는 개인적인 의미를 지닌 기도가 아니라 이스라엘 민족에 대한 대표성을 띠는 구속사적 의미를 지니고 있었다.

다니엘은 먼저 자신이 전지전능하신 하나님을 경외하는 성도임을 고백했다. 그리고 주님께서는 자신을 사랑하고 그 계명을 지키는 백성들을 위해 언약을 지키시며 인자를 베푸는 분임을 믿고 있음을 고백했다. 그는 심중으로부터 우러나는 그런 고백과 더불어 하나님께 간절히 기도했다.

다니엘이 그렇게 기도했던 것은 예레미야를 통해 예언된 이스라엘 민족의 회복에 대한 약속의 말씀과 연관된다(렘 29:13). 그는 하나님께서 이스라엘 백성이 자기에게 기도하며 전심으로 찾는다면 응답할 것이며 찾게 되리라는 약속을 기억했다. 다니엘은 예레미야에게 예언했던 하나님의 그 말씀을 믿고 있었다.

(2) 죄의 자복(9:4-15)

다니엘은 여호와 하나님께 간절히 기도하면서 먼저 이스라엘 민족의 죄를 자복하고 있다. 그것은 개인의 사사로운 죄를 자복하는 것과 성격이 다르다. 예루살렘과 하나님의 거룩한 성전을 패망케 한 원인을 제공한 이스라엘 민족의 죄를 공적인 입장에서 회개했다. 다니엘은 유다 왕국에 속한 백성들이 하나님을 배도한 결과 바벨론에 의해 거룩한 성 예루살렘과 성전이 파괴되고 많은 백성들이 포로로 잡혔던 사실을 기억하며 민족의 죄악을 회개했던 것이다.

다니엘은 이스라엘 민족이 하나님께 범죄하며 패역을 행함으로써 하나님의 법도와 규례로부터 떠났음을 고백했다. 또한 하나님의 선지자들이 주님의 이름으로 열왕들과 지도자들과 조상들과 모든 백성들에게 전한 예언의 말씀을 듣지 않았음을 자복했다. 이스라엘 백성들에게 하나님의 공의가 임하고 저들에게 치욕이 돌아간 것은 저들의 죄악과 배도 행위 때문이었음을 분명히 말했다.

다니엘 당시까지 언약의 백성들이 약속의 땅 가나안으로부터 떠나와 이방 지역에 포로로 잡혀있었던 것은 하나님께 대한 죄악 때문이었음을 그는 알고 있었다. 저들은 과거부터 하나님의 긍휼하심을 가볍게 여겨 도리어 패역하게 되었으며 하나님의 말씀을 귀담아 듣지 않고 선지자들을 통해 허락하신 율법을 행하지 않았다.

이처럼 하나님의 음성에 귀를 막음으로써 저들에게 저주가 임한 것은 모세의 율법에 기록된 것으로 정당한 징계였음을 다니엘은 자복했다. 이스라엘 민족의 지도자들과 예루살렘에 그전에 없었던 큰 재앙이 임하게 되었던 것은 자업자득自業自得이었다. 그런데 모세의 율법에 기록된 내용대로 엄청난 재앙이 임했음에도 불구하고 이스라엘 백성들은 여전히 그 죄악을 떠나지 않았다. 그들은 참된 진리를 깨닫고자 하는 마음을 가지지 않았으며 여호와 하나님의 은혜를 간구하지도 않았던 것이다.

그로 말미암아 하나님께서는 그 재앙을 이스라엘 자손들에게 임하도록 하셨다. 다니엘은 하나님께서 재앙을 내리신 것은 전적으로 이스라엘 백성들의 악행 때문이었음을 자복했다. 더구나 압제받던 이스라엘 민족을 애굽 땅에서 인도해 내심으로써 만천하에 드러낸 하나님의 명성을 도리어 저버리고 그 앞에서 범죄하고 악을 행한 결과 무서운 재앙이 임하게 되었음을 고백했던 것이다.

(3) '예루살렘과 하나님의 거룩한 산'(9:16)

다니엘은 '예루살렘'과 '하나님의 거룩한 산'에 대한 깨달음을 마음 깊이 새기고 살았던 인물이다. 이는 그가 하루 세 번씩 날마다 예루살렘을 향해 기도했던 사실을 통해 분명히 알 수 있다(단 6:10,13). 다니엘이 그렇게 기도했던 것은 단순한 종교적인 감정이 아니라 예루살렘에 연관된 중요한 구속사적 의미를 보여주고 있다.

다니엘이 예루살렘을 향해 기도할 때는 이미 성전이 완전히 파괴되고 없는 상태였다. 성전이 파괴되었다는 사실은 그 안에 아무런 성물聖物들도 없었으며 제사장들에 의한 제사행위도 지속되지 않았음을 말해준다. 당시에는 모든 귀중한 성전 기물들이 바벨론의 이방 지역으로 옮겨져 모독을 당하고 있던 때였다. 그러므로 다니엘은 머지않아 회복되어야할 거룩한 예루살렘을 위해 기도했던 것이다.

> "주여 내가 구하옵나니 주는 주의 공의를 좇으사 주의 분노를 주의 성 예루살렘, 주의 거룩한 산에서 떠나게 하옵소서 이는 우리의 죄와 우리의 열조의 죄악을 인하여 예루살렘과 주의 백성이 사면에 있는 자에게 수욕을 받음이니이다"(단 9:16).

다니엘이 예루살렘을 특별히 기억했던 것은 그곳이 하나님의 거룩한 언약의 성소聖所였기 때문이었다. 여기에서 말하는 성소란 예루살렘 성전과는 다른 특별한 장소적 개념을 지니고 있음을 의미한다. 예루살렘이 하나님의 성소였던 까닭은 하나님께서 그곳을 특별히 지명하여 구속사역을 이루어 가시고자 했던 것과 연관된다.

예루살렘이 특별한 의미를 가지기 시작한 것은 살렘 왕 멜기세덱과 밀접하게 연관되어 있다(창 14:17-24 참조). 멜기세덱은 살렘, 즉 예루살렘에서 왕으로 있으면서 하나님의 구속사역에 참여했던 것이다. 아브라함이 전쟁에서 승리하고 돌아올 때 멜기세덱에게 전리품의 십분의 일을 바친 것은 그와 그의 후손들이 멜기세덱에게 속해 있음을 상징적으로 말해주고 있다. 여기에서 우리가 주의 깊게 기억해야 할 바는 그 가운데 예루살렘의 장소적인 의미가 포함되어 있다는 사실이다.

또한 하나님께서 아브라함에게 약속의 아들인 독자 이삭을 제물로 바치도록 요구하신 장소도 예루살렘이다. 하나님께서는 믿음의 조상 아브라함에게 이삭을 바치는 장소로 예루살렘에 있는 모리아 산을 구체적으로 지정해 주셨다. 아브라함이 그곳을 자신의 독자 이삭을 바치는 장소로 선택했던 것이 아니라 하나님께서 특별히 지정해 주신 것이다.

그때 이후로 예루살렘은 중요한 언약의 장소가 되었다. 이는 모세가 시내광야에서 건립했던 성막이 아브라함의 독자 이삭이 바쳐졌던 바로 그 자리에 정착되어야 했기 때문이다. 하나님께서 이스라엘 왕국의 실제적인 초대 왕이었던 다윗 때 그로 하여금 예루살렘을 정복하게 하시고 그의 아들 솔로몬을 통해 그곳에 성전을 건립하도록 하셨던 것은 매우 중요한 구속사적인 의미를 지닌다.

예루살렘에 하나님의 성전이 건립된 것은 아브라함 언약과 모세 언약이 일차적으로 완성되는 의미를 지니고 있다. 하나님께서 아브라함에게 독자 이삭을 희생 제물로 바치게 했던 바로 그 자리에서 구약시대의 여러 제사장들을 통해 하나님께 거룩한 제물이 바쳐졌다. 또한 모세 시대 이스라엘 백성들이 출애굽하기 직전 애굽에서 있었던 유월절 어린양을 상징하는 제물들이 바로 그 예루살렘 성전에서 바쳐지는 의미를 지니게 되었다.

예수께서 피조물인 인간의 몸을 입고 이 세상에 오셨을 때 세례자 요한이 그를 '세상 죄를 지고 가는 하나님의 어린 양' (요 1:29)으로 묘사한 것과, 그가 십자가에 달려 돌아가심으로써 그의 몸이 예루살렘 성전에 바쳐진 사건은 예언에 대한 성취를 보여주고 있다. 예수 그리스도가 십자가에 달려 죽음으로써 예루살렘 성전 지성소에 바쳐졌음에 대한 증거는 그의 목숨이 끊어질 때 '성전 휘장이 위로부터 아래로 찢어지는 사건' (마 27:51)을 통해 분명히 알 수 있다.

다니엘이 이방 지역에 거주하면서 예루살렘을 향해 난 창문을 열고 그곳을 바라보며 날마다 하나님께 기도했던 것은 이런 의미와 연관된다. 또한 본문 가운데서 예루살렘과 거기 있는 거룩한 산에서 하나님의 진노가 떠나고 원래의 상태를 회복되도록 간절히 기도한 것은 바로 그런 이유 때문이었다.

(4) 이스라엘 민족을 위한 간구(9:16-19)

다니엘은 이스라엘 민족을 위해 용서를 구했다. 예루살렘과 그 거룩한 산에서 하나님의 진노가 떠나게 해달라고 간구했다. 그는 이방 지역에서 치욕을 당하고 있는 이스라엘 백성들을 기억해 하나님의 공의를 좇아 그것이 이루어지도록 간절히 기도했다. 그러면서 다니엘은 하나님의 은혜를 구하고 있다. 주님의 얼굴빛이 황폐하게 된 성소인 예루살렘에 비쳐지기를 기도했다.

거룩한 성 예루살렘과 택하신 주의 백성이 본분을 떠나 치욕받는 것을 안타깝게 여기는 다니엘의 기도는 간절했다. 그 기도의 내용은 언약의 민족인 이스라엘 백성의 황폐한 상황과 하나님께서 특별히 세우신 예루살렘 성을 회복시켜 달라는 것이었다. 그것은 결코 범죄한 이스라엘 민족의 의義를 의지해서 이루어질 수 없는 일이며 오로지 하나님의 큰 긍휼을 의지할 수밖에 없음을 고백했다. 다니엘은 그 일을 지체치 말고 응답해주시도록 하나님께 간구했다. 그는 그것이 거룩한 하나님의 이름을 위해서라는 사실을 고백했다.

"주여 들으소서 주여 용서하소서 주여 들으시고 행하소서 지체치 마옵소서 나의 하나님이여 주 자신을 위하여 하시옵소서 이는 주의 성과 주의 백성이 주의 이름으로 일컫는바 됨이니이다"(단 9:19).

우리는 다니엘의 기도 가운데 이 부분을 특별히 눈여겨보아야 한다. 그는 예루살렘 회복과 이스라엘 민족의 죄악에 대한 용서를 지체치 말고 들어달라는 기도를 하고 있다. 이는 단순한 종교적인 열망이 아니라 이스라엘 민족의 바벨론 포로생활이 '칠십 년' 기한을 눈앞에 두고 있었기 때문이다. 즉 다니엘은 하나님께서 선지자 예레미야를 통해 예언하신 내용을 기억하며 그 의미를 구체적으로 깨닫고 있었던 것이다.

그리고 그가 이스라엘 민족과 예루살렘의 회복을 위해 기도하는 것이 이스라엘 민족의 고통을 감하기 위해서라는 점에 앞서 하나님의 거룩한 이름을 위해서임을 분명히 고백하고 있다. 즉 이스라엘 백성을 위해서가 아니라 거룩하신 하나님 자신을 위해 그렇게 해 주시도록 간구했다. 그렇게 함으로써 저들은 하나님께서 택하신 언약 백성들이 하나님의 이름으로 일컫게 된다는 것이었다.

다니엘은 바벨론 제국의 패망이 예루살렘 회복과 성전재건에 관한 하나님의 약속과 연관되어 있음을 깨달아 알고 있었다. 하나님의 율법과 선지자들의 예언에 충실했던 다니엘이 바벨론의 멸망과 새로운 왕국의 발흥을 보며 하나님의 약속의 때가 눈앞에 바짝 다가와 있다는 사실을 깨달았던 것이다.

4. '바벨론 포로 칠십 년' 의 기간

예레미야가 예언한 이방 포로기간 칠십 년은 BC 605년부터 BC 536년까지를 의미하는 것으로 보인다. 바벨론 제국의 느부갓네살 왕은 BC 605년 예루살렘 성을 침공하여 유다 왕국을 굴복시킨 후 많은 사람들을 포로로 잡아가게 된다. 그때 포로로 잡혀간 사람들 가운데는 다니엘이 섞여 있었다.

바벨론 제국은 이스라엘 백성들을 포로로 잡아갔을 뿐 아니라 그때부터 유다 왕국의 정치에 직접 개입하게 되었다. 느부갓네살은 유다의 왕을 임의로 폐위시키고 임명하는 지경에 이르렀다. 예루살렘과 하나님의 성전이 아직 완전히 파괴된 것은 아니었지만 유다 왕국은 사실상 바벨론 제국의 속국이나 다름이 없는 형편이었다.

바벨론의 느부갓네살 왕은 BC 597년에 이스라엘 백성들을 또다시 포로로 잡아갔는데 그 가운데는 선지자 에스겔이 포함되었다. 국력이 극도로 쇠약해지고 하나님의 선민으로서 가지고 있던 민족적 자존심이 극도로 상한 일부 이스라엘 백성의 지도자들은 바벨론 제국에 등을 돌리고 애굽의 도움을 요청하기에 이르렀다. 사실상 그것이 빌미가 되어 바벨론 제국은 예루살렘을 침공해 결국 하나님의 거룩한 성전을 파괴하고 성벽마저 허물어버렸던 것이다.

예레미야가 예언한 바벨론에서의 칠십 년 포로 기간은 BC 605년부터 계산되는 것이 옳다. 그로부터 칠십 년 후는 대략 BC 536년이 된다. 역사가 말해주고 있는 바대로 바벨론 제국은 BC 539년 메대의 다리오 왕에 의해 패망당하게 되며, 그후 538년 페르시아 제국의 고레스 왕에 의해 유대인들의 본토 귀환이 허용된다.[63]

본토 귀환이 허용된 후 이스라엘 백성들은 즉시 본토로 돌아간 것이 아니라 얼마동안의 준비 기간이 필요했다. 그들이 살고 있던 집과 토지를 비롯한 소유물들을 처분하고 귀환을 원하는 자들의 전체적인 명단을 작성하고 정리하는 데 몇 년은 걸릴 수밖에 없었다. 그러므로 이스라엘 백성들이 실제로 약속의 땅 가나안 본토에 귀환한 연대는 BC 536년 정도로 이해할 수 있다.

이는 고레스 왕이 특별히 친親 유대적인 성향을 지녔다는 말이라기보다 신흥 페르시아 제국의 관용정책의 일환으로 보아야 한다. 그는 바벨론 제국이 시행했던 강압정책을 잘 알고 있었기 때문에 일종의 차별정책을 폄으로써 피지배 민족들로부터 환심을 사고자 했다. 그리고 포로로 잡혀온 종족들에 대한 고레스 왕의 귀환허용 칙령은 유대인뿐 아니라 다른 종족 사람들에게도 영향을 미쳤다. 물론 그 가운데는 하나님의

---

63 다리오 왕과 고레스 왕의 관계에 관한 문제에 대해서는 다니엘서 6장 마지막에서 설명한 내용을 참조하기 바란다. 그리고 이스라엘 민족의 포로귀환은 BC 536년 스룹바벨의 인도로 이루어지는 제1차 귀환과 BC 458년 에스라에 의한 제2차 귀환, 그리고 BC 445년 느헤미야에 의한 제3차 귀환이 있었다.

놀라운 경륜이 작용하고 있었던 것이 분명하다.

하여튼 우리가 이해해야 할 바는 예레미야가 예언한 이방 포로 칠십 년의 기간이 BC 605년에서부터 536년까지라는 사실이다. 그리고 우리는 바벨론 제국이 멸망하고 메대-페르시아가 정권을 장악하던 시기의 정치적 중심에 서 있던 다니엘이 그에 대한 깨달음을 가지게 되었다는 사실을 마음깊이 새겨야 한다. 거기에는 선지자를 통한 하나님의 뜻과 더불어 바벨론 포로 칠십 년에 대한 예언과 성취가 그대로 드러나 있기 때문이다.

5. 본받아야 할 다니엘의 삶과 기도

다니엘은 하나님 나라에 속한 믿음의 선배였다. 그는 모세의 율법과 선지자들의 예언에 충실한 자세를 지니고 있었다. 그에게 있어서 가장 중요한 것은 하나님과 그의 성소를 통한 하나님의 뜻이 이루어지는 것이었다. 그 모든 일들이 언약의 백성인 이스라엘 민족을 통해 성취되어 간다는 사실을 깨닫고 있었다.

그는 결코 이 세상의 권력과 명예에 집착하는 인물이 아니었다. 그럼에도 불구하고 다니엘은 바벨론 제국과 메대-페르시아 제국에서 최고위 공직자를 지낸 사람이었다. 바벨론 제국은 유다 왕국을 패망시킨 이스라엘 민족의 원수였다. 그점에 있어서는 다니엘에게도 마찬가지였다. 바벨론은 예루살렘과 하나님의 거룩한 성전을 파괴했을 뿐 아니라 성전 기물들을 바벨론으로 강탈해와 더러운 이방신전에 둠으로써 하나님을 모독했다. 나아가 이스라엘 민족을 포로로 잡아와 저들의 관할 아래 두고 엄청난 핍박을 가했다.

그런 원수의 왕국에서 다니엘은 최고의 공직자로 지냈다. 나아가 바벨론 제국이 패망한 후에는 뒤이어 신흥강국으로 부상한 페르시아 제국의 최고위 관료가 되었다. 그것 역시 일반적인 관점에서 본다면 한 나라의 충신이 취할 자세가 아니었다. 그렇지만 다니엘은 메대-페르시아 정부의 제안을 거절하지 않고 수용했다.

우리는 다니엘의 그런 정치적인 자세를 통해 그의 관심은 세상 왕국이 아니라 하나님의 나라에 있었음을 엿보게 된다. 그에게는 세상에서 누리는 지위 따위에는 본질적인 관심이 없었다. 형편과 여건에 따라 세속 왕국의 정치와 행정에 가담했으나 그것 자체에 특별한 의미를 부여하지 않았다. 도리어 그 모든 것들이 하나님께서 자신의 거룩한 왕국과 이스라엘 민족을 위한 경륜 가운데 들어 있다는 사실을 깨닫고 있었다.

그러한 다니엘이었기에 이스라엘 민족의 바벨론 포로생활 칠십 년을 앞두고 약속에 따라 하나님께 간절히 기도하게 되었다. 그는 자신의 죄와 개인적인 문제 해결을 위해서가 아니라 이스라엘 민족의 회복과 더불어 하나님의 뜻이 이루어지도록 간구했다. 다니엘은 그 모든 일들이 하나님 자신을 위한 것이어야 함을 명확하게 깨닫고 있었다. 그 가운데는 메시아에 관한 하나님의 뜻을 염두에 두고 있었음이 분명하다.

오늘날 우리 시대의 성도들 역시 다니엘의 신앙 자세를 본받아야 한다. 우리는 개인의 죄를 자복하며 개인적인 문제 해결을 위한 기도에 머물지 말아야 한다. 다니엘이 이스라엘 민족을 위해 기도했던 것처럼 우리 역시 예수 그리스도의 사역을 통해 지상에 세워진 하나님의 몸된 교회를 위해 기도해야 하며, 그 모든 것들이 인간들의 욕망을 위해서가 아니라 거룩한 하나님 자신을 위해 이루어져 가도록 간구해야 한다.

제12장
"칠십 이레"

(단 9:20-27)

1. 다니엘이 한 기도의 본질(9:20)

다니엘은 '이스라엘의 회복'에 대한 하나님의 뜻을 염두에 두고 간절히 기도했다. 그는 하나님께서 이스라엘 민족과 예루살렘의 회복을 위해 모든 것을 작정하고 계신다는 사실을 알고 있었다. 그러므로 다니엘의 기도 내용은 '이스라엘 민족'과 '예루살렘의 거룩한 산'을 위한 것이었다.

다니엘은 하나님의 은총을 바라며 간절하게 기도하는 가운데 먼저 하나님 앞에서 모든 죄를 자복하고 회개해야만 했다. 그것은 단순히 개인적인 죄의 문제에 국한되는 것이 아니라 이스라엘 민족에 관한 문제였다. 다니엘이 그와 더불어 자신의 죄를 자복한 것은 그가 실제로 지은 구체적인 죄라기보다 이스라엘 민족에 속한 백성으로서 그의 죄도 함께 존재한다는 의미이다.

이는 오늘날 우리에게도 매우 중요한 점을 시사하고 있다. 우리 가운데 어느 누구도 자신은 죄와 무관하다고 말할 수 없다. 이는 일반적인 관점에서 '의인'은 하나도 없으며 모든 인간은 '죄인'이라고 말하는 것과는 그 의미가 다소간 다르다. 아담의 자손인 모든 인간은 당연히 죄인일 수밖에 없다.

하지만 그와 더불어 우리가 분명히 깨달아야 할 점은 죄의 집단성에 관한 문제이다. 다니엘은 의인64이자 믿음의 조상으로서 설령 큰 죄가 없이 살았다 할지라도 하나님을 욕되게 한 이스라엘 민족에 속해 있는 한 그 역시 죄에 참여한 것이 된다. 즉 다니엘은 자기와 이스라엘 민족을 분리시키지 않았던 것이다.

우리 역시 이와 마찬가지다. 개인적인 윤리를 앞세워 의인이 될 사람은 이 세상에 아무도 없다. 또한 올바른 교회의 자리를 벗어나 혼자 의로워질 수 있는 것도 아니다. 아무리 자기 관리를 잘하고 최선을 다해 신앙생활을 한다할지라도 자기가 속한 교회가 하나님을 떠난 위치에 있다면 다른 악한 자들과 동일한 범죄를 저지르게 되는 것이다.

다니엘은 죄를 회개하면서 자신의 죄와 이스라엘 민족의 죄를 동시에 자복했다. 그는 그 죄를 자복함으로써 단순히 개인적인 신앙의 결심을 한 것이 아니었다. 만일 그런 의미에 국한된다면 그것 역시 개인의 종교적인 목적을 추구하는 한 방편이 될 우려가 있다. 다니엘은 메시아를 보내기 위해 특별히 선택된 이스라엘 민족과 언약의 도성인 예루살렘의 회복을 위해 하나님께 간절히 기도했다.

---

64 다니엘과 동시대에 살면서 하나님의 말씀을 예언했던 에스겔 선지자는 하나님의 계시를 통해 다니엘이 의인이었음을 증거하고 있다: "비록 노아, 다니엘, 욥이 거기 있을지라도 나의 삶을 두고 맹세하노니 그들은 자녀도 건지지 못하고 자기의 의로 자기의 생명만 건지리라 나 주 여호와의 말이니라 하시니라"(겔 14:20).

2. 하나님의 응답(9:21-23)

선지자 다니엘이 간절히 기도할 때 하나님께서 그의 기도에 응답하셨다. 일상적인 저녁 제사를 드리는 시간 즈음 그가 기도하는 동안 앞서 나타났던 가브리엘 천사가 급하게 그에게 다가왔다. 가브리엘은 다니엘에게 와서 앞뒤 정황을 설명하며 하나님의 뜻을 전했다. 당시는 이스라엘 민족이 '포로생활 칠십 년' 이후에 본토로 귀환하게 되리라는 사실을 다니엘이 확정적으로 알고 있던 때였다.

가브리엘은 다니엘에게 자신이 온 목적은 지혜와 총명을 주기 위해서라는 사실을 먼저 밝혔다. 그는 또한 다니엘이 하나님의 은총을 크게 입은 자임을 언급했다. 이는 이스라엘 민족의 선지자이자 당시 가장 중요한 지도자로서 다니엘이 반드시 알아야 할 구속사적인 내용이 있음을 시사하고 있는 것이다. 다니엘은 가브리엘을 통해 말씀하시는 하나님의 계획을 그냥 수동적으로 듣기만 했을 따름이다.

하나님께서는 다니엘에게 '70이레'와 앞으로 오시게 될 메시아에 관한 예언의 말씀을 주셨다. 메시아에 관련된 예언은 이스라엘 민족이 가진 가장 본질적이며 중요한 의미이다. 다니엘에게 특별히 그 말씀이 주어진 것은 이제 바벨론 포로에서 해방되어 가나안 땅 본토로 돌아가게 되는 것에 대한 진정한 의미가 무엇인지 깨닫도록 하기 위함이었다.

다니엘서의 70이레는 단순한 역사적 전개가 아니라 그리스도 중심으로 이해해야 한다. 이스라엘 백성들의 본토 귀환은 결코 자유로운 삶의 획득을 위한 것이 아니었다. 즉 귀환의 근본적인 목적은 저들의 독립적이고 풍요로운 삶을 구현하기 위한 것이 될 수 없었다. 이방민족의 압박과 설움으로부터 해방되어 자유로운 삶을 누리는 것이 저들의 목적이 아니었던 것이다.

하나님께서는 다니엘에게 그점을 분명히 알려 주셨다. 이는 비록 다니엘뿐 아니라 모든 이스라엘 민족이 깨달아야 할 중요한 문제이다. 이스라엘 민족의 본분은 하나님께서 지정하신 예루살렘과 그 가운데 세우신 성전을 통해 이땅에 하나님의 아들이신 메시아가 오심을 준비하는 것이었다.

이스라엘 민족이 바벨론 포로생활 칠십 년을 마친 후 본토로 귀환하게 되면 장차 그곳을 배경으로 하여 새로운 하나님의 왕국이 세워지게 된다. 하나님께서는 그에 대한 것을 알려주시기 위해 특별히 70이레에 관한 예언의 말씀을 다니엘에게 주셨다. 이제 이스라엘 민족은 그 의미를 마음속 깊이 품고 살아가야 한다.

그렇지만 그에 관한 모든 내용을 분명하게 이해하는 것은 쉽지 않다. 특히 연대에 관한 문제는 더욱 그렇다. 이는 하나님께서 상징적인 의미와 더불어 그것을 계시하셨기 때문이다. 한편 생각하면 인간들에게 구체적인 내용을 연대기적인 비밀의 영역에 가두어 둠으로써 겸손한 삶을 요구하셨음을 기억할 수 있다. 하나님께서 다니엘서에 기록된 말씀을 마지막까지 간수하고 봉함하도록 하신 것(단 12:9)에는 그런 의미가 함유되어 있다.

그러나 70이레에 관한 예언을 소유한 하나님의 백성들은 그에 대한 궁금증을 가지지 않을 수 없다. 다니엘 이후의 구약시대 성도들은 물론 오늘날 우리 역시 마찬가지다. 주의해야 할 점은 우리의 궁금증을 해소하기 위해 무리하게 해석하여 단정적으로 확정지으려는 태도이다. 우리는 깊은 관심을 가지고 성경의 범위를 벗어나지 않는 범위 안에서 다양한 해석을 시도하되 모든 것을 확정지으려 해서는 안 된다.

우리가 하나님 앞에서 겸손한 자세를 유지하는 가운데 70이레에 연관된 해석을 시도한다면 그것 자체로 우리에게 놀라운 은혜의 방편이 될 수 있다. 그럼에도 불구하고 무리한 해석을 하는 가운데 자기 주장을 확정지으려는 사람들이 역사 가운데 많이 있었음을 부인할 수 없다. 하나님을 진정으로 경외하는 교회와 그에 속한 성도들은 겸손한 자세를 견지함으로써 그 말씀을 통해 놀라운 하나님의 섭리와 경륜을 깨달아가야 한다.

또한 우리가 염두에 두어야 할 점은 다윗 왕국을 잃은 이스라엘 백성들에게는 다니엘의 70이레에 관한 예언이 커다란 소망이 되었을 것이 분명하다는 사실이다. 따라서 다니엘 이후의 구약시대 성도들이 70이레의 의미에 깊은 관심을 기울였을 것은 틀림없다. 나아가 선지자들과 민족 지도자들은 그에 더욱 민감한 관심을 기울였을 것이다.

다니엘과 동시대 인물이었던 에스겔을 비롯해 그후에 살았던 학개, 스가랴, 말라기 등 선지자들은 물론 스룹바벨, 여호수아, 에스라, 느헤미야 등 온전한 신앙을 가졌던 모든 이스라엘 민족의 지도자들은 그것의 의미를 깊이 상고했을 것이 틀림없다. 아마 그들은 숫자적인 의미에도 상당한 관심을 기울였을 것이다. 비단 정확한 연대를 산정하여 알지 못한다 할지라도 그에 대한 관심을 가지지 않을 수는 없었다.

그들은 '예루살렘을 중건하라'(단 9:25)는 페르시아 제국의 왕명王命뿐 아니라 그 명령이 있었던 시기를 기억하고 있었을 것으로 여겨진다.[65] 하여튼 다니엘의 70이레 예언은 구약시대 성도들뿐 아니라 오늘날 우리에게도 매우 중요한 의미를 지니고 있음을 기억하지 않으면 안 된다.

---

65 오늘날 우리는 당시 반포되었던 정치적 문서나 외교적 상황을 계시된 하나님의 말씀에 의존할 수밖에 없다. 하지만 그 시대에 살던 사람들은 현실을 통해 일어나는 실상들을 잘 알고 있었을 것이다. 나아가 후세에 살고 있는 우리는 성경이 모든 역사들을 빠짐없이 기술한 것이 아닌 만큼 성경에 기록되지 않았으나 실제로 발생했던 사건과 칙령들이 상당히 많이 있었음을 염두에 두어야 한다.

3. '칠십 이레'의 기한(9:24-27)

다니엘서의 70이레에 관해서는 오래 전부터 다양한 해석들이 있어
왔다. 그것을 전적으로 상징적인 관점에서 해석하는 자들이 있는가 하
면 구체적인 연대를 분명히 제시하는 세대주의적 입장을 가진 자들도
있다. 또한 자유주의자들은 그 내용을 하나님의 계시로 보지 않고 단순
한 문학적 상징으로 이해하는 자들도 없지 않다.

하지만 우리는 70이레에 관한 상징적 의미와 더불어 연대기적 접근
을 해야 한다. 이는 이스라엘 백성들이 그 연대를 손꼽아 계산하며 하나
님의 메시아를 기다렸기 때문이다. 그것이 하나님의 자녀들로 하여금
힘든 여건 가운데서 긴장을 늦추지 않은 채 계시된 그 말씀이 이루어지
기를 간절히 소망하는 원천이 되었다.

하나님께서 '70이레'로 기한을 정하셨음을 다니엘에게 알려주신 것
은 이스라엘 민족을 위한 은혜였다. 그때가 완료되면 모든 허물과 죄가
끝나며 죄악이 용서받게 된다고 말씀하셨다. 그리고 하나님의 영원한
의가 드러나며 지극히 거룩한 자가 기름부음을 받게 되리라는 말씀을
하셨다.

> "네 백성과 네 거룩한 성을 위하여 칠십 이레로 기한을 정하였나니
> 허물이 마치며 죄가 끝나며 죄악이 용서되며 영원한 의가 드러나며 이
> 상과 예언이 응하며 또 지극히 거룩한 자가 기름부음을 받으리라"(단
> 9:24).

여기에서 관심을 기울여야 할 바는 이 말씀이 메시아 예언이라는 사
실이다. 하나님께서는 인간의 역사를 끝없이 진행시키시는 것이 아니라
최후에는 공의로운 심판과 더불어 마감하시게 된다. 따라서 정한 기한
이 이르면 인간의 죄를 해결하게 되는 영원한 의가 드러나며 지극히 거

룩한 자가 기름부음을 받게 된다.

이것은 사실 불신자와 배도자들에 대한 심판과 더불어 한편으로는 하나님의 백성들에 대한 구원을 선포하고 있다. 이방인의 포로로 사로잡혀 신음하다가 하나님의 은혜로 말미암아 본토에 돌아가는 이스라엘 백성들에게는 이 말씀 자체가 소망과 기쁨이 되었다. 그전에 여러 선지자들과 다니엘에게 보여주셨던 모든 이상들과 예언들이 때가 이르면 반드시 성취된다는 사실은 궁극적인 소망이 되지 않을 수 없다.

위 본문 말씀 가운데서 또 하나 분명히 기억해야 할 바는 '지극히 거룩한 자'에 관한 이해이다. 그는 기름부음을 받음으로써 지극히 거룩한 자가 되는 것이 아니라 원래부터 지극히 거룩한 자라는 사실이 명시되어 있다. 그 거룩한 자가 장래 70이레로 정한 때가 이르면 기름부음을 받게 되는 것이다.

이는 두말할 나위 없이 하나님의 아들 예수 그리스도를 가리키는 것으로 이해해야 한다. 그는 사실 이미 다니엘서에 기록된 여러 예언들 가운데 상징적인 의미와 더불어 숱하게 등장하셨던 분이다.

'느부갓네살의 금신상을 파괴한 손으로 하지 않은 뜨인 돌', '사드락과 메삭과 아벳느고의 용광로에 나타나셨던 사람의 아들 같은 분', '벨사살의 왕궁 벽에 나타났던 손가락의 주인', '다니엘의 사자굴에 나타나셨던 인자 같은 이'가 곧 '지극히 거룩한 자' 곧 '하나님의 아들 그리스도'이시다.

성경에 예언된 메시아가 실제로 이 세상에 오셔서 기름부음을 받음으로써 왕이 되어 자기 백성들을 다스리게 된다는 것은 이스라엘 민족에 있어서 최상의 소망이 아닐 수 없다. 그런데 우리의 궁금증을 자극하는 것은 70이레의 의미와 그 기한이다. 우리는 여기서 예수님 당시 예루살렘 성전 파괴에 대한 예수님의 말씀을 듣고 종말의 시기에 대해 궁금해하던 제자들과, 부활하신 주님이 승천하시기 전 재림의 때와 기한에 대한 궁금증을 가졌던 제자들을 기억한다.

이처럼 다니엘서에 예언된 70이레의 기간에 대해서도 많은 사람들이 관심을 가지지 않을 수 없었다. 그런데 문제는 아무도 그에 대한 정확한 연대를 산정할 수 없다는 엄연한 사실이다. 이는 때와 기한에 대해 궁금해하던 제자들에게 그것은 하나님께 속한 것이라고 답변하셨던 주님의 말씀을 떠올리게 한다.

하지만 다니엘의 예언 가운데는 '70이레' 라는 구체적인 연수를 제시하고 있기 때문에 연대 추정에 더욱 깊은 관심을 기울이게 된다. 우선 우리는 그것을 통해 하나님의 놀라운 섭리와 경륜에 대한 구체성을 깨달아야 한다. 즉 그것이 일반적인 상징에 머무르지 않고 그 가운데 구체적인 의미가 들어있다는 것이다. 따라서 필자는 나름대로 70이레에 대한 연대를 추정 계산하며 계시된 말씀의 의미를 생각해 보고자 한다.

거듭 밝히지만 필자가 성경의 전체적인 역사를 기억하며 연대를 제시함에도 불구하고 연대 자체의 정확성과 그에 대한 확정을 짓고자 하는 것은 아니다. 단지 역사 가운데 개입하시는 하나님의 경륜을 주의 깊게 더듬어 봄으로써 하나님의 구속사적인 은혜를 깨닫고자 하는 것이 원래의 목적이다. 다시 말해 연대를 정확하게 알 수 없다고 해서 연대기 자체에 무관심해서는 안 된다는 사실을 우리가 기억해야 하는 것이다.

이미 성취된 과거 역사와 더불어 이를 더듬어보기 위해 바벨론에 의한 유다 왕국의 패망과 포로생활 70년, 그리고 그후 본토 귀환과 함께 전개되는 연대기적 순서를 기억하는 것은 매우 중요하다. 또한 예수 그리스도의 탄생 및 공 사역과 예루살렘 성전의 최종적인 파괴 연대를 기억해야 한다. 물론 그 가운데는 이스라엘 민족과 예루살렘 및 거룩한 하나님의 성전이 소유한 구속사적 의미가 들어 있다. 우리가 반드시 기억

해야 할 그에 대한 대략적인 연대는 다음과 같다:

BC 605년 예루살렘은 바벨론 제국의 느부갓네살 왕에 의해 침공을 받아 많은 유대인들이 바벨론으로 사로잡혀 갔다. 또한 BC 597년에는 바벨론이 두 번째로 예루살렘을 침공해 또다시 백성들을 포로로 잡아갔다. 그리고 BC 586년 예루살렘은 느부갓네살의 군대에 의해 함락되었으며 성벽은 완전히 허물어졌다. 또한 성전은 파괴되어 그 안에 있던 거룩한 성전 기물들이 바벨론으로 옮겨졌으며 유다 왕을 비롯한 많은 백성들은 처참한 상태에서 이방의 포로로 잡혀갈 수밖에 없었다.

그렇지만 예레미야 선지자를 통해 '포로생활 70년'이 예언된 바대로 예루살렘과 거룩한 하나님의 성전을 파괴했던 바벨론 제국은 BC 539년 메대 왕국의 다리오 왕에 의해 패망하게 된다. 뒤이어 BC 538년에는 유대인들을 포함한 속민屬民들의 귀환 허용이 포함된 '고레스 왕의 칙령'이 선포되었다. 그에 따라 BC 536년[66] 이스라엘 민족은 스룹바벨의 인도로 제1차 귀환이 이루어졌으며, BC 458년 에스라에 의한 제2차 귀환, 그리고 BC 445년 느헤미야에 의한 제3차 귀환이 진행되었다.

그 기간 중에 중요한 구속사적 사건들이 많이 일어났다. 스룹바벨의 인도 아래 본토로 귀환한 이스라엘 백성들이 가장 먼저 한 일은 예루살렘 성전의 재건이었다. 그들은 많은 반대에 부딪치면서 일시적으로 공사가 중단되었지만 그 일을 완전히 포기하지는 않았다. 결국 성전공사는 바벨론 제국을 무너뜨린 다리오 왕과 동명이인同名異人이었던 다리오 1세(BC 522-486)가 통치할 때인 BC 520년경 스룹바벨과 여호수아에 의

---

[66] 다수 학자들은 BC 538년에 스룹바벨의 인도하에 제1차 귀환이 이루어진 것으로 주장하지만, 앞에서 설명한 것처럼 집과 토지 등의 처분과 더불어 귀환 자원자 및 그에 대한 명단 확인을 위한 기간을 감안하면 BC 536년을 제1차 귀환 연도로 이해하는 것이 자연스럽다.

해 재개되었다(학 1:14,15). 그리고 그 성전은 다리오 1세 왕의 즉위 6년인 BC 515년 경 봉헌하게 되었다(스 6:15,16).

또한 페르시아 제국의 아닥사스다 왕은 BC 458년 이스라엘 민족의 종교지도자였던 에스라에게 본토 귀환을 원하는 자들을 인도해 가도록 조서詔書를 내림으로써 두 번째 귀환이 이루어졌다(스 7:11-13). 그런데 왜 왕은 그런 특별한 조서를 내렸을까? 그것은 아마도 쉽게 동화되지 않는 유대민족주의자들 때문이었을 것이다. 우리가 쉽게 알 수 있는 점은 적어도 그것이 유대인들을 위한 것이라기보다 페르시아 제국을 위한 정책이었다는 사실이다. 그 가운데 하나님의 놀라운 경륜이 들어 있었던 것이다.

학사 겸 제사장이었던 에스라는 본토로 귀환해 이스라엘 백성들에게 하나님의 율법을 교육하고 영적 회복운동을 일으키기 위해 애썼다. 이는 사실 매우 중요한 의미를 지닌다. 그것은 페르시아 제국의 법보다 모세를 통해 허락된 이스라엘 민족의 법을 우선시하겠다는 것이었기 때문이다.

BC 445년 페르시아 왕은 총독 느헤미야에게 예루살렘의 중건을 명령했다. 그리하여 무너진 성곽을 건축하게 된다(느2:7-9). 그리하여 이스라엘 백성들은 무너진 예루살렘 성벽과 성문을 보수하며 건축하게 되었다. 그런데 페르시아 왕은 왜 그런 명령을 내렸을까? 분명한 사실은 페르시아 제국이 그에 연관된 정책적인 목적을 가지고 있었을 것이라는 점이다. 따라서 페르시아와 유대인들은 동일한 사안을 두고 서로 전혀 다른 생각을 하는 동상이몽을 꾸고 있었다.

우리는 세 차례에 걸쳐 포로 생활에서 귀환하는 이스라엘 백성들의 활동을 통해 예루살렘 성전 재건 – 율법 교육 – 성벽 중건의 도식을 보게 된다. 거기에는 하나님의 언약과 연관된 중요한 메시지가 들어 있다.

그런 과정을 통해 허물어진 이스라엘 민족의 정체성이 다시금 확립되어 갔다. 그 가운데는 신앙적인 삶을 회복하는 언약 백성들을 통해 메시아가 선포되고 있었다.

또한 우리가 분명히 기억해야 할 것은 예수 그리스도의 탄생과 공 사역, 그리고 그에 대한 완성의 의미를 지니고 있는 예루살렘 성전의 최종 파괴 연대이다. 예수님은 BC 4년경 탄생하여 AD 26년경 공 사역을 시작하셨다. 그후 AD 30년경 십자가와 부활 사역을 마치고 승천하셨다. 그로부터 40년 정도 지난 AD 70년에 예루살렘 성전은 로마인들에 의해 완전히 파괴되었다.

이제 우리는 다니엘이 예언한 70이레에 관한 의미와 더불어 위에 기술한 연대기를 배경으로 하여 70이레의 예언에 구체적으로 접근해 보아야 할 필요가 있다. 가브리엘 천사는 다니엘에게 70이레에 관한 역사적인 의미와 더불어 연대에 관한 내용을 설명해 주었다. 그는 70이레의 시작과 끝에 관한 언급과 함께 메시아 예언을 했던 것이다.

> "그러므로 너는 깨달아 알지니라 예루살렘을 중건하라는 영이 날 때부터 기름부음을 받은 자 곧 왕이 일어나기까지 일곱 이레와 육십 이 이레가 지날 것이요 그때 곤란한 동안에 성이 중건되어 거리와 해자가 이룰 것이며"(단 9:25).

우리는 여기에서 몇가지 중요한 내용들을 생각해 볼 수 있다. 그것은 우선 70이레의 시작이 예루살렘 중건 명령이 날 때부터 시작된다는 사실이 예언되었다는 점이다. 그렇다면 예루살렘 중건 명령은 언제 내려졌는가? 만일 그에 대한 사실적 해석이 분명하다면 아무런 이론이 있을 수 없다. 그러나 그에 대해서는 다양한 신학적인 견해들이 있었다.

그중 하나는 BC 538년 고레스 왕의 귀환 칙령이 내려질 때 이미 예루살렘 중건 명령이 포함되었다는 주장이다. 그러나 그 견해는 받아들이기 쉽지 않다. 왜냐하면 스룹바벨과 함께 본토로 귀환한 유대인들은 예루살렘을 중건했던 것이 아니라 예루살렘 성전을 재건했기 때문이다. 당시 정치적 여건을 감안한다면 지배국의 왕이 예루살렘 중건을 명령했는데 귀환자들이 그것을 어기고 예루살렘 성전을 건립한 것으로 보기 어렵다. 아마 고레스 왕은 귀환만 명령했을 뿐 구체적인 내용에 대한 지시는 하지 않았던 것으로 보인다.

그래서 다수의 학자들은 BC 445년을 70이레가 시작되는 시점인 예루살렘 중건명령이 있었던 해로 간주한다. 이는 아닥사스다 왕이 조서를 내려 유다 총독 느헤미야에게 예루살렘 중건에 관한 명령을 내렸기 때문이다. 이것은 느헤미야서 2장에 기록되어 있는 내용을 근거로 하고 있다.

그렇다면 우리가 그 연대를 다니엘서에 기록된 페르시아 왕의 예루살렘 중건명령과 동일한 것으로 확정지어 이해할 수 있을까? 혹 성경에 기록되지 않았지만 역사적으로 또 다른 시기에 그와 유사한 명령이 있었던 것으로 볼 수 없는가? 조심스런 견해이지만 필자는 BC 445년의 중건명령에 앞서 BC 487년경에 그 명령이 있지 않았을까 하는 짐작을 해본다. 그에 대해서는 몇가지 이유가 있다.

우선 BC 536년 이스라엘 백성들의 제1차 본토 귀환이 있은 지 거의 백년이 지난 BC 445년에 예루살렘 중건을 처음으로 명령한다는 것은 그 공백 기간이 너무 길다. 우리는 예루살렘 성전이 재건되고 봉헌된 것이 BC 515년이었던 사실을 기억한다. 그렇다면 그로부터 그리 멀지 않은 때에 어떤 이유에서든지 예루살렘 중건 명령이 내려졌던 것으로 보는 것이 자연스럽다.

또한 페르시아 제국과 연관된 당시 국제적인 정세를 살펴볼 필요가 있다. 예루살렘 성전 재건이 완성되고 봉헌할 시기의 왕은 페르시아의 다리오 1세 왕이었다. 그는 호전적인 인물로서 BC 492년 그리스를 공격하여 페르시아 전쟁을 일으키게 된다. 그의 군대는 에게해 북쪽 바다를 건너 '트라키아'를 공격하지만 거센 폭풍으로 인해 실패의 쓴잔을 마셨다. 그는 BC 490년 또다시 에게해를 지나 그리스에 대한 공격을 시도하지만 또다시 실패하고 말았다.

당시 다리오 1세는 동쪽으로 상당히 넓은 영토를 확장했다. 그리고 서쪽 세계를 향한 정복 야망을 가졌던 그는 몇차례의 원정 시도에도 불구하고 그 뜻을 이룰 수 없었다. 그가 죽고 난 후 크세르크세스 1세가 왕위에 오른 후 다시 한번 그리스에 대한 공격을 감행하지만 역시 실패하고 만다. 페르시아 군대는 BC 480년 살라미스 전투에서 패배하고 페르시아 원정이 실패로 돌아감으로써 소아시아 지역의 많은 도시들을 잃게 되었다.

이 과정에서 다리오 1세의 정략적 태도와 하나님의 경륜에 대한 생각을 해보게 된다. 우선 다리오 1세는 BC 492년과 490년 두 차례에 걸쳐 그리스 공격에 실패했지만 여전히 자신감을 버리지 않았다. 그는 군대를 재정비해서 그리스를 공격하고자 하는 야망을 품고 있었다.

두 차례의 그리스 원정을 실패한 후 다리오 1세는 그리스의 동향과 독특한 민족성을 지닌 유대인들의 움직임을 주시하지 않을 수 없었다. 우리가 관심을 가져야 할 내용은 그가 예루살렘 중건을 '명령'했다는 사실이다. 즉 그는 예루살렘 중건을 '허락'한 것이 아니라 '명령'했다. 그것은 명령을 받는 자들의 입장에서는 싫어도 하지 않을 수 없는 강압적인 일이다. 만일 그렇다면 다리오 1세는 무엇 때문에 유대인들에게 예루살렘 중건을 명령했을까?

우리가 짐작할 수 있는 것은 혹시라도 있을지 모르는 유대인들의 민심해이民心懈弛로 인한 동요를 우려했을 수 있다. 그와 같은 우려는 오랫동안 있었던 것으로 보인다. 나중 느헤미야가 예루살렘 성벽을 보수할 때도 많은 사람들은 그와 유사한 염려를 했다. 물론 그에 대한 우려의 이유는 서로 달랐을 것이다.

그리고 두 차례 승리를 맛본 그리스인들이 지중해를 건너 이스라엘 지역을 통과해 공격해 올지 모른다는 우려를 하고 있었을 수도 있다. 해상활동과 해상전투에 능했던 당시 그리스 군대로서는 충분히 가능한 일이었다. 그런 다양한 이유와 함께 다리오 1세는 BC 487년 예루살렘 중건을 명령했지만 그의 죽음과 함께 유명무실하게 되고 말았다. 결국 그 후에 페르시아 제국의 유다지역의 총독 느헤미야를 통해 또 다른 역사적 이유와 맞물려 실제로 예루살렘 성벽이 보수되었다.

우리가 또한 염두에 두어야 하는 것은 그 가운데 역사하시는 하나님의 놀라운 경륜이다. 바벨론 포로생활 70년이 차게 되면 끝을 내겠다고 하신 하나님의 뜻이 이루어졌으며 뒤이어 고레스 왕의 예루살렘 귀환 칙령이 내려졌다. 그후 다니엘을 통해 70이레에 관한 예언의 말씀이 주어졌다. 그 가운데는 7이레, 62이레, 한 이레 등으로 '구분된 이레'가 중요한 의미로 드러나고 있다.

그렇다면 유대인들이 BC 536년 본토로 귀환한 후 7이레(49년) 후인 BC 487년에 있었던 페르시아 왕의 예루살렘의 중건 명령이 내려진 시점 사이에 중요한 구속사적 의미가 들어있지 않았을까?

그 7이레 기간 중에 BC 586년 바벨론 제국에 의해 파괴된 예루살렘 성전이 본토로 귀환한 유대인들의 손에 의해 다시금 재건되었다. 이스라엘 백성들이 본토로 돌아와 가장 먼저 한 일은 예루살렘 성전을 재건하는 일이었다. 그 성전 재건이 완성되었을 때, 성전을 보호하는 기능을 하는 성벽의 보수와 예루살렘 중건을 기대하는 것은 자연스런 과정이라 할 수 있다.

  이러한 몇가지 형편들을 감안해 볼 때 이스라엘 백성들의 첫 번째 본토 귀환 후 파괴된 예루살렘 성전재건과 더불어 7이레인 49년이 지난 BC 487년경 예루살렘 중건명령이 내려졌을 수 있다.[67] 페르시아인들의 정치적 의도와 정책 목적은 분명했겠지만 그와는 별도로 하나님의 섭리와 경륜이 그 역사 가운데 작용할 수 있지 않았을까?[68] 필자는 이러한 역사적 가설을 재구성하며 마치 톱니바퀴가 맞물려 돌아가는 느낌을 받는다.

  하지만 다리오 1세가 예루살렘 중건명령을 내렸다면 그것은 결코 이스라엘 백성들을 위한 것이라 할 수 없다. 그것은 근본적으로 페르시아 제국의 원활한 정국을 위한 것이었다. 그것이 국내적인 정서 때문이든 대외적인 국제 관계 때문이든 페르시아를 위해서라는 사실은 분명하다.

  만일 이러한 역사 구성이 가능하다면 그때 왕위에 있던 다리오 1세가 BC 485년에 죽게 된다는 점을 기억해야 할 필요가 있다.[69] 이는 어떤

---

[67] BC 487을 다른 관점에서 중요한 해로 보는 학자들이 있다. 이는 그 해가 예루살렘성 중건이 완성되었을 가능성이 있는 해로 보기 때문이다: 이광복, 『성경 종말론』, 구리:도서출판 흰돌, 2007, p.84. 참조.

[68] 이러한 주장은 확증할 수 없는 신학적 가설에 불과하다. 그렇다면 굳이 이런 가설을 세워야 할 필요가 있는가? 우리는 이 가설 자체를 신뢰하고자 하는 것이 아니라 이러한 가설을 통해 구속사와 연관된 일반 역사 가운데 직접 개입하시는 하나님의 경륜을 기억하고자 한다. 설령 이것이 가설이라 할지라도 명확하게 알 수 없는 역사적 과정을 통해서도 하나님의 섭리를 진지하게 받아들일 수 있게 되기를 바란다.

[69] 다리오 1세의 뒤를 이어 크세르크세스 1세가 즉위하여 BC 465년까지 20년간 통치하게 된다. 그는 선왕(先王)을 이어 그리스를 침공하지만 패배하고 만다. 그로부터 페르시아에는 암살의 역사가 되풀이되다가 헬라 제국의 알렉산더 대왕에 의해 패망한다. 크세르크세스 1세가 피살된 후부터 페르시아가 멸망하는 BC 334년까지 약 130년 동안 최소한 네 명의 왕들이 암살당한다. 이는 페르시아의 강압 정치와 함께 혼란했던 시기를 말해주고 있다.

문제 때문이었다 할지라도 당시의 분위기를 엿보게 해준다. 그것이 비록 정치적인 문제가 아니라 왕의 건강상의 문제라 할지라도 통치 말기에 처한 왕은 조급한 마음을 떨치지 못했을 것이다.

두 차례의 그리스 원정에 실패한 다리오 1세 왕이 재위 말기에 이르러 특별한 목적을 가지고 예루살렘 성의 중건을 명령했다면 자연스럽게 받아들일 수 있다. 앞에서 언급한 것처럼 그때는 이스라엘이 BC 536년 본토로 귀환한 지 7이레(49년)가 되는 해라는 점도 구속사적 관점에서 생각해 볼 수 있는 문제이다.

우리가 이런 견해를 염두에 둔다면 예수 그리스도의 오심과 쉽게 연관된다. 예수님은 이땅에 출생하실 때부터 왕으로 오셨다. 그는 나중에 왕이 되신 것이 아니라 처음부터 왕이었다. 동방박사들이 헤롯을 찾아가 "유대인의 왕으로 오신 이가 어디 계시뇨?"(마 2:2)라고 선포한 점70과 그들이 베들레헴에 있는 아기 예수께 황금과 유향과 몰약을 바치고 경배한 것은 처음부터 그의 왕위를 받아들인 것을 보여준다. 이는 그때 예수님이 처음부터 기름부음을 받아 왕으로 확인된 사실을 말해주고 있다.

또한 우리는 69이레(483년)가 지나면 기름부음을 받은 왕이 일어나게 된다고 한 예언의 구체적인 내용을 기억해야 한다. 하나님께서는 그 기간이 차면 기름부음 받은 왕이 일어난다는 사실을 말씀하셨다. 여기서는 메시아에 대한 매우 실제적인 약속이 제시되었다. 즉 하나님께서 그 기한을 정해주셨다는 사실은 역사적 구체성을 의미하고 있다.

다시 말하자면 69이레에 대한 정확한 기간을 알지 못한다 해도 그 가운데는 이미 구체성이 드러나고 있다는 것이다. 분명한 사실은 예루살렘 중건에 대한 명령이 있은 후 69이레가 되면 이땅에 기름부음을 받은

---

70 이광호, 『신약신학의 구속사적 이해』, 서울: 도서출판 깔뱅, 2006, pp.36-38.

왕이신 메시아가 오시게 된다는 사실이다.

메시아를 대망하던 동방박사들이 예수님의 탄생을 알고 기다렸던 중요한 근거 가운데 하나는 다니엘의 '70이레' 예언과 연관되는 것으로 여겨진다. 물론 그 당시에 하나님의 특별한 관여가 있었겠지만 성경을 통한 계시적인 반응이 있었던 것으로 이해할 수 있다. 동방에 있던 박사들 곧 성경을 연구하던 서기관들[71]은 69이레의 마지막이 되는 그때 즈음 베들레헴으로 메시아가 오실 것을 예견하고 있었던 것이다.

그리고 우리는 7이레와 62이레가 뚜렷하게 구분되고 있다는 사실에 주목해야 한다. 다니엘서에는 69이레라 하지 않고 7이레와 62이레를 분리하여 표현하고 있다. 왜 그랬을까? 분명한 점은 반드시 그렇게 해야 할 필요가 있었을 것이다. 이는 예루살렘 중건 명령이 있은 후 7이레, 즉 49년 동안은 이스라엘 민족에게 특별한 의미가 있었음을 말해주고 있다.

만일 70이레가 BC 487년에 예루살렘 중건 명령이 내려지고 그때부터 시작되었다면 그로부터 7이레, 곧 49년 후인 BC 438년까지는 특별한 의미를 지니고 있었다는 말이 된다. 그렇다면 그때는 과연 어떤 특색이 있는 시기였을까? 그 시기는 파괴된 예루살렘 성전이 재건된 후 이스라엘 백성들이 성전제사를 지냈지만 성벽이 허물어진 상태였으므로 거룩한 성전이 보호받지 못했다. 그러나 예루살렘이 중건되고 성벽이 보수됨으로써 이스라엘의 민족적 정체성이 확립되어 갔던 것이다.

다니엘서 예언 가운데는 '곤란한 동안' (in time of trouble)에 성이 중건되어 거리와 해자垓字가 완성될 것이라 기록하고 있다. 이것은 무슨 의미인가? '그때'는 과연 언제일까? 이는 아마도 성이 중건되는 동안 반대

---

71 이광호, 『신약신학의 구속사적 이해』, 서울: 도서출판 칼뱅, pp.69-73.

파들로 인해 이스라엘 백성들이 상당한 곤란을 겪게 될 형편을 보여주고 있다.

그리고 거리와 해자가 이룰 것이라는 말속에는 예루살렘 성내는 질서가 회복될 것이지만 외부적으로는 공격이 끊이지 않으리라는 것을 보여준다. 이는 성벽을 중심으로 안팎이 선명하게 구분됨을 의미한다. 이 말은 에스라의 율법 교육과 더불어 민족적 정체성 회복을 위한 부단한 노력이 요구되는 시기임을 말해주고 있다.

또한 우리는 70이레의 예언이 메시아와 직접 연관된다는 가장 중요한 사실을 잊어서는 안 된다. 기름부음을 받은 자, 곧 영원한 왕이 이 세상에 오게 되지만 죄에 빠진 악한 세상은 그를 수용하지 않으려 한다. 이는 그에게 상당한 고통이 따르게 되리라는 사실을 시사해주고 있다. 다니엘서는 7이레와 62이레 후에 메시아께서 도래하지만 그가 곧 끊어지게 될 것을 예언했다.

> "육십 이 이레 후에 기름부음을 받은 자가 끊어져 없어질 것이며 장차 한 왕의 백성이 와서 그 성읍과 성소를 훼파하려니와 그의 종말은 홍수에 엄몰됨 같을 것이며 또 끝까지 전쟁이 있으리니 황폐할 것이 작정되었느니라"(단 9:26).

이 본문에서 62이레 후란 7이레와 62이레가 지난 다음이라는 의미로 이해해야 한다. 이 말씀은 70이레의 마지막 부분에 속하는 것으로 예수님의 초림과 직접 연관된다. 그런데 그때 기름부음 받은 자가 오게 되지만 곧 끊어져 없어질 것이라 예언하고 있다. 중요한 것은 그가 오시게 되면 오랜 기간을 거치지 않고 곧바로 끊어지게 된다는 사실이다. 이 말은 과연 무엇을 의미하고 있을까?

우리는 본문 가운데 사용된 '끊어져 없어진다' 는 말의 의미를 잘 이해해야 할 필요가 있다. 많은 사람들은 그것을 생명이 끊어지는 죽음으로 이해하고 있다. 한글 성경들 가운데는 그 문구를 '죽음'에 연관된 것으로 직접 번역하고 있는 경우가 많다.[72] 그러나 다른 성경 번역본들은 직접 그렇게 번역하고 있지는 않다. 물론 주석이나 해석에 있어서는 대개 그것을 예수님의 십자가 사건을 염두에 두고 있다. 하지만 우리는 그 의미를 다시금 잘 생각해 보아야 한다.

필자는 이 말이 예수님의 십자가 사역을 지칭하는 것이 아니라 베들레헴에서 탄생하신 예수님의 '갑작스런 은닉'으로 이해한다.[73] 다른 성경 번역본들에는 그가 끊어진 후 아무 것도 하지 않고 없어지게 될 사실에 대한 의미가 분명하게 드러나고 있음을 눈여겨보아야 한다.[74] 이는 아기 예수께서 애굽으로 피신하신 후부터 삼십 년이 지나서 공 사역을 시작하실 때까지 아무 것도 하지 않았다는 사실을 말해 준다.

예수께서 유대 땅 베들레헴에 출생하셨을 때 헤롯 대왕은 아기 예수를 죽이기 위해 영아살해정책을 폈다. 그는 아기 예수가 메시아라는 사실을 인식하면서 그를 찾아 죽이고자 했다. 그것으로 인해 하나님께서는 인간의 몸을 입으신 예수님을 부모와 함께 애굽으로 피신시키셨다. 그 사건을 두고 다니엘의 예언 가운데는 메시아가 끊어져 없어지는 것으로 표현하고 있다.

만일 그것이 예수님의 십자가 사역을 두고 말하는 것이라면 그의 죽

---

[72] 한글공동번역은 '암살'로 번역하고 있으며, 한글표준새번역은 '살해', 그리고 한글쉬운성경은 '죽임'으로 번역했다.
[73] 이광호, 『신약신학의 구속사적 이해』, 서울: 도서출판 칼뱅, pp.109-112.
[74] "And after threescore and two weeks shall Messiah be cut off, but not for himself"(KJV); "After the sixty-two 'sevens,' the Anointed One will be cut off and will have nothing"(NIV); "Then after the sixty-two weeks the Messiah will be cut off and have nothing"(NASB).

음뿐 아니라 부활에 연관된 사실도 언급되어야 한다. 그리고 그것을 예수께서 십자가에 달려 죽으신 이후 없어졌다고 말할 수 없다. 죽음에 연관된 그의 끊어짐만 언급되고 다시 살아나는 부활에 관한 언급이 없는 것으로 보아 그것을 예수님의 십자가 사건으로 보기에는 무리가 따른다.

그리고 장차 한 왕의 백성이 와서 그 성읍과 성소를 훼파하게 된다는 말은 로마 제국 황제의 군대가 예루살렘 성전을 파괴하는 것을 의미하는 것으로 보인다. 이는 나중에 언급될 마지막 한 이레(7년)와 그 절반에 해당하는 3년 반과 연관되는 것이다. 그렇다면 성읍과 성소 파괴를 언급한 이 예언은 AD 70년 예루살렘 성전이 로마 군대에 의해 파괴된 것과 직접 연관된다. 이 사건은 감히 하나님의 언약을 담은 거룩한 성전을 파괴하는 사탄에 속한 자들의 무서운 세력을 보여준다.

이어서 성경은 '그의 종말이 홍수에 엄몰됨 같을 것'이라 언급하고 있다. 이는 하나님의 성전을 파괴한 악한 통치자의 멸망을 의미한다. 그에게 속한 악한 자들이 상당한 세력을 펼치는 듯하지만 결국은 하나님의 무서운 심판을 받아 완전히 멸망하게 된다는 사실이 예언된 것이다.

또한 마지막에는 끝까지 전쟁이 있을 것이며 황폐하게 될 것이 작정되어 있음이 예언되었다. 하나님의 왕국과 세상 왕국 사이에 벌어지는 전쟁은 인간 역사 가운데 지속된다. 다니엘서에는 그 전쟁이 세상 끝까지 가게 되리라는 것을 말하고 있다. 물론 그 결국은 하나님의 백성들의 궁극적인 승리로 장식하게 된다.

다니엘의 70이레 예언 가운데는 기름부음을 받은 메시아가 이땅에 온 이후에 일어나게 될 그의 사역에 관한 예언이 기록되어 있다. 이 말씀은 구체적인 메시아 사역에 대한 직접적인 예언이다. 이는 물론 위에 언급한 다니엘서 9장 26절에 있는 말씀에 대한 보완적인 의미를 지니고 있다.

"그가 장차 많은 사람으로 더불어 한 이레 동안의 언약을 굳게 정하
겠고 그가 그 이레의 절반에 제사와 예물을 금지할 것이며 또 잔포하여
미운 물건이 날개를 의지하여 설 것이며 또 이미 정한 종말까지 진노가
황폐케 하는 자에게 쏟아지리라 하였느니라"(단 9:27).

기름부음 받은 왕이 하시는 사역은 한 이레 동안의 언약을 굳게 정하
는 일이다. 본문에 언급된 '그' 는 메시아를 지칭하고 있음이 분명하다.
그가 장차 많은 백성들에게 한 이레 동안의 언약을 굳게 정한다. 그런데
그는 그 이레 즉 7년의 절반의 기간에 해당하는 3년 반 동안 제사와 예
물을 금지하게 된다.

이 말은 무엇을 의미하고 있는가? 이는 앞의 9장 26절에 기록된 대로
끊어져 없어졌던 메시아가 공 사역을 위해 이스라엘 민족 가운데 드러
나는 것과 연관된다. 즉 그는 배도에 빠진 헤롯 왕의 악행으로 인해 약
삼십 년 동안 은닉한 후 세례자 요한의 사역을 통해 공 사역(AD 27-30)을
시작하셨다.

본문에서 말하는 그 이레의 절반 곧 3년 반은 예수 그리스도의 공 사
역과 밀접한 연관이 있다. 27절의 상반절에 기록된 '그가 그 이레의 절
반에 제사와 예물을 금지할 것' 이라고 기록된 말은 예수님의 공 사역 기
간에 발생하는 의미를 가리키고 있다.

3년 반 정도의 공 사역 기간 동안 예수께서는 성전 제사와 예물이 아
무런 의미가 없음을 선포하셨다. 이는 예수님 자신이 진정한 제사장이
며 제물이라는 사실 때문이었다. 이제 그들은 그전에 하던 대로 예루살
렘 성전에서 동물을 잡아 번제와 희생제사를 드릴 필요가 없었던 것이
다. 도리어 '하나님의 어린 양' 으로서 이땅에 오신 메시아를 예루살렘
에 두고 그를 배척하여 성전에 동물 제사를 지낸다는 것은 하나님을 모
르는 자들의 소행에 지나지 않는다.

그 3년 반이 지난 후에 예수께서는 친히 십자가를 지심으로 예루살렘 성전에 제물로 바쳐져 구약 언약을 완성하시게 된다. 다니엘의 예언 가운데 7이레와 62이레가 시간적으로 연결된 개념이라면 마지막 한 이레는 그렇지 않다. 그 이레는 나중에 독립적인 의미를 지니고 있었던 것이다.

그리고 27절 하반절에 나타나는 '또 잔포하여 미운 물건이 날개를 의지하여 설 것이며 또 이미 정한 종말까지 진노가 황폐케 하는 자에게 쏟아지리라' 는 말은 AD 70년 예루살렘 성전 파괴를 앞둔 약 3년 반 동안 있었던 유대반란(AD 66-70)에 연관되는 것으로 이해한다.

이 본문에 나타난 '미운 물건' 이란 헬라 계통의 안티오쿠스 4세인 에피파네스가 하나님의 성전을 모독한 일을 생각나게 한다. 하지만 여기에서 말하는 '미운 물건' 이란 역사적으로 그후에 나타난 확장된 개념으로 이해해야 한다. 이는 마태복음 24장 15절에서 예수께서 말씀하신 '멸망의 가증한 것' 이 예루살렘 성전 파괴와 동일한 관점에서 이해되어야 하는 것과 연관된다.

이 기간 동안 유대 지역에 살던 기독교인들은 그로 말미암아 엄청난 고통을 겪어야만 했다. 이는 다니엘서 12장 7절에 기록된 "반드시 한 때 두 때 반 때를 지나서 성도의 권세가 다 깨어지기까지니 그렇게 되면 이 모든 일이 다 끝나리라"는 예언과 연관된다. 이 말은 기름부음 받은 왕으로서 메시아가 통치하는 새로운 왕국의 설립으로 인한 완성의 의미를 지니고 있다.

'성도의 권세가 다 깨어진다' (단 12:7)는 말은 예루살렘 성전을 장악하고 있던 유대인들과 그것을 파괴하는 로마인들 사이에서 하나님의 자녀들에게는 아무런 세상적인 권세가 남아있지 않고 완전히 깨어지게 됨을 의미한다. 우리는 본문 말씀 가운데서 성도들의 권세가 완전히 깨어진다고 하는 말을 주의 깊게 이해하지 않으면 안 된다. 그 이후에 하나님의 천년왕국인 보편 교회 시대가 도래하게 되기 때문이다.

그러므로 필자는 다니엘의 70이레 가운데 69이레가 마치는 시점을 인간의 몸을 입고 왕으로 오신 메시아의 탄생으로 본다. 그리고 그는 잠시 끊어졌다가 다시 이스라엘 민족 가운데 등장해 3년 반 정도의 공 사역을 하시게 된다. 그것이 다니엘서의 7이레의 절반인 3년 반에 해당하는 기간이다. 그로 인해 사십 년간의 사도교회 시대가 진행되며 메시아 왕국인 보편 교회 시대의 기초를 놓게 된다. 즉 앞의 3년 반은 이후 따르게 되는 사십 년의 사도교회의 기초가 되는 것이다.

그리고 그 사십 년이 끝나갈 무렵 다시 7이레 가운데 절반인 나중 3년 반의 구속사적 실행이 이루어진다. AD 70년을 앞둔 3년 반 동안 또 다시 배도자들인 유대인들과 불신자들인 로마인들에 의해 엄청난 고통을 겪은 후 예루살렘 성전은 완전히 파괴된다. 그것으로써 하나님의 왕국인 새로운 보편 교회가 설립되게 된다. 이는 예루살렘 성전 파괴 이전의 3년 반이 하나님의 경륜에 따라 장래 세워지게 될 하나님의 보편 교회의 기초가 됨을 보여주고 있다.

4. '동방박사들'의 '칠십 이레' 계산

다니엘서에 예언된 70이레는 메시아 예언이다. 하나님께서 보내시는 메시아는 아무런 예고 없이 갑자기 이 세상에 태어나신 것이 아니다. 예수님이 탄생했을 때 동방박사들에게 특별히 보였던 별은 예수님의 탄생을 위한 표지이기도 했지만 동방박사들이 가야 할 방향을 알려주는 표지 역할을 했다. 박사들은 그 별을 따라 예루살렘으로 가서 헤롯 왕을 만났으며 그 별의 인도를 받아 베들레헴에 있는 아기 예수께로 갔다.

그런데 우리가 여기에서 주의 깊게 생각해야 할 바는 동방박사들은 구약성경의 기록을 통해 주님의 강림 시기를 이미 어느 정도 예견하고 있었을 것이란 점이다. 성경을 연구하는 박사들과 서기관들은 메시아가 출생할 지역이 베들레헴이라는 사실을 알고 있었다. 그것은 비밀에 가려진 장소가 아니라 말씀 속에서 이미 공개된 사실이다.

우리가 주의 깊게 생각해 보아야 할 점은 그가 태어날 장소뿐 아니라 그가 태어나게 될 시기에 대해서도 이미 성경 가운데 어느 정도 계시되어 있었다는 사실이다. 즉 성경에는 그에 대한 기록이 있는 것이다. 우리는 다니엘서에 기록된 70이레가 메시아께서 강림하게 될 시기에 대한 중요한 단서를 제공하고 있음을 기억해야 한다.

물론 성경에 구체적으로 기록되지 않은 '예루살렘 중건에 관한 역사적 사실'이 있었다면 구약시대 성도들이 그것을 어떻게 인식하고 있었을까 하는 문제에 직면하게 된다. 하지만 신약시대와 차이나는 구약시대의 특별한 계시적 방편을 기억한다면 어느 정도 수긍이 가능하다. 우리는 구약시대에는 하나님의 필요에 따라 특별계시들이 주어졌던 사실을 기억한다. 이는 하나님께서 동방박사들에게 특별한 별을 계시하신 것과 동일한 관점에서 이해할 수 있는 문제이다.

그러므로 성경을 관심 있게 읽고 묵상하던 구약시대의 성도들은 구약성경과 이스라엘 민족에 허락된 특별계시에 따라 메시아가 오실 때를 기다리고 있었다. 나아가 그들은 메시아를 막연하게 기다린 것이 아니라 다니엘서에 기록된 70이레와 더불어 성경에 기록된 때를 기억하며 구체적인 시기에 대한 기대를 하고 있었던 것이다.

그리고 우리가 특히 관심을 기울여야 할 사실은 메시아로서 인간의 몸을 입고 이땅에 오신 아기 예수님이 갑자기 사라지고 없어졌는데도 동방박사들이 그다지 놀라지 않았다는 점이다. 복음서의 문맥을 통해 볼 때 그들은 메시아가 없어졌지만 당황하지 않았다. 이는 그들이 다니엘서에 기록된 '메시아의 끊어짐'에 대한 깨달음을 가지고 있었기 때문이었을 것이다.

　앞에서도 언급했듯이 필자는 다니엘서의 70이레 기간을 연대기적으로 확정짓고자 하지 않는다. 우리는 이미 이에 대한 다양한 신학적 주장들이 있음을 잘 알고 있다. 우리는 그에 대한 구체적인 역사적 선상 위에 하나님의 메시아 예언을 두고 하나님의 놀라운 은혜를 깨닫게 되기를 바란다.

　하지만 구체적인 연대를 알 수 없다고 해서 그 시기 자체에 아무런 관심을 가지지 않을 수는 없다. 대신 그에 대한 연대기적인 관심을 기울이되 하나님 앞에 더욱 낮아지고 겸손한 자세를 가질 필요가 있는 것이다.

제13장
'큰 전쟁'에 관한 환상

(단 10:1-21)

1. 이스라엘 민족이 귀환할 시기에 다니엘이 본 환상(1-3)

이스라엘 백성들은 바벨론의 포로로 잡혀왔다가 본토로 되돌아가면서 꿈에 부풀어 있었을 것이 분명하다. 나이 많은 어른들은 어릴 때의 기억을 되살렸을 것이며 바벨론에서 태어난 사람들은 연세 많은 어른들로부터 전해들은 이야기들을 통해 가나안 땅 고향의 모습을 머리로 상상하고 있었을 것이다.

그렇지만 본토로 귀환하는 저들의 앞날은 결코 평탄할 수 없었다. 그들은 가나안 땅에서 윤택한 삶을 보장받은 것이 아니었다. 이미 폐허된 고향 땅에는 아무 것도 남아 있지 않았다. 예루살렘 성전은 오래 전에 파괴되고 없었으며 성벽은 훼손된 채 방치되고 있었다. 한때 화려한 모습을 하고 떠들썩했던 예루살렘 성 안의 거리는 옛날과 전혀 다른 썰렁한 분위기였을 것이 틀림없다.

그럼에도 불구하고 그들은 하나님께서 약속하신 '칠십 년' 만에 고향 땅으로 귀환하게 되는 흥분을 감추지 못했을 것이다. 물론 그들은 앞으로의 삶이 윤택하게 전개되리라 기대하지는 않았다. 돌아가서 그들이 행해야 할 중요한 일들이 너무나 많다는 사실을 잘 알고 있었기 때문이다. 그들은 파괴된 예루살렘 성전을 재건해야 했으며 무너진 성벽을 보수하고 성 안의 거리를 정비하고 집들을 다시 지어야 했다.

　이러한 것들에 대해서는 다니엘 역시 그와 동일한 생각을 하고 있었을 것이 분명하다. 어렵고 힘든 여건들을 직면한다 할지라도 하나님의 선민인 이스라엘 백성들이 성실하게 잘 이겨 나가주기를 바라는 마음을 가지지 않을 수 없었다. 하지만 그런 형편 가운데 있는 다니엘의 마음이 편할 수만은 없었다. 다니엘을 비롯한 신앙이 성숙한 성도들은 그 모든 것이 앞으로 오실 메시아와 연관되어 있음을 알았지만 어린 성도들은 단순한 민족주의적인 환상에 사로잡혀 있었을 수도 있다.

　귀환이 허용되고 나서 첫 번째 출발한 이스라엘 백성들이 예루살렘에 당도하였을 즈음인 고레스 왕 삼 년에 하나님께서는 다니엘에게 한 환상을 보여주셨다. 그것은 '큰 전쟁'에 관한 것이었다. 다니엘은 환상을 통해 본 내용이 장래 이스라엘 민족과 연관되어 일어나게 되리라는 사실을 깨달아 알 수 있었다.

　우리가 쉽게 이해할 수 있는 점은 장래 일어나게 될 큰 전쟁이 유대인들에게 커다란 환란과 고통을 가져오게 된다는 사실이다. 그래서 다니엘은 그 전체적인 상황으로 인해 깊은 슬픔에 빠지게 되었다. 물론 그는 미래에 발생하게 될 큰 전쟁의 일반적인 사실에 대해서는 충분히 깨달을 수 있었다 할지라도 그 구체적인 내용은 알지 못했을 것이다.

　다니엘이 환상을 본 후 깊은 슬픔에 빠졌던 이유는 앞으로 이스라엘을 회복해야 할 이스라엘 자손들을 기억하고 있었기 때문이다. 당시 다니엘은 나이 많아 곧 인생을 마감하게 될 노인이었다. 반면에 약속의 땅 본토로 귀환하게 될 이스라엘 백성들은 그다지 성숙한 성도들이 아니었다. 이에 하나님께서 보내실 메시아를 진정으로 기다리며 그의 구속사역을 소망해야 할 이스라엘 백성들이 앞으로 직면하게 될 그 어려움을 잘 견뎌야 하는데 다니엘로서는 그것이 걱정되었던 것이다.

큰 전쟁에 관한 환상을 본 다니엘은 세 이레 동안을 슬퍼하며 금식했다. 즉 21일 동안 음식을 입에 대지 않았으며 포도주를 마시지 않았다. 그는 고기를 비롯한 음식물을 섭취하지 않았으며 얼굴과 몸에 기름을 바르지 않았다. 이는 그가 하나님 앞에서 자신의 슬픈 마음을 드러내고 있음을 보여주고 있다.

2. 힛데겔(티그리스) 강가에서 본 실제적인 환상(4-9)

(1) 환상 가운데 나타난 그리스도

다니엘은 '큰 전쟁'에 관한 환상을 본 후 3주간이 지난 정월 이십사일 다른 여러 사람들과 함께 티그리스 강가에 있었다. 아마도 이스라엘 민족의 귀환이 허용된 사실을 기억하며 다른 유대인들과 함께 있었을 것으로 보인다. 그때 그는 거기서 아름다운 세마포 옷을 입고 허리에 순금 띠를 띠고 있는 '한 사람'을 보게 되었다. 이는 단순한 환상과는 다른 실제적인 사건이었다.

그때 다니엘에게 나타난 사람의 몸은 황옥 같고 그 얼굴은 번개 빛 같았으며 그의 눈은 횃불 같았다. 그리고 그의 팔과 발은 빛난 놋과 같았고, 그 음성은 무리의 소리와 같이 들렸다. 그 얼굴과 의상은 영화롭고 위엄 있는 왕과 같은 모습을 보여주고 있다. 다니엘이 환상 중에 본 그 '한 사람'은 이스라엘과 자기 백성들을 위해 싸우실 자였다. 그 사람은 후일 신약시대에 사도 요한을 통해 보이신 분과 같다.

"촛대 사이에 인자 같은 이가 발에 끌리는 옷을 입고 가슴에 금띠를

띠고 그 머리와 털의 희기가 흰 양털 같고 눈 같으며 그의 눈은 불꽃같
고 그의 발은 풀무에 단련한 빛난 주석 같고 그의 음성은 많은 물소리와
같으며"(계 1:13-15).

다니엘이 티그리스 강가에서 보았던 그 사람은 요한이 밧모 섬에서
본 그리스도와 같이 영화롭고 엄위한 모습을 그대로 보여주고 있다. 그
런데 티그리스 강가에는 여러 사람이 함께 있었지만 다니엘만 혼자 그
광경을 보며 소리를 들을 수 있었다. 즉 그와 함께 있었던 다른 사람들
은 그 사람의 모습을 보지 못했으며 그의 음성을 듣지 못했다.

다니엘과 함께 티그리스 강가에 있던 사람들이 가졌던 경험은 나중
그리스도께서 오신 후 다메섹 도상에서 바울과 함께 있었던 사람들이
경험했던 것과 흡사하다(행 9:27; 22:9 참조). 예수 그리스도께서 다니엘과
바울에게 매우 특별한 방법으로 나타나셨을 때 그 자리에 함께 있었던
다른 사람들은 그 사실을 알 수 없었다. 그럼에도 불구하고 저들과 함께
있던 자들이 그 특별한 상황에 참여했던 것은 아마도 그들을 증인으로
세우기 위함이었던 것으로 이해할 수 있다.

이는 다니엘과 바울이 각각 처한 독특한 상황 가운데서 혼자 주님을
만났지만 그들 주변에 다른 사람들이 함께 있었으므로 인해 공적인 의
미를 지니고 있음을 보여준다. 그리고 당시 저들과 함께 있던 사람들이
환상의 내용을 보지 못하며 두려워 떨었던 것은 하나님께서 보여주신
환상이 저들의 것이기도 함을 말씀해주고 있다.

그런데 다니엘이 특별한 실제적인 환상을 경험하고 있을 때 티그리스
강가에는 놀라운 일이 발생했다. 시각적으로 환상을 보지 못하고 청각
적으로 아무 소리를 듣지 못했던 사람들이 공포에 빠져 크게 놀라 떨었
다. 그로 인해 거기 있던 자들은 그 자리에서 도망하여 숨지 않을 수 없
었다.

그런 와중에서 다니엘은 두려워하거나 떨지 않았으며 도망하여 숨지도 않았다. 대신 그는 온 몸에 힘이 완전히 빠졌으며 자신의 얼굴빛이 변하여 마치 썩은 시체 같이 되었다는 사실을 느꼈다. 그것은 단순한 공포가 아니라 하나님에 대한 진정한 경외감으로 말미암은 것이었다. 그 상태에서 다니엘은 천상의 음성을 듣는 가운데 얼굴을 땅에 대고 깊은 잠이 들게 되었다.

다니엘이 티그리스 강가에서 실제적인 사건으로 환상 중에 보았던 영화로운 모습의 그 사람은 그리스도였음이 분명하다. 그는 다니엘서에서 이미 여러 차례 계시되었던 그 하나님의 아들이었다. 티그리스 강가에서 계시된 특별한 환상으로 인해 다른 사람들은 감각적인 공포감을 느꼈다면 다니엘은 인격적인 하나님에 대한 진정한 경외감을 가졌던 것이다.

(2) '코람데오'(Coram Deo)

다니엘은 특별한 사건으로 그리스도의 환상을 본 후 하나님 앞에서 옴짝달싹할 수 없는 처지가 되었다. 거룩하신 심판주이신 영화롭고도 엄위한 모습의 그리스도 앞에서 그는 아무것도 할 수 없었다. 거룩하신 하나님 앞에 서있는 다니엘에게는 아무런 아름다운 것도 존재하지 않았으며 도리어 썩은 시체와 같은 것만 남아 있었을 따름이다.

우리는 흔히 '코람데오'라는 용어를 사용하며 신앙을 표현한다. 이에 대해서 오해하는 자들은 그 말이 자신의 신앙을 드러내는 수단 정도로 여긴다. 즉 하나님 앞에서 올바르게 살고자 하는 개인적인 결단과 그것을 통한 자신의 성실한 삶을 보여주는 것과 연관되어 있는 것으로 생각한다.

그러나 '코람데오'의 진정한 의미는 그런 개념을 훨씬 넘어선다. 이는 하나님 앞에 선 다니엘이 자신의 몸에서 힘이 완전히 빠져 옴짝달싹

할 수 없을 만큼 무능력한 존재가 된 사실과 연관되어 있다. 그리고 거룩하고 영화로우신 하나님 앞에서 썩은 것 같이 형편없는 존재가 되어 아름다운 모습이 전혀 남아있지 않는 모습과 연관된다.

오늘날 우리가 '코람데오 신앙'을 말할 때도 이와 동일한 관점이 드러나야 한다. 인간들은 전지전능하신 하나님 앞에서 어쭙잖은 자신의 능력을 자랑할 수 없으며, 거룩한 하나님 앞에서 참다운 의를 만들어낼 재간이 없다. 인간은 단지 하나님 앞에서 무능하고 부패한 더러운 존재일 따름이다. 따라서 하나님의 성도들은 거룩한 하나님 앞에 선 자신의 처참한 모습을 발견하고 하나님 앞에서 완전히 낮아질 수밖에 없다.

이러한 신앙적 자세가 예수 그리스도의 사역을 통해 얻게 된 하나님의 은혜를 깨닫도록 한다. 그것이 하나님께 돌리는 성도들의 감사와 찬양의 근본적인 조건이 된다. 우리가 하나님 앞에서 살아간다고 하는 말의 진정한 의미는 일반 종교윤리적인 측면에서 이해하려 할 것이 아니라 영원한 하나님의 진리와 더불어 기억해야 한다. 그리스도가 없는 상태에 놓인 인간이 본질적으로 얼마나 무능하고 부패한 존재인가 하는 사실을 진정으로 깨닫는 것이 신앙의 바탕이 된다는 점을 잊어서는 안 된다.

3. 천사의 도움과 그의 고백(10-13)

(1) 천사를 만난 다니엘

영화로운 인간의 모습을 한 그리스도 앞에서 온 몸에 힘이 빠진 채 썩은 시체와 같은 자신의 모습을 보며 얼굴을 땅에 대고 깊이 잠든 다니엘을 어루만지는 손길이 있었다. 그는 하나님께서 보내신 천사로서 앞서 등장했던 가브리엘이었을 것으로 보인다. 다니엘은 그 손길을 느끼고 떨지 않을 수 없었다.

그러자 그 천사는 다니엘을 일으켜 앉혔다. 천사는 다니엘에게 하나님의 은총을 받은 자임을 말하면서 자신은 하나님으로부터 받은 메시지를 그에게 전달할 사명을 띠고 왔음을 밝혔다. 다니엘은 그가 하나님께서 자기에게 보내신 특별한 사자라는 사실을 알고 자리에서 일어섰다.

그 천사는 깊은 잠에서 깨어난 다니엘이 자신을 하나님의 사자로 알아보고 자리에서 일어나자 두려운 마음을 가지지 않도록 격려했다. 그리고는 다니엘이 3주 전에 하나님의 뜻을 깨닫기 위해 겸손한 자세로 자기를 낮추고 하나님 앞에 간구하던 때부터 하나님께서 그 기도에 응답하고자 했다는 사실을 전했다. 그 천사는 다니엘에게 그에 대한 메시지를 주기 위해 왔다는 점을 언급했다.

(2) 페르시아 왕국 군주(prince)의 방해와 군장(君長, prince) 미가엘

천사는 다니엘에게 자신이 예상보다 늦게 도착하게 된 이유를 말했다. 그것은 페르시아 왕국의 군주가 자신을 21일 동안 억류했기 때문이라는 것이었다. 그가 페르시아 군주에 의해 억류된 기간은 다니엘이 앞의 2절에서 언급한 세 이레, 곧 21일 동안 슬퍼하며 금식한 기간과 연관되어 있다.

다니엘은 '큰 전쟁' 에 관한 환상을 보고 그 의미를 깨달은 후 즉시 슬픔에 빠져 금식하면서 자신을 낮추었다. 다시 말하자면 다니엘은 21일 동안 음식과 음료를 섭취하지 않고 금식함으로써 슬펐던 것이 아니라 하나님께서 보여주신 환상으로 인해 곧바로 깊은 슬픔에 빠지게 되었던 것이다. 하나님께서는 다니엘이 진정으로 슬퍼하는 모습을 보며 그에게 메시지를 주시려고 했다. 그래서 자신의 사자를 보내셨던 것이다.

그런데 하나님의 사자를 중간에서 가로막는 세력이 있었다. 그는 페르시아 왕국을 통치하는 군주였다. 이는 영적인 세계가 육적인 현실과 연결되어 있음을 보여준다. 즉 하나님의 천사가 인간들의 시간에 해당하는 3주 동안 억류되었다는 사실은 매우 구체적이며 실질적인 의미를 가지게 된다.

우리는 또한 여기에서 매우 중요한 의미를 확인하지 않으면 안 된다. 다니엘이 티그리스 강가에서 그 환상을 본 때는 고레스 왕이 즉위한 지 3년이 되던 해였다. 우리가 이미 잘 알고 있듯이 고레스 왕은 즉위하자 곧바로 이스라엘 민족에 대해 매우 우호적인 태도를 보였다. 그는 예전의 바벨론 제국의 왕들과는 전혀 다른 관용정책을 폈다. 유대인들의 본토 귀환을 허락한 것도 이 때문이다.

그런 역사적인 현실 가운데 처한 이스라엘 백성들은 신흥 페르시아 제국과 고레스 왕을 훌륭한 우방이라 판단하고 있었을지 모른다. 바벨론에 의해 포로로 사로잡혀와 고생하는 저들에게 가나안땅 본토로의 귀환을 허락하는 것은 여간 감사한 일이 아닐 수 없었다.

그런데 하나님께서는 다니엘이 보았던 환상의 전 과정을 통해 페르시아 왕국과 군주가 하나님의 일을 방해하는 악한 세력임을 분명히 밝혔다. 이는 페르시아가 이스라엘의 우방이 아니라 도리어 견제해야 할 위험한 적국敵國임을 말해주고 있다. 그들은 결코 하나님의 선민인 이스라엘 민족과 한 편이 될 수 없었다.

페르시아 제국의 군주는 다니엘에게 가고 있던 하나님의 천사를 무려 21일간이나 가로막아 억류했다. 그 기간 동안 천사는 페르시아의 진영에 머물고 있으면서 힘든 시간을 보냈다. 그 21일 동안 다니엘은 깊은 슬픔에 빠져 금식하며 힘든 시간을 보내고 있었다. 이는 당시에도 실제적인 현상과 더불어 영적인 전쟁이 진행되고 있었음을 의미한다.

그때 억류된 천사를 도와 문제를 해결한 천사는 군장君長 미가엘이었다. 그가 페르시아 진영에 억류되어 있는 천사를 도와 다니엘에게 나아갈 수 있도록 해주었다. 그것은 다니엘을 위한 것이었으며 이스라엘 민족을 위한 것이었다. 그렇다면 다니엘서 본문에 언급된 미가엘은 과연 누구인가?

아마도 그 천사는 예수 그리스도였을 것으로 생각된다.[75] 그는 앞에서 처음 다니엘에게 등장했던 바로 그 영화로운 모습을 한 분이었을 것이다. 그리스도가 아니면 다니엘과 이스라엘 민족을 궁극적으로 도울 수 있는 자가 없으며, 오늘날 우리 역시 그리스도의 도움이 없이는 아무것도 할 수 없다.

대군大君 미가엘에 대해서는 다니엘서 12장에 더욱 분명하게 설명되고 있다. 그리고 천사 미가엘에 관한 기록은 신약성경 유다서와 요한계시록에 언급되어 있다. 유다서에는 천사장 미가엘이 하나님의 사람 모세의 시체를 두고 마귀와 다투어 변론하는 특별한 내용이 기록되어 있다.

> "천사장 미가엘이 모세의 시체에 대하여 마귀와 다투어 변론할 때에 감히 훼방하는 판결을 쓰지 못하고 다만 말하되 주께서 너를 꾸짖으시기를 원하노라 하였거늘 이 사람들은 무엇이든지 그 알지 못하는 것을 훼방하는도다 또 저희는 이성 없는 짐승 같이 본능으로 아는 그것으로 멸망하느니라"(유 9,10절).

천사장 미가엘은 모세의 죽은 시체를 두고 마귀와 다투었다. 여기에서 천사장은 천사들 중 으뜸으로서 '천사들을 통치하는 자'라는 의미를 지니고 있다.[76] 그는 하나님의 요구와 지시에 따라 사탄과 싸우는 천사장이었다. 유다서의 위 본문에서 모세의 시체와 관련된 문제를 두고 마

---

75 이광호, 『요한계시록』, 서울: 도서출판 깔뱅, 2009, pp.190-193.
76 로마가톨릭교에서는 천사들을 9개 품계로 나누고 있다. 그러나 그것은 성경적인 근거가 전혀 없는 허망한 주장일 따름이다.

귀와 다투는 미가엘의 존재는 평범한 신분일 수 없다.

한편 요한계시록에는 하늘에서 미가엘과 용 사이에 치열한 전쟁이 일어나고 있는 사실에 대한 기록이 나타나고 있다. 미가엘의 세력과 용의 추종자들이 전쟁을 벌였던 것이다. 이는 예수 그리스도의 탄생이 단순히 지상에서만 일어난 사건이 아니라 공중에서도 동시에 영향을 미치는 사건임을 말해주고 있다. 물론 여기의 하늘이란 공중권세 잡은 사탄의 영역을 의미한다.

결국 천상으로부터 임한 심판의 싸움에서 그 용은 천사장 미가엘에게 패배하여 공중에서 쫓겨나 그 자리를 잃게 된다. 예수 그리스도로 말미암아 마귀가 공중에서 쫓겨나게 된 것이다. 그러므로 이제 본격적인 용의 발악이 지상에서 시작되었다. 요한계시록의 내용 가운데는 그에 대한 분명한 모습을 보여주고 있다.

> "하늘에 전쟁이 있으니 미가엘과 그의 사자들이 용으로 더불어 싸울새 용과 그의 사자들도 싸우나 이기지 못하여 다시 하늘에서 저희의 있을 곳을 얻지 못한지라 큰 용이 내어쫓기니 옛 뱀 곧 마귀라고도 하고 사단이라고도 하는 온 천하를 꾀는 자라 땅으로 내어쫓기니 그의 사자들도 저와 함께 내어쫓기니라"(계 12:7-9).

우리는 여기에서 미가엘의 원래적 신분에 대해 생각해 볼 필요가 있다. 다수의 학자들은 미가엘을 그리스도와 동일한 존재로 이해한다. 구약성경에는 그리스도께서 천사의 모습을 하고 나타나기도 했으며 동시에 인간의 모습으로 사람들에게 나타나기도 했다. 대표적인 예로 가나안 땅에 진입하는 여호수아에게 나타난 '여호와의 군대장관'은 천사와 인간으로서 예수 그리스도를 나타내고 있다. 여호수아서 본문에는 그에 대한 분명한 기록이 나타난다.

> "여호수아가 여리고에 가까왔을 때에 눈을 들어본즉 한 사람이 칼을

빼어 손에 들고 마주섰는지라 여호수아가 나아가서 그에게 묻되 너는
우리를 위하느냐 우리의 대적을 위하느냐 그가 가로되 아니라 나는 여
호와의 군대장관으로 이제 왔느니라 여호수아가 땅에 엎드려 절하고
가로되 나의 주여 종에게 무슨 말씀을 하려 하시나이까 여호와의 군대
장관이 여호수아에게 이르되 네 발에서 신을 벗으라 네가 선 곳은 거룩
하니라 여호수아가 그대로 행하니라"(수 5:13-15).

이스라엘 백성들이 가나안 땅에 진입하는 관문인 여리고성 부근에서
칼을 빼들고 여호수아 앞에 선 자는 그리스도였다. 인간의 모습을 한 천
사인 그가 군대장관으로 자신을 밝혔던 것은 대적자를 대항해 싸우는
최고 지위에 있는 자신의 신분을 밝히신 것이다. 여호수아가 그 말을 듣
고 즉시 땅에 엎드려 그에게 경배한 것은 그가 성자 하나님이라는 사실
을 말해주고 있다. 그는 메시아로서 하나님 자신이었으므로 여호수아의
경배를 만류하지 않으셨다.

또한 그가 여호수아에게 "네 발에서 신을 벗으라 네가 선 곳은 거룩하
니라"(수 5:15)고 한 내용의 말은 오직 하나님만 하실 수 있는 말씀이다.
이는 하나님께서 호렙산에서 모세에게 하셨던 말씀과 동일하다(출 3:5;
행 7:33). 미가엘을 그리스도와 동일하게 볼 수 있는 것은 바로 이러한 사
실과 연관된다.

여호수아가 서 있던 땅이 거룩했던 까닭은 그곳이 단순한 약속의 땅
이었기 때문이 아니었다. 만일 그러했다면 이스라엘 백성들은 거룩한
가나안 땅에서 항상 신발을 벗은 채 맨발로 다녀야 했을지도 모른다. 하
지만 그 땅이 거룩한 땅이었던 이유는 하나님, 즉 하나님의 아들 그리스
도께서 거기 계셨기 때문이다.

사실 이스라엘 백성들의 약속의 땅 가나안 정복은 그리스도께서 주도
하신 일이었다. 여호수아가 요단강 건너 여리고 가까이 이르렀을 때 그
리스도께서 여호와 하나님의 군대장관의 모습으로 칼을 빼들고 그에게

보이셨던 것은 앞으로 가나안 땅에서 이루어지게 될 하나님의 사역을 보여주신 것이다. 그때 그리스도의 나타나심은 일시적인 것이 아니라 앞으로 가나안 땅에서 전개될 메시아 사역에 연관되어 있다.

이와 같이 다니엘서에서 군장君長으로 표현된 미가엘은 그리스도이다. 그는 자기 백성들을 위해 전쟁하는 천사로 묘사되고 있다. 이는 여호수아 앞에 군대장관으로 나타나셨던 그리스도와 조화된다. 그가 곧 하나님의 백성을 궁극적으로 구원하실 분이며 도우실 자이다. 모든 하나님의 자녀들은 오직 그의 도움을 통해 진정한 삶을 보장받게 되는 것이다.

4. 다니엘에게 주어진 하나님의 메시지(14-19)

하나님께서는 깊은 근심에 빠져 있던 다니엘에게 천사를 통해 위로의 말씀을 전하셨다. 말일末日 곧 오랜 세월이 지난 후 장래에 일어나게 될 일을 깨닫게 해주시기 위해 하나님께서 자신의 천사를 보내 거룩한 뜻을 알려주셨던 것이다. 다니엘은 처음 그 천사의 말을 듣고 나서 기쁘고 반가워했던 것이 아니라 자신의 얼굴을 땅을 향해 둔 채 어안이 벙벙하지 않을 수 없었다.

그것을 본 후 '인자 같은 이'(the one who looked like a man)가 다니엘의 굳은 입술을 어루만졌다. 그리하여 다니엘은 입을 열어 앞에 서 있는 자를 향해 말했다. 그 환상을 봄으로써 힘을 얻고 즐거움이 더한 것이 아니라 도리어 근심이 가득하게 되어 힘이 없어졌다는 것이다. 이제는 편안하게 호흡할 만한 정도의 힘도 남지 않아 대화를 나눌 기력마저 없었다.

그때 또 '인자 같은 이'가 다니엘을 어루만지며 강건하도록 힘을 더해주었다. 그러면서 하나님의 은총을 크게 받은 다니엘이므로 두려워할 필요가 없음을 언급했다. 따라서 그에게 더 이상 두려워하지 말며 평안하고 강건한 마음을 가지도록 격려했다. 그 말을 들은 후에야 다니엘에게 힘이 솟아났다. 그것은 전적인 하나님의 은혜로 말미암는 것이었다. 그리하여 이제 하나님께서 자기에게 말씀하시면 그것을 들을 수 있게 되었다.

5. 세상 왕들과 싸우는 천사(20,21)

하나님께서는 환상과 더불어 다니엘에게 위로의 말씀을 주셨다. 하지만 이 세상에서 존재하는 평화를 누리게 되리라고 약속하지는 않으셨다. 그는 도리어 앞으로 발생할 '큰 전쟁'에 관한 예언을 하셨다.

하나님의 진리를 저항하는 사악한 전쟁은 세상에서 끊임없이 일어난다. 물론 그것은 실제적인 현상과 더불어 일어나는 영적인 전쟁을 의미한다. 즉 여기에서 말하는 영적인 전쟁이란 눈에 보이지 않는 실체 없는 전쟁이라는 의미가 아니다. 그 전쟁은 하나님의 자녀들을 괴롭히는 싸움으로 그 실체를 드러내게 된다.

하나님의 천사는 다니엘에게 자신이 무엇 때문에 왔는지 알고 있는가 물었다. 그러면서 이제 자기는 돌아가서 페르시아 왕과 싸우게 될 것이라고 말했다. 그리고 페르시아를 멸망시키겠노라고 했다. 그러면 그후에는 새로운 헬라 왕이 등장하게 되리라는 사실을 예언했다. 이는 헬라 제국의 세력이 등장하게 되면 또한 그에 맞서 싸우겠다는 사실을 언급하고 있는 것이다.

다니엘에게 주어진 이 천사의 말은 매우 중요한 의미를 지니고 있다. 이는 페르시아 왕과 헬라 왕이 실체적인 지상 왕국의 구체적인 인물들을 지칭하고 있기 때문이다. 이에 반해 천사는 적어도 그들과는 다른 영적인 존재이다. 실체를 지닌 지상 왕국의 왕들과 눈에 보이지 않는 영적인 존재인 천사들 사이에 싸움이 일어난다는 사실은 여간 주의 깊게 생각하지 않을 수 없다.

 하나님께서는 시내 광야에 있던 이스라엘 민족을 약속의 땅 가나안으로 인도하실 때 이미 그점에 대해 분명하게 말씀하셨다. 이스라엘 백성들이 적들에 맞서 싸우기에 앞서 하나님께서 자기의 사자를 미리 보내 싸우시겠다는 것이다. 이는 하나님의 자녀들에게 궁극적인 위로가 되며 힘이 된다.

> "내가 사자를 네 앞서 보내어 길에서 너를 보호하여 너로 내가 예비한 곳에 이르게 하리니 너희는 삼가 그 목소리를 청종하고 그를 노엽게 하지 말라"(출 23:20-21) ; "내가 내 위엄을 네 앞서 보내어 너의 이를 곳의 모든 백성을 파하고 너의 모든 원수로 너를 등지게 할 것이며 내가 왕벌을 네 앞에 보내리니 그 벌이 히위 족속과 가나안 족속과 헷 족속을 네 앞에서 쫓아내리라"(출 23:27,28).

 하나님께서는 인간들의 일반적인 눈에 보이지 않는 사자(천사: angel)를 지상에 보내시겠노라고 약속하셨다. 이는 이스라엘을 보호하기 위해서였다. 따라서 이스라엘의 대적자들에 대항해 실제적으로 싸우는 이는 하나님 자신이시다.

 그러므로 이스라엘 백성은 하나님께서 앞서 싸우신 뒤를 따라가며 그의 말씀에 순종하면 된다. 이에 대해서는 오늘 우리 시대 역시 동일한 의미를 지니고 있다. 하나님께서 자기 백성을 위해 앞서 행하신다는 사실을 깨달음으로써 그의 말씀에 온전히 순종하는 것이 성도들의 도리이다.

 다니엘서에는 대적자들을 대항해 궁극적으로 싸울 자는 군주君主 미가엘밖에 없음을 분명히 기록하고 있다. 하나님을 대적하는 자들은 세상에 존재하는 악한 세력이지만 하나님의 자녀들이 무력을 동원해 싸울 수 있는 것이 아님을 말해주고 있다.

"오직 내가 먼저 진리의 글에 기록된 것으로 네게 보이리라 나를 도
와서 그들을 대적하는 자는 너희 군주(君主) 미가엘 뿐이니라"(단
10:21).

군주 미가엘은 그리스도를 지칭하고 있다. 다니엘서 전반에 걸쳐 여
러 차례 천사와 사람의 특별한 모습으로 나타났던 이는 곧 군주 미가
엘로 이해된다. 이외에도 구약 성경에는 그리스도께서 천사와 특별한
인간의 모습으로 나타나신 경우가 많이 있다. 하지만 그리스도께서는
천사로서 인간의 모습을 띠고 있었지만 대개 자신의 이름을 밝히지는
않았다. 그런데 다니엘서에는 그 천사의 이름을 '미가엘' 로 표현하고
있다.

다니엘서 본문에서 그 천사는 먼저 '진리의 글' 에 기록된 것을 보여
주리라고 말했다. 이러한 사역은 곧 메시아와 연관되어 있다. 다니엘을
비롯한 모든 하나님의 자녀들에게는 그것이 삶의 본질적인 지침이 되며
근본적인 의미가 된다. 하나님으로 말미암는 참된 진리가 없이는 아무
런 의미가 발생할 수 없다.

우리가 또한 미가엘을 그리스도라 말할 수 있는 중요한 근거 가운데
하나는 그가 사탄에 속한 대적자들을 대항해 싸울 수 있는 유일한 존재
라는 사실이 언급되고 있기 때문이다. 타락한 세상은 근본적으로 하나
님을 대적하는 편에 서 있다. 본문에 언급된 페르시아 왕과 헬라 왕뿐
아니라 세상에 속한 모든 왕들이 다 그렇다. 그들이 때로 하나님의 백성
들에게 호의적인 태도를 보인다 해도 그들은 여전히 대적하는 자의 세
력에 속해 있다.

그런데 우리가 주의해야 할 점은 자칫 잘못하면 (세속 권력과 같은) 적군
을 아군으로 착각하여 혼선을 빚게 될 우려가 있다는 사실이다. 신앙이
성숙한 성도들은 그점을 깊이 인식하는 가운데 영적인 싸움에 임해야

한다. 물론 우리는 악한 자에 대항해 싸울 능력을 소유한 예수 그리스도를 전적으로 의지하지 않으면 안 된다.

제14장
페르시아 제국 이후 헬라 제국과 로마의 등장

(단 11:1-32)

1. 페르시아 제국과 페르시아 전쟁(1,2)

다니엘서 11장 앞부분에서 다니엘은 장래 페르시아 제국과 헬라 왕국들에 관한 상세한 예언을 하고 있다. 이는 이스라엘 민족과 밀접하게 연관되어 있기 때문에 하나님께서 특별히 허락하신 예언이다.

다니엘 이후 이스라엘 백성들은 이 예언이 이루어지는 형편들을 예견하면서 역사의 현장을 목격하는 가운데 신앙생활을 하게 된다. 하나님의 말씀에 민감한 사람들은 그 의미를 깨닫게 될 것이지만 그렇지 않은 어리석은 자들은 분명한 예언의 말씀이 기록되어 있음에도 불구하고 아무런 의미를 알지 못할 것이다.

다니엘은 바벨론을 멸망시키고 새로운 나라를 개국한 다리오 왕 원년에 그를 도와 강하게 했음을 밝히고 있다. 바벨론 제국의 고위 공직자 출신이었던 다니엘이 바벨론을 멸망시키고 신흥 강국으로 부상한 메대-페르시아 왕국을 지원했던 것이다. 이는 일종의 정치적 배신 행위로 비쳐질 수 있다. 하지만 다니엘이 그렇게 한 것은 그가 바벨론이 아니라 하나님 나라에 속한 사람이었기 때문이다.

하나님께서는 그러한 다니엘에게 앞으로 이스라엘 민족을 중심에 두고 전개될 세속 왕국들의 역사적 형편에 대한 계시의 말씀을 주셨다. 그것은 통치자들의 실명이 밝혀지지 않았을 뿐 상당히 구체적인 내용들이다. 페르시아 제국에는 그후에 세 왕이 일어날 것이며, 네 번째 왕은 매우 부요하고 강력한 힘을 갖춘 왕이 될 것이라 예언되고 있다. 그가 세력을 키워 헬라를 공격하게 되리라는 사실이 언급되었던 것이다.

그렇다면 다니엘서에 언급된 페르시아의 왕들은 구체적으로 누구를 지칭하고 있는가? 칼빈(J. Calvin)은 다니엘서 본문에 기록된 네 왕들을 바벨론 제국을 멸망시키고 정복한 다리오 왕 이후에 등장하는 고레스(Cyrus), 캄비세스(Cambyses), 다리오 1세(Darius Hystaspis), 그리고 크세르크세스(Xerxes)[77]로 보고 있다.

다리오 1세는 그의 치세 중에 발생한 '이오니아 지역의 반란'(BC 499-494)[78]을 평정한 후 BC 492년과 490년에 함대를 동원해 트라키아 원정에 나서지만 성공하지 못하고 인생을 마치게 된다.

그의 뒤를 이어 왕위를 계승한 크세르크세스(성경에는 아하수에로) 왕은 BC 480년 에게해를 건너 아테네가 있는 그리스 본토를 향해 총력적인

---

[77] 크세르크세스(아하수에로) 왕은 성경에 등장하는 에스더의 남편이다. 다니엘서 11장 2절에 기록된 대로 그 네 번째 왕은 앞의 세 명의 왕들보다 훨씬 부요할 것이며, 그가 그 부요함으로 인해 강력하게 된 후에 군대를 일으켜 헬라를 정면으로 침공하게 된다. 크테시아스의 글에 의하면 그는 80만 명의 보병과 1,200척의 배를 소유한 해군을 두었다. 그리고 역사가 헤로도토스에 의하면 530만 명의 군대를 가졌다고 한다. 그는 대군을 동원해 헬라를 침공했지만 '살라미' 전투에서 패배함으로써 점차 약화되어 갔다.

[78] BC 499년에는 소아시아의 에게해 연안에 있는 이오니아(Ionia) 지방에서 소요가 발생했다. 그리스 도시 밀레투스(Miletus)의 정치가 아리스타고라스(Aristagoras)를 중심으로 여러 소도시들이 연합하여 이오니아 반란(BC 499-494)을 일으키게 되었기 때문이다. 그러자 다리우스 1세는 이를 진압하고자 했으며 결국 BC 494년에 이르러 이오니아 소도시들을 모두 평정했다.

공격을 가한다. 하지만 페르시아 제국은 아테네 앞에 있는 조그만 섬을 중심으로 벌어졌던 '살라미 전투'에서 완전히 패배하고 만다. 다니엘서 11장 2절에 기록된 '헬라국에 대한 침공'은 장래 일어나게 될 페르시아 제국의 그리스 공격에 대한 그 상황을 예언하고 있는 것으로 보인다.

2. 헬라 제국과 분열상황(3,4)

다니엘서 11장 3절은 헬라 제국의 발흥에 관한 기록으로 보인다. 장차 '한 능력 있는 왕'이 일어나 큰 권세로 다스리며 임의로 행한다는 말은 알렉산더(Alexander) 대왕을 지칭하고 있다. 페르시아 제국의 말기 마게도니야 지역을 통치하던 필립 2세 왕은 자기 아들 알렉산더를 당시 최고의 석학이던 아리스토텔레스(Aristotle)의 문하생으로 보낸다. 그가 학자적인 자질을 갖춘 인물이 되기를 원했기 때문이다.

그러나 알렉산더는 학문에만 전념하는 성품을 가지지는 못했다. 그는 학문의 길을 접고 용맹한 장군이 되어 BC 331년에는 페르시아 제국을 무너뜨리고 헬라 제국을 세워 막강한 위세를 떨치게 된다. 그렇다고 해서 그가 학문적 관심과 자질이 전혀 없었던 것은 아니다.

이후 알렉산더는 이집트를 정복한 후 나일강 하구의 북부 지중해 연안에 자기 이름을 붙여 건설한 알렉산드리아에 스승을 기념하여 대형 도서관을 건립했다. 후일에 알렉산드리아가 고대의 학문과 신학의 중심 도시 역할을 하며, 그곳에서 히브리어로 된 구약성경이 헬라어로 번역된 것은 매우 중요한 구속사적인 의미를 지닌다.[79]

---

79 히브리어와 일부 아람어로 기록된 구약성경의 헬라어 번역이 구속사적인 의미를 지니는 대표적인 근거 중 하나는 그것이 나중 신약성경의 헬라어 기록을 위한 예비적 기능을 하는 것으로 이해할 수 있기 때문이다. 그리고 신약성경에는 구약 히브리어 성경뿐 아니라 알렉산드리아에서 번역된 헬라어 70인역을 인용한 부분이 있다는 사실을 기억할 필요가 있다.

　또한 그가 정복한 모든 지역들 가운데서 헬레니즘 문화를 일으키고 안착시키게 된 것은 그의 학문성과 무관하지 않은 것으로 이해할 수 있다. 불과 십 수년 동안의 짧은 기간에 광범위한 지역을 정벌하고 그곳에 헬라문화의 씨앗을 뿌릴 수 있었던 것은 학문을 바탕으로 한 그의 사상에 기인했던 것이다. 그점을 염두에 두지 않고는 헬레니즘 문화의 급속한 확산을 설명하기가 쉽지 않다.

　알렉산더 대왕이 세운 거대한 헬라 제국은 그리 오래가지 못했다. BC 323년, 삼십대 초반의 그가 갑작스럽게 죽음으로써 드넓은 그의 제국도 분할될 수밖에 없었다. 당시 고대 왕국들은 왕의 혈통을 지닌 자손에게 왕국이 상속되는 것이 일반적이었다. 그러나 삼십대 초반의 젊은 알렉산더에게는 그의 뒤를 이을 만한 왕자가 없었다. 더구나 설령 그에게 어린 왕자가 있었다 할지라도 치열한 전쟁이 계속되는 중이었으므로 섭정이 이루어질 수 있는 형편이 되지 못했다.

　결국 다니엘서에 예언된 대로 알렉산더 대왕의 헬라 제국은 그의 신하들에 의해 네 왕국으로 분할되었다(단 11:4). 알렉산더가 정복하고 세력을 넓힌 대제국이 그의 자식이 아니라 여러 명의 신하들에게 나뉘어 돌아갔다. 그 네 왕국은 서쪽의 헬라와 마게도니야 지역을 통괄하는 캐산더 왕국, 소아시아와 트레이스와 비두니아 지역 등을 포함한 북쪽의 리시마쿠스 왕국, 수리아와 바벨론과 인도 지방 등 동쪽의 광활한 지역을 통치한 셀류쿠스 왕국, 그리고 남쪽의 애굽 지역을 이어받은 톨레미 왕국이었다.

　다니엘서는 그들의 장래에 관한 분명한 예언을 하고 있다. 하지만 네 왕국들 가운데 특별한 관심의 대상이 되었던 나라는 셀류쿠스 왕국과 톨레미 왕국이었다. 그 두 왕국은 언약의 땅인 팔레스틴과 하나님의 거룩한 성전이 있는 예루살렘을 지배했기 때문이다. 이는 성경의 관심이 세상의 왕국들이 아니라 이스라엘 민족과 직접 관련을 지닌 왕국들에

제한된다는 사실을 말해주고 있다.

3. 셀류쿠스 왕국과 톨레미 왕국의 갈등, 그리고 로마의 등장(5-20)

알렉산더 대왕의 헬라 제국이 분할된 후 남방 이집트 지역을 통치하던 톨레미 왕국은 막강한 위세를 떨쳤다. 또한 톨레미와 국경을 맞대고 있던 셀류쿠스 왕국 역시 상당한 세력을 구축하고 있었다. 그래서 그 두 왕국은 상호 충돌을 피하고자 평화조약을 맺고 화친하기 위해 나름대로 노력하게 된다.

세월이 지나 셀류쿠스 왕국과 톨레미 왕국은 혼인정책婚姻政策을 통해 화친을 도모하고자 한다(단 11:6). 톨레미 왕 필라델푸스의 딸 베레니스(Berenice)가 북방 왕 안티오쿠스 2세의 후처後妻가 되면서 그 두 나라는 평화 조약을 맺게 되었다.

그러나 다니엘서에 예언된 것처럼 베레니스는 역할을 충분히 감당할 수 없게 된다. 그녀가 낳은 자식은 본처 라오디스에 의해 피살되었으며 안티오쿠스 2세도 피살당하는 국면을 맞았기 때문이다. 이렇게 하여 평화조약을 조건삼아 정략적으로 북방 왕국에 시집갔던 남방 왕국의 공주는 모든 권세를 잃어버린 채 버림받게 되었다.

이러한 상황으로 말미암아 결국 톨레미 왕국에서는 정치적 내분이 일어나게 되며 국력이 약화되어 간다. 아마도 혼인정책의 실패로 인해 적잖은 문제가 일어났을 것으로 보인다. 하지만 베레니스 공주의 형제 유엘게테스(Euergetes)가 그 위급한 사태를 평정했다. 그가 곧 톨레미 3세였다. 성경에서 '톨레미 왕국 공주의 본족에서 난 자 중 하나'(단 11:7)라고 언급된 인물은 바로 그를 지칭하고 있다.

톨레미 3세는 셀류쿠스 왕국에 대해 누이의 문제로 말미암은 악감정을 가지고 있었으며, 동시에 국내 문제를 해결하기 위해 군대를 이끌고 북쪽 왕국을 침공한다. 그는 전쟁에서 크게 승리하여 금은 보물들로 만들어진 신상들과 아름다운 기구들을 대량 강탈해서 돌아왔다. 기록에 의하면 당시 남 왕국은 셀류쿠스 왕국에서 금 4,000달란트와 다양한 형상물 2,500개를 빼앗아갔다고 한다.

그 전쟁이 있은 후에 몇해 동안은 조용하다가 이번에는 북쪽에 있는 셀류쿠스 왕국의 셀류쿠스 콜리니쿠스가 남쪽 왕국을 침략하게 된다. 그러나 북 왕국은 침공에 실패하고 본국으로 되돌아간다. 나중 '그의 아들들'(단 11:10)이 전력을 가다듬어 대군을 모아 다시금 공격을 시도한다. 하지만 남쪽 왕국이 도리어 역공을 시도함으로써 북 왕국의 군대는 또다시 퇴각할 수밖에 없었다.

다니엘서 본문에서 말하는 '왕의 아들들'이란 콜리니쿠스의 아들들인 셀류쿠스와 안티오쿠스를 가리키고 있다. 여기에서 말하는 안티오쿠스는 안티오쿠스 4세의 부친을 칭하고 있다. 당시 왕은 대군과 다양한 전투 장비를 예비하고 남쪽 왕국을 공격하기 위해 대대적인 준비를 갖추고 전투에 임했다.

그러자 남방 왕 톨레미 필로파토르(Philopator)는 크게 진노하여 군대를 동원해 북방 왕국을 역공했다. 이에 북방 왕 안티오쿠스 3세 역시 대군을 동원하고 주변 왕국들의 지원을 받아 남방 왕국을 공격하게 된다. 그렇지만 안티오쿠스 에피파네스의 부친인 안티오쿠스 3세가 이끄는 군대가 남방 왕의 손에 의해 패배를 당하고 말았다. 이때 남방의 톨레미 왕국은 많은 병사들을 포로로 사로잡아 그 마음이 교만해져 갔지만 반면에 그 세력은 도리어 점차 기울어가고 있었다.

그후 셀류쿠스는 일찍 사망하게 되었으며 안티오쿠스가 많은 군대를 동원해 남방 왕을 다시 공격하게 된다. 몇번의 승리로 말미암아 교만에 빠져 있던 톨레미 왕국의 군대가 이번에는 북방 군대를 이길 수 없었다.

그때 셀류쿠스 왕국은 그전에 **빼**앗겼던 국경지역에 있던 여러 성읍들을 되찾게 되었다.

그러한 상황이 벌어지고 있는 가운데 이스라엘 민족 중에서도 전쟁에 능한 인물이 등장하게 된다(단 11:14). 그는 기회를 잡아 유대 백성들을 이용하여 셀류쿠스 왕국의 군대에 저항해 싸우며 민족독립을 위한 정치적인 이상을 구현하려 한다. 그것은 이스라엘 민족 가운데 발생하는 자체 세력으로서 정치적 야심가의 등장을 의미하는 것으로 보인다.

당시에는 아직 팔레스틴이 톨레미 왕국의 지배를 받고 있었기 때문에 북쪽 셀류쿠스 왕국에 저항해 싸우면서 세력을 확장하고자 하는 것은 자연스런 일일 수 있다. 따라서 당시 발생했던 상황은 일종의 독립운동의 형태와 연관되었을 것으로 보인다. 하지만 이스라엘 민족으로 구성된 세력은 성공을 거두지 못한다.

남쪽의 톨레미 왕은 나중 또다시 공격해오는 북쪽의 안티오쿠스 3세의 막강한 군대를 막아낼 재간이 없었다. 나아가 혼란한 틈을 타 셀류쿠스 왕국에 반기를 들고 싸웠던 '택한 군대'(his chosen people)[80]로 표현된 이스라엘 민족 역시 그에게 저항하고 이겨낼 수 없었다(단 11:15). 그 전쟁으로 인해 북방의 셀류쿠스 왕국은 토성을 쌓고 전투에 임한 결과 견고한 여러 성읍들을 얻게 되었다. 결국 안티오쿠스 3세는 BC 198년 팔레스틴에서 톨레미 왕조를 몰아내고 그 지역을 셀류쿠스 왕국에 병합시키게 되었다.

---

[80] 다니엘서 11장 15절의 '택한 군대'인 'his chosen people'(KJV)은 이스라엘 민족으로 구성된 군대를 의미한다. 한글 성경들 가운데는 이 말을 '정예부대'(표준새번역, 공동번역, 우리말성경)로 번역한 경우가 많이 있으며, 영어성경 NIV에서는 'their best troops'로 번역했으며 NASB에서는 'their choicest troops'라고 번역하고 있지만 이 번역들은 잘못된 것이다. 본문의 '택한 군대'(his chosen people)란 말은 14절의 '네 백성 중에서도 강포한 자가'라는 말과 함께 이해되어야 한다.

그리하여 셀류쿠스 왕조의 안티오쿠스 3세는 팔레스틴 지역을 장악하고 하나님의 거룩한 땅인 예루살렘에 입성하게 되었다(단 11:16). 하지만 그는 그 땅을 파괴할 위험한 인물이었다. 그후 그는 남쪽 왕국을 패망시키려고 총력을 기울여보지만 뜻대로 되지 않자 화친을 시도했다. 그리고는 또다시 혼인정책을 통해 톨레미 왕국을 정복하려 하지만 그것도 성공하지 못했다(단 11:17).

안티오쿠스 3세의 정복욕은 쉽게 멈추지 않았다. 그는 해변 지역으로 눈을 돌려 많은 땅을 차지하지만 그쪽편의 장군에 의해 저지당하게 된다. 안티오쿠스 3세는 BC 197년 소아시아를 침략했으며 BC 192년에는 헬라 지역으로 군대의 기수를 돌렸다. 그러나 로마와 정면으로 맞서게 된 전쟁인 '시리아 전쟁'(BC 192-189)에서 로마의 장군 코넬리우스 스키피오에 의해 패배하고 본토로 돌아왔다. 본국으로 돌아온 그는 일년 후에 죽게 됨으로써 모든 권력을 상실하게 되었다.

안티오쿠스 3세의 뒤를 이어 왕위에 오른 자는 필로파터(셀류쿠스 4세: BC 187-176)였다. 그는 백성들을 괴롭히며 토색하는 인물이었다. 셀류쿠스 4세는 로마에 조공을 바치기 위해 이스라엘 백성들이 살고 있는 '영광스런 나라'(in the glory of the kingdom, KJV)로 묘사된 팔레스틴 지역에 엄청난 세금을 부과하게 된다. 하지만 그는 재무관이었던 신하 헬리오도루스에 의해 독살되어 싸움도 해보지 못한 채 멸망하고 말았다(단 11:20).

4. 안티오쿠스 에피파네스(Antiochus Epiphanes)의 성전 모독(21-31)

셀류쿠스 4세가 죽은 후 그의 뒤를 이어 왕위를 계승한 자는 안티오쿠스 4세였다. 안티오쿠스 3세가 '시리아 전쟁'에서 로마에 의해 패배한 후 당시 그의 어린 아들 안티오쿠스 4세는 인질이 되어 로마로 사로

잡혀 가게 되었다(마카비1서 1:10). 후일에 안티오쿠스 4세는 자기 왕국으로 되돌아올 수 있었으며, 그 와중에 왕이었던 셀류쿠스 4세가 자신의 신하에 의해 독살당하는 반란 사건이 일어나게 되었다.

하지만 로마에 패배한 안티오쿠스 3세의 뒤를 이은 셀류쿠스 4세를 독살한 헬리오도루스는 자신을 추종하는 세력을 거느리고 정부군에 대항했으나 패배하고 말았다. 안티오쿠스 4세는 그 혼란한 틈을 타서 셀류큐스 왕국의 왕위에 오르게 되었다(단 11:21). 안티오쿠스 4세는 원래 왕위를 계승할 위치에 있던 인물이 아니었다. 그러나 그는 소수의 무리를 거느리고 권력을 잡아 왕위에 오르게 되었다. 그는 당시 불안한 정치적 상황을 최대한 이용해 모략을 써서 왕권을 쟁취했던 것이다.

왕위에 오른 안티오쿠스 4세는 왕권 강화를 위해 많은 노력을 기울였다. 국내외적으로 인정받기 위해서 내치內治는 물론 외교적인 노력을 게을리 하지 않았다. 그는 자기에게 저항하는 세력을 잔인하게 진압했으며 주변의 동맹국들에 대해서도 주도권을 행사했다. 그는 권력의 보존을 위해서라면 법과 조약을 어기는 것을 대수롭지 않게 여기는 자였다. 그렇게 함으로써 그는 무소불위無所不爲의 권력을 행사할 수 있게 되었다.

권력을 완전히 장악한 후 안티오쿠스 4세는 그 조상들이 일찍이 행하지 않았던 악한 일들을 서슴지 않았다. 그는 탈취한 재물들을 가지고 사람들의 환심을 사기 위해 모략을 베풀었으며 그것을 통해 얼마 동안 주변 국가들을 공격하여 승승장구하게 되었다(단 11:24). 그러나 그것은 오래가지 못했다. 그의 무모한 정복 행위에는 한계가 있었다.

이즈음 안티오쿠스 4세는 군대를 결집해 용맹을 떨치며 남방의 톨레미 왕국을 침공하게 된다. BC 169년 그는 대군을 이끌고 남방 왕을 공격했다. 당시 톨레미 왕국의 왕은 톨레미 6세였다. 톨레미 왕국 역시 그에 맞대응하여 대군을 모아 항전하게 되었다. 그러나 남방 왕은 막강한 군대를 거느리고 맞아 싸웠음에도 불구하고 북쪽의 군대를 당해내지 못했다. 결국 남쪽 왕국은 북쪽 왕의 계략으로 인해 패배하게 된다. 더구나 내란까지 일어나게 되며 그로 인해 많은 사람들이 생명을 잃게 되었다(단 11:26).

그와 같은 상황 가운데서 남북의 두 왕 안티오쿠스 4세와 톨레미 6세는 평화를 위한 협상 테이블에 마주 앉지만 양쪽 모두 진심을 감추고 위선적인 회담을 한다. 북쪽의 왕과 남쪽의 왕은 서로 속내를 숨기면서 모략을 베풀어 상호 거짓 대응을 하였다(단 11:27). 그로 말미암아 평화조약은 성사되지 못하고 안티오쿠스 4세는 남쪽 톨레미 왕국의 많은 재물을 탈취해 본국으로 돌아갔다.

안티오쿠스 4세는 BC 167년에 또다시 톨레미 왕국을 침공하게 된다(단 11:29). 그러나 이번에는 로마가 그에게 공격을 중단하라는 강력한 요구를 했다. 로마의 해군이 동부 지중해 연안에 당도하게 되었던 것이다. 로마 군대의 위력을 잘 알고 있던 셀류쿠스 왕국의 군대는 불명예스럽게 퇴각하지 않을 수 없었다. 퇴각하던 그 와중에 안디오쿠스 4세는 톨레미 왕국 대신 예루살렘을 공격하여 하나님의 언약을 거스르며 하나님의 거룩한 성전을 더럽혔다.

> "이는 깃딤의 배들이 이르러 그를 칠 것임이라 그가 낙심하고 돌아가며 거룩한 언약을 한하고 임의로 행하며 돌아가서는 거룩한 언약을 배반하는 자를 중히 여길 것이며 군대는 그의 편에 서서 성소 곧 견고한 곳을 더럽히며 매일 드리는 제사를 폐하며 멸망케 하는 미운 물건을 세울 것이며"(단 11:30,31)

안티오쿠스 4세는 예루살렘 성전을 심하게 모독하며 날마다 드리는 상번제常燔祭를 중단하게 했다. 이는 유대인들에게 엄청난 충격이 아닐 수 없었다. 그런 중에도 악한 유대인들은 정치적인 목적을 가지고 저들에게 아부하는 자들이 생겨났다. 그것을 지켜보던 로마는 안티오쿠스 4세와 그의 후계자들에게 대항하는 유대인들을 지원하기에 이른다. 이는 셀류쿠스 왕조를 약화시켜 로마의 지배 아래 두려는 정책의 일환이었다.

결국 남쪽 톨레미 왕국에 대한 정복욕을 채우지 못하고 마지못해 본국으로 돌아온 안티오쿠스 4세는 예루살렘을 공격하여 하나님의 언약을 임의로 거스르며 마음대로 악행을 저질렀다. 그는 거룩한 하나님의 언약을 욕되게 하였으며 그 언약을 어기고 배반하는 자들을 후원했다. 나아가 안티오쿠스 4세의 군대는 예루살렘 성전 남쪽에 주둔하면서 성벽을 헐어버리기도 했다. 그리고는 제우스 신상을 성전 지성소 안에 세우고 부정한 돼지를 제물로 바치면서 돼지의 피 냄새가 성전을 진동케 했다.

그는 또한 안식일과 절기를 금했으며 할례를 행하지 못하도록 명령했다. 그것을 어기는 자들은 사형으로 다스렸다. 그리고 기록된 하나님의 말씀인 모든 성경을 불태워 파괴했다. 나아가 그는 언약의 백성들을 배도의 길로 몰아가기 위해 온갖 위협과 감언이설을 중단하지 않았다.

5. 마카비 전쟁 이후의 하스모니안 왕가(32)

안티오쿠스 4세의 참람한 행동으로 말미암아 마침내 마카비 전쟁이 발생하게 되었다. 알렉산더 대왕의 군대에 유린당하던 팔레스틴 지역은 톨레미 왕국의 지배를 받다가 뒤이어 셀류쿠스 왕국의 지배를 받으면서 최악의 상황을 경험하고 있었다. 이때 남쪽의 톨레미 왕국을 공격하려다가 로마에 의해 저지당한 안티오쿠스 4세가 예루살렘을 공격한 것은 사실상 병적인 태도였다. 그 상황을 정확하게 간파하고 있던 로마는 저들의 목적을 위해 암묵적으로 유대인들을 지원했다.

BC 167년 거룩한 예루살렘 성전에서 이교異敎 제사가 드려지는 것을 본 다수의 유대인들은 심한 분노에 들끓었다. 경건한 유대인들(Hasidim)은 안티오쿠스 4세의 종교정책에 강력하게 저항함으로써 목숨을 걸고 율법을 준수하려 애썼다. 그러던 중 예루살렘 북서쪽 모데인(Modein) 마을의 제사장으로 있던 하스모니안 집안의 마타디아(Mattathias)가 성전에서 더러운 돼지를 잡아 제우스신에게 제사지내도록 강요하던 자를 죽인 후 광야로 피신하는 사건이 발생했다.

이듬해 마타디아가 팔레스틴을 침공하는 시리아와의 전투에서 전사한 후 그의 아들 유다 마카비(Judas Maccabius)가 아버지의 뒤를 이었다. 그는 안티오쿠스 4세의 종교정책에 저항하는 책임자의 역할을 계승하였다. 그때부터 팔레스틴에서 유대인들의 조직적인 민중봉기가 일어나 시민전쟁의 성격을 띠는 반란으로 이어졌다.

> "그가 또 언약을 배반하고 악행하는 자를 궤휼로 타락시킬 것이나 오직 자기의 하나님을 아는 백성은 강하여 용맹을 발하리라"(단 11:32).

결국 안티오쿠스 에피파네스의 악행에 저항했던 용맹한 유대인들은 수년간의 투쟁 끝에 예루살렘 성전을 되찾을 수 있었다. 그리고 마카비는 돈을 주고 대제사장직을 샀던 메넬라우스(Menelaus)를 제거했다. 그 모든 과정에는 로마인들의 암묵적인 지원이 있었음을 기억할 필요가 있다.

그로 인해 유대인들이 BC 164년 12월 25일 예루살렘 성전을 탈환하여 정화함으로써 성전 재봉헌식을 거행하게 되었다. 그날을 기념하여 이스라엘 민족 가운데서는 매년 수전절(Hanukka)이 지켜지고 있다. 그 절기는 구속사적 의미를 지니는 매우 중요한 절기로서 예수께서도 그 절기를 지키셨다(요 10:22).

예루살렘이 회복되던 그 해 안티오쿠스 4세는 페르시아 지역에서 발생한 문제를 해결하기 위해 그곳에 가 있던 중 사망하게 되었다. 따라서 그전에 그가 정했던 유대인과 예루살렘 성전에 관련된 모든 금령들이 사문화死文化될 수밖에 없었다. 아울러 유대인들은 그동안 박탈당했던 신앙의 자유를 획득하게 되었다.

BC 160년에는 유다 마카비가 시리아와의 전쟁에서 전사한 후 그의 아들 요나단(Jonathan)이 아버지를 계승하게 되었다. 그리고 요나단은 BC 152년 그동안 공석으로 있던 대제사장의 자리에 앉게 된다. 그러나 '경건한 유대인들' 은 많은 피를 흘린 요나단이 대제사장이 된 것을 보고 충격을 받아 마카비 가문과 점차 멀어지게 되었다.

또한 BC 142년에 요나단이 피살당하자 그의 동생 시몬(Simon)이 그 자리를 계승하게 되었다. 시몬은 유대 군대의 총사령관과 대제사장직을 겸하였다. 시몬이 시리아 군대를 예루살렘에서 완전히 몰아내는 데 성공함으로써 더 이상 시리아에 공물을 바치지 않아도 되는 새로운 평화의 시대가 열리게 되었다.

그러자 이스라엘 백성들은 BC 140년에 유대의 통치권을 시몬의 가문에 위임하기로 결의했다. 그후부터 그의 후손들이 대를 이어 왕위를 세습하게 되었다. 그들은 예루살렘 성전 회복과 이스라엘 민족의 독립의 기틀을 마련했던 마타디아의 아버지 하스몬(Hashmon)의 이름을 따라 '하스모니안 왕가' 라 불려지게 되었다.

우리는 팔레스틴 지역에서 마카비 반란이 있은 후 권력의 중심에 서 있던 유다 마카비가 로마와 우호조약을 맺음으로써 매우 강력한 동맹국을 얻게 되었음을 기억할 필요가 있다(BC 161년, 마카비1서 8장).[81] 그 조약은 그의 아들인 요나단(BC 144년, 마카비1서 12:1)과 그 형제 시몬(BC 140년, 마카비1서 14:24)의 통치 때도 계속 유지되었다. 이로써 하스모니안 왕가

---

81 마카비의 계승자들은 로마뿐 아니라 스파르타와도 동맹을 강화했다(마카비1서 12:2 참조). 당시 유대인들의 지도계층 인물들은 예루살렘 성전 회복에 힘을 쏟아 부었지만 순수한 신앙으로 말미암은 것은 아니었다. 그럼에도 불구하고 하나님의 경륜 가운데 구속사가 진행되어갔던 것이다.

에 대한 로마의 지원은 이스라엘이 팔레스틴 지역에서 안정적인 체제를 구축하는 데 결정적인 역할을 하게 되었다(마카비1서 14:40-47).

하스모니안 왕가는 BC 63년 팔레스틴 지역이 로마왕국의 속주가 될 때까지 유지되어 갔다. 마카비 가문의 시몬(Simon)이 유대의 통치권을 공적으로 인정받은 후 그의 뒤를 이어 요한 힐카누스 1세(BC 134-104), 아리스토 블루스 1세(BC 104-103), 알렉산더 얀네우스(BC 103-76), 알렉산드라 살로메(BC 76-67), 아리스토 블루스 2세(BC 67-63)가 차례로 왕위를 계승했다.

우리는 다니엘서에 기록된 미래에 대한 예언적 역사 기술을 통해 하나님의 놀라운 경륜을 깨달아야 한다. 하나님은 일반적인 인간 역사에 관련된 장래일을 말씀하시고자 한 것이 아니었다. 중요한 것은 약속의 땅 팔레스틴과 그 안에 있는 예루살렘 성전, 그리고 하나님께서 특별히 택하여 세우신 언약의 백성들이었다. 하나님께서는 이스라엘 민족과 연관된 주변 역사들을 미리 계시하심으로써 자기 백성들에게 메시아에 연관된 놀라운 은혜를 베풀고자 하셨다.

그렇지만 하나님을 믿지 않는 불신앙 신학자들은 이 부분을 보면서 다니엘서가 후대에 기록된 책이라 주장하고 있다. 그들이 내세우는 이유 가운데 하나는 다니엘서의 기록 내용이 역사적 실제와 너무 일치한다는 것이다. 이처럼 역사를 경험하지 않은 상태에서 정확한 내용을 기술한다는 것은 불가능하다는 것이다.

그러나 그런 이유 때문에 다니엘서를 후대의 기록물이라고 주장하는 것은 어불성설이다. 만일 다니엘서가 후대에 기록된 책이라면 이스라엘 민족은 아예 그 책을 거룩한 성경으로 받아들이지 않았을 것이 분명하다. 우리는 구약시대 이스라엘 백성들이 하나님의 계시인 정경을 확인하는 데 얼마나 철저했던가 하는 사실을 주의 깊게 기억하지 않으면 안 된다.

제15장
로마의 왕들과 이스라엘 민족

(단 11:33-45)

1. 로마의 등장과 세력 확보

다니엘서에는 이스라엘 민족과 연관하여 로마가 등장하는 시점이 기록되어 있다. 다니엘서 앞부분의 느부갓네살의 신상 가운데 로마 제국이 나타나며, 네 짐승에 관한 환상에서도 로마 제국이 나타난다. 그것을 보아 다니엘서 11장에서도 로마 제국이 예언적으로 설명되고 있는 것으로 보는 것이 자연스럽다.

학자들 가운데는 다니엘서 11장 후반부를 셀류쿠스 왕국의 안티오쿠스 에피파네스와 연관지어 해석하는 이들이 있다. 또한 동일한 본문을 종말에 등장할 적그리스도와 연관짓는 이들도 있다. 하지만 그보다는 11장 33절 이하의 예언을 로마 제국과 연관지어 해석하는 것이 더욱 타당하다.

이는 다니엘서 12장 1절에서 시작되는 "그때에 네 민족을 호위하는 대군 미가엘이 일어날 것이요"라는 말씀 가운데 '그때에'가 가리키는 시기와 연관된 문구해석을 위해 매우 중요한 역할을 한다. 그것은 11장 후반부의 예언이 메시아 강림에 가까운 때 발생하는 사건들과 연관되어 있기 때문이다.

그리고 앞의 11장 30절에서는 깃딤(Kittim)의 해군이 셀류쿠스 왕국을 공격하는 내용이 나왔었다. 그 깃딤은 곧 로마를 일컫고 있다.[82] 따라서 깃딤, 즉 로마 군대의 등장은 이후 로마 공화국 및 로마 제국에 관련된 설명이 이루어지게 되는 것에 대한 예언적인 성격이 포함된 의미로 받아들여야 한다.

BC 192년 '시리아 전쟁'에서 승리한 로마는 그뒤부터 셀류쿠스 왕국에 강한 압력을 행사했다. 그때 안티오쿠스 3세의 아들들을 인질로 잡아 로마로 데려간 것은 향후 정국에 매우 중요한 역할을 제공하게 되었다. 이렇게 하여 헬라의 영향을 받던 지역들이 서서히 로마인들에게 그 자리를 내어주기에 이른다.

그리고 BC 167년 로마는 안티오쿠스 4세가 톨레미 왕국을 공격할 때 그 침략을 중단하도록 압력을 행사했는데 이 사건 역시 매우 중요한 사건이다. 안티오쿠스 4세는 로마인들의 간섭으로 말미암아 절호의 기회를 놓쳤다는 판단을 하고 대신 예루살렘을 공격의 대상으로 삼았다. 그로 인해 로마 공화국과 셀류쿠스 왕국은 내면상 갈등 관계에 놓이게 되었지만 로마와 유대인들 사이에는 오히려 우호적인 관계가 형성되었다.

헬라인들이 예루살렘과 그 안에 있는 거룩한 성전을 마음대로 유린한 결과 발생한 마카비 전쟁이 완전히 끝난 후 로마는 서부 소아시아 지역과 지중해 지역에 지배권을 행사하기 시작했다.

---

82 독일성서공회판 해설성경에는 깃딤(Kittim)을 다음과 같이 설명하고 있다: 처음에는 베니게(페니키아) 사람들이 구브로(키프로스)에 키티온을 건설했기 때문에 구브로섬(사 23:1,12) 또는 그 주민(창 10:4; 대상 1:7; 겔 27:6)을 가리켜 깃딤이라 하다가, 나중에는 에게해의 섬 지역(렘 2:10)이나 마게도니야(1마카 1:1; 8:5)를 지칭했으며, 나중에는 로마 제국(단 11:30)을 깃딤이라고 불렀다. 그리고 특별히 로마를 깃딤이라고 한 것은 사해사본(Dead Sea Scrolls)에도 나타나 있다(박윤선, 다니엘서 11:30 주석, 참조).

그리고 마침내 마카비 전쟁의 결과로 세워졌던 유대인들의 하스모니안 왕가는 BC 63년 막을 내림으로써 팔레스틴은 로마의 속주가 되었다. 이로써 로마 공화국은 수리아와 팔레스타인을 자신의 완전한 세력권 안에 넣게 되었던 것이다. 당시 이스라엘 민족 가운데 하나님을 경외하는 지혜로운 자들이 있었지만 그들에게는 힘의 한계가 있었다.

로마의 폼페이우스(Pompeius)가 팔레스틴을 완전히 정복하고 예루살렘에 도착했을 때 일부 저항 세력은 그를 성 안으로 맞아들이려 하지 않았다. 하지만 로마인들과 타협하던 또 다른 세력에 의하여 성문이 열리게 되었다. 저항 세력은 성전 지역에서 석 달 동안 로마에 저항했지만 결국 감당하지 못했다.

그때 폼페이우스는 예루살렘 성전의 지성소 안에까지 들어가는 불경한 행동을 했다. 그렇지만 그는 성전을 파괴하거나 성전 기물을 약탈하지는 않았다. 이러한 그의 태도는 이스라엘 민족에 대한 로마 공화국의 입장을 그대로 보여주고 있다.

BC 60년경 로마의 통치자 폼페이우스는 지중해 동부지역을 거의 정복하게 되었다. 그리고 그는 파르티아(Parthia) 제국의 미드리다테스 3세를 물리침으로써 소아시아 지역의 내륙과 북부지역을 평정했다. 그리고 지중해와 그 연안에 거점을 두고 활동하던 해적들을 완전히 소탕함으로써 제해권을 장악했다. 이렇게 하여 셀류쿠스 왕국은 로마의 팽창과 더불어 종말을 고하게 되었다.

2. 로마의 간섭 아래 놓인 유대인들(11:33-35)

다윗 왕국이 바벨론 제국에 의해 패망함으로써 이방 지역으로 사로잡혀 왔던 이스라엘 민족은 페르시아 제국의 '고레스 칙령'에 의해 본토로 귀환하지만 여전히 불안전한 가운데 있었다. 그들은 헬라 제국과 후에

분할된 톨레미 왕국과 셀류쿠스 왕국의 통치 아래서 심한 시달림을 받았
다. 그러던 중 에피파네스라는 별명을 가진 안티오쿠스 4세의 예루살렘
성전에 대한 만행을 기화로 하여 어느 정도 자치권을 되찾게 되었다.

당시 유대인들은 형식상 하스모니안 왕조를 통치자로 둔 왕국을 유지
하고 있었지만 여전히 새로운 보호자로서 로마 공화국에 의존하고 있었
다. 이스라엘 백성들 가운데는 하나님을 경외하는 지혜로운 자들이 없
었던 것은 아니지만 세속적인 로마 권력과 친합하여 자기들이 추구하는
만족을 얻으려 하는 배도자들도 많이 생겨나게 되었다. 다니엘은 그에
관한 예언의 말씀을 전하고 있다.

> "백성 중에 지혜로운 자가 많은 사람을 가르칠 것이나 그들이 칼날과
> 불꽃과 사로잡힘과 약탈을 당하여 여러 날 동안 쇠패하리라. 그들이 쇠
> 패할 때에 도움을 조금 얻을 것이나 많은 사람은 궤휼로 그들과 친합할
> 것이며 또 그들 중 지혜로운 자 몇 사람이 쇠패하여 무리로 연단되며 정
> 결케 되며 희게 되어 마지막 때까지 이르게 하리니 이는 작정된 기한이
> 있음이니라"(단 11:33-35).

우리는 다니엘서에 예언된 위의 본문 말씀이 로마인들과 연관되는 것
으로 이해한다. 바로 앞에 기록된 31절과 32절에서는 안티오쿠스 4세인
에피파네스의 예루살렘 성전 모독과 마카비 전쟁에 대한 예언을 했었
다. 그러므로 33절 이후에 기록된 예언은 그때부터 이스라엘 민족과 밀
접한 관계에 놓이는 로마인들과 연관된 예언으로 이해할 수 있다.

본문 말씀 가운데 이스라엘 백성 중에 지혜로운 자가 많은 사람을 가
르칠 것이라는 말은 구속사적인 의미를 지닌다. 즉 여기에서 지혜로운
자란 메시아를 소망하며 기다리는 자를 지칭하고 있다. 많은 백성들이
변화하는 이스라엘의 역사 가운데서 인간적인 판단을 하며 대처하고자
했지만 진정한 지혜를 소유한 사람들은 메시아를 보내시고자 하는 하나
님의 섭리를 기억하고 있었던 것이다.

알렉산더 대왕의 헬라 제국 이후의 톨레미 왕국과 셀류쿠스 왕국으로
부터 심한 압제를 받던 유대인들은 마카비 전쟁 이후부터 로마 공화국
이 등장함으로써 저들로부터 상당한 기간동안 도움을 얻게 된다. 그런
가운데서도 이스라엘 백성 중에 하나님을 진정으로 경외하는 지혜로운
자가 나타나 메시아와 연관된 하나님의 경륜에 관한 교훈을 전하며 가
르치게 된다. 그러나 그들은 오랜 기간동안 이방인들의 칼날과 압제로
부터 자유롭지 못한 생활을 할 수밖에 없었다.

그들이 쇠패해 갈 때 로마 공화국은 약간의 정치적인 도움을 주게 된
다(단 11:34). 당시 세력을 확장해 가던 로마가 셀류쿠스 왕국에 반기를
든 유대인들과 더불어 우호조약友好條約을 체결하였던 것이다. 그렇지만
그 조약의 내용적인 실상은 일종의 보호조약保護條約의 성격을 지니고 있
었다. 그렇게 하여 로마는 팔레스틴의 이스라엘 백성들에 대한 보호자
의 위치에 서게 되었다. 이는 서로간 대등한 관계에서 성립된 조약이 아
니라 사실상 불평등 관계라 말할 수밖에 없다.

그렇게 되자 로마에 아부하며 저들과 내통하며 가까이 지내려는 배도
자들이 더욱 많아지게 되었다. 그런 자들은 개인의 영달을 추구하는 것
을 유일한 목적으로 삼고 있었다. 한편 로마인들의 세력에 저항하는 지
혜로운 자들 가운데 몇사람은 죽임을 당하기도 했다. 그들은 하나님 이
외에 어느 누구도 의지할 대상이 될 수 없다는 사실을 잘 알고 있었다.
경건한 자들 가운데는 그런 고통의 과정을 겪으면서 연단을 받아 정결
케 되어 마지막 때를 기다리는 자들이 생겨나게 되는 것이다.

로마 공화국과 유대인들과의 우호 관계는 마카비 전쟁 이후부터 BC
63년 폼페이우스가 예루살렘을 정복하고 로마의 속주가 될 때까지 상
당 부분 지속되었다. 그것은 약자인 유대인들이 원해서가 아니라 동북
쪽에 있는 파르티아 제국(단 11:44)을 견제해야 하는 로마의 정책적인 목
적에 의한 것이었다. 로마는 자신의 목적을 달성하기 위해 유대인들을

이용했던 것이다. 물론 그것은 영원히 지속되는 것이 아니라 작정된 기한까지 이루어진다. 이는 하나님의 경륜이 역사 가운데 내밀하게 작용하고 있음을 보여주고 있는 것이다.

3. 로마의 '한 왕' 폼페이우스(11:36-39)

그후 로마에는 한 탁월한 통치자가 일어나게 된다(단 11:36).[83] 그는 '세력의 신'을 섬기는 자로 묘사되어 있다. 이는 그 사람이 지배욕과 정복욕에 가득 찬 사람임을 말해주고 있다. 그는 과연 누구일까?

유대인들의 팔레스틴 지역을 속국으로 만들 당시 로마 공화국에는 소위 제1차 삼두정치가 펼쳐지고 있었다. BC 60년에 폼페이우스, 케사르, 크라수스 세 사람의 정치적 거물들이 제1차 3두동맹三頭同盟을 맺었다. 폼페이우스는 BC 70년과 55년에 공동 콘술(Consul:집정관)에 선출되었으며 BC 52년에는 단독 콘술에 취임하게 되었다.

당시 팔레스틴을 포함한 동부 지역은 폼페이우스의 통치 관할 아래 있었으며 케사르는 서부의 로마와 갈리아 지역을 다스리고 있었다. 그러던 중 양쪽에 심각한 정치적 갈등이 발생해 BC 49년에 이 둘 사이에 전쟁이 일어나게 되었다. 그때 폼페이우스의 군대는 파르살로스 전투(Battle of Pharsalos)에서 케사르에 의해 참패당했다(BC 48).[84] 패전한 폼

---

83 이에 대해서는 셀류쿠스 왕국의 안티오쿠스 4세라 주장하는 학자들이 있는가 하면, 종말의 때에 이르게 될 적그리스도라 주장하는 학자들도 있다. 그러나 우리는 그가 로마의 탁월한 인물 가운데 한 사람으로 이해하는 것이 가장 바람직한 견해로 받아들인다.

84 BC 48년 케사르의 군대와 폼페이우스 군대는 그리스 북쪽 지역에 있는 파르살로스(Pharsalos)에서 결전하게 된다. 케사르는 약 2만 2천 명의 병사들을 거느리고 거의 배나 되는 폼페이우스 군대와 싸워 약 2만 명을 항복시키고 대승을 거두었다. 그러자 폼페이우스는 에게해의 동부 해로(海路)로 레스보스(Lesbos) 섬을 거쳐 이집트로 도망쳤지만 그곳에서 살해되었으며 케사르는 천하를 제패하게 되었다.

페이우스는 그후 케사르의 공격을 피해 이집트로 도망갔지만 이집트의 톨레미 왕조는 로마의 내전에 휩쓸리는 것을 꺼려하여 그를 보호하는 대신 살해하게 된다(단 11:36).[85]

폼페이우스는 그의 조상들이 섬기던 신들(gods)이나 여성들이 즐겨 섬기는 다른 신들을 믿지 않았다. 전쟁에 익숙한 용장인 그의 눈에는 종교적인 신들이 아니라 전쟁을 통한 승리만이 현실적이었던 것이다. 그는 동부지역을 평정한 후 BC 63년에 유대지역을 특별히 '독립된 성전국가'로 선포했다.

그는 이를 통해 도리어 자신을 신들보다 더 높은 자리에 두게 된다. 그리하여 그는 예루살렘 성전을 유린하며 지성소 내부에까지 들어갔던 것이다. 이렇게 하여 폼페이우스는 모든 것을 자기 뜻대로 행하며 스스로 높여 모든 신들보다 크다고 하며 상식적이지 않은 말로 신들을 대적했다. 나아가 거룩한 하나님을 대적하기에 이른다(단 11:36). 이는 그가 이스라엘 민족을 무시하며 예루살렘을 멸시하는 것을 두고 일컫는 말이다.

그런 가운데 폼페이우스는 다른 한편으로 금은보석과 보물을 가지고 이방신(a foreign god)에 대해 나름대로의 예우를 다하며 그것을 힘입어 정복지 주민들을 적절히 무마하는 가운데 정복활동을 지속했다. 이는 그가 이방 지역의 신을 정략적으로 이용했다는 의미이다. 그런 종교 행위를 보이는 것을 통해 이방 지역의 민심을 사고자 했기 때문이다. 그

---

85 케사르가 그의 뒤를 추격해 알렉산드리아에 도착했을 때는 이미 그가 죽은 뒤였다. 케사르는 그때 이집트를 평정하고 사실상 자기의 통치 관할에 두게 되었다. 그는 그때 이미 결혼해 왕비가 되어 있는 클레오파트라를 만나 그녀와 불륜에 빠지게 된다. 그후 그는 단독으로 거대한 로마 공화국을 통치하게 된다. 이것은 유대인들이 거주하고 있던 팔레스틴과 예루살렘도 그의 관할에 속하게 되었음을 말해주고 있다.

는 또한 자기를 인정하는 자들에게는 권세와 영예를 부여해 통치권을 허락했으며 뇌물을 받고 땅을 나눠주기도 했다(단 11:39).

그 대표적인 경우가 헤롯 집안에 대한 정치적인 입지였다. 예수님이 오셨을 때 유대지역의 통치자 노릇을 했던 헤롯 대왕(BC 37-4)은 폼페이우스를 물리친 케사르의 지원으로 팔레스틴을 통치하게 된 이두매 출신의 특별한 왕가(BC 37-AD 70) 출신의 인물이었다. 그들이 팔레스틴 지역의 정치적 중심에 서게 된 것은 BC 1세기 초 안티파터 1세부터였다. 그는 유대인 하스모니안 왕가의 히르카누스 2세를 조정하여 권력을 쌓아가는 가운데 로마 정치권의 호감을 획득하게 되었던 것이다.

한편 폼페이우스 군대를 섬멸한 케사르는 BC 47년 진정한 신앙이 없는 명목상의 유대인인 헤롯의 부친 안티파터(안티바스) 1세를 유대지역의 총독으로 임명하게 된다. 그것은 폼페이우스가 팔레스틴을 지배할 때 이미 닦아둔 정치적 기반 위에 이루어졌다.[86] 이는 하나님의 언약의 땅을 자기 마음대로 좌지우지하겠다는 것이었다. 그러나 그것 역시 때가 이르면 모든 것이 끝나게 된다. 이는 눈에 보이지 않는 하나님의 경륜적 간섭을 피할 수 없기 때문이다.

폼페이우스와 가까웠던 안티파터는 그의 정적이었던 케사르의 신임을 얻어낼 만큼 교활한 정치인이었다. 그의 가문은 명목상으로는 유대인이었지만 정통 유대인이라 할 수는 없었다. 즉 그들은 진정한 신앙이 없는 상태에서 정치적 상황에 의해 유대인이 된 자들이었다. 하스모니

---

86 헤롯의 아버지 안티파터를 유대 지역의 총독으로 임명한 것은 케사르였지만, 그를 처음 발탁하고 그에게 어느 정도의 지위와 권력을 주었던 것은 폼페이우스였다. 이는 케사르가 BC 48년 폼페이우스에게 승리한 후 BC 47년에 원래 폼페이우스가 통치하던 지역인 팔레스틴의 총독으로 안티파터를 세운 사실에서 그 정황을 충분히 짐작할 수 있다. 케사르는 폼페이우스에게 충성하던 인물을 그대로 수용함으로써 식민지역에 대한 원만한 지배를 이어가려 했던 것으로 보인다.

안 왕가의 요한 히르카누스가 BC 125년 이두매 지역을 정복한 후 모든 이두매인들에게 강제로 할례를 받게 하여 유대교를 신봉하도록 했었기 때문이다.

폼페이우스와 케사르의 전투가 끝난 직후 유대지역의 총독이 된 안티파터 1세는 스물 다섯 살이 된 자신의 둘째 아들 헤롯을 곧바로 팔레스틴의 갈릴리 지역 관리 책임자로 임명했다(BC 47). 공권력을 소유하게 된 헤롯은 당시에 골칫덩어리였던 도적떼를 즉시 소탕하고 처형함으로써 문제를 해결했다. 그들은 이스라엘 민족의 독립운동을 하던 투사들이었을 것이 틀림없다. 그것으로 인해 헤롯은 예루살렘의 산헤드린 공회로부터 심한 분노를 샀지만 로마와 갈릴리의 유대인들로부터 인정받아 신임을 얻게 되었다.

그후 헤롯은 파르티아 제국의 사주를 받은 하스모니안 왕가의 안티고누스(Antigonus)의 갈릴리 침공을 물리쳤다. 그의 부친 안티파터가 암살당하게 되자 로마의 집정관 마르크 안토니(Marc Antony)는 헤롯과 그의 형 파사엘(Phasael)에게 유대 지역을 다스리는 권세를 허락했다. 하지만 BC 40년 예루살렘은 안티고누스를 전면에 앞세운 파르티아 군대의 침입으로 말미암아 포위를 당해 그들 형제가 체포되었다. 그때 파사엘은 파르티아에 의한 감금 중에 스스로 자결하고 말았다.

그러나 헤롯은 감금 중에 탈출해 로마로 도망쳤다. 그는 그곳에서 원로원으로부터 유대지역의 왕으로 임명받게 되었다. 로마군대가 BC 38년 파르티아인들을 몰아내고 난 후 1년이 지난 뒤에 헤롯은 안티고누스를 물리침으로써 실질적인 유대지역의 왕위를 획득하게 된다. 그는 유대인 신하들의 강력한 지지를 받았으며 로마 지도자들과도 상당히 우호적인 관계를 유지했다. 그렇게 함으로써 헤롯은 자신의 정치적 역량을 충분히 드러내며 군사력을 대내외적으로 과시했다.

그리고 그의 강력한 후원자였던 로마의 안토니우스가 사망한 뒤 옥타비아누스(아우구스투스)로부터도 호감을 샀다. 헤롯은 그들의 원조를 배경으로 하여 유대지역의 주변을 향해 세력을 확장했으며 사마리아, 예루살렘, 여리고 등 대도시를 재건하고 여러 성들을 전략적인 요새로 만들었다. 그리고 아우구스투스 황제를 기념해 지중해 연안의 '스토라토 성채' 를 개명하여 '가이샤라' 로 불렀는데 그곳이 유대지역의 수도가 되었다. 이 모든 것들은 케사르에 의해 시작된 것으로 볼 수 있다.

4. '북쪽 왕' 으로 묘사된 '아우구스투스' (11:40-43)

다니엘서 11장 40절에는 북방 왕과 남방 왕에 관한 기록이 나타난다. 그러나 여기에서 언급된 왕들은 앞의 11장 9절과 11절에서 언급된 북방 왕 및 남방 왕과는 상이한 나라의 다른 인물들이다. 11장 앞부분에 언급된 남북의 왕들은 셀류쿠스 왕국과 톨레미 왕국의 두 왕을 의미하고 있다. 그러나 11장 후반부에 기록된 남북의 왕들은 로마의 통치자와 그의 지배를 받는 나라의 왕을 지칭하고 있는 것으로 보아야 한다. 따라서 우리는 BC 1세기 후반 로마의 주요한 통치자들을 살펴볼 필요가 있다.

여기에서 특별히 관심을 가지는 인물은 옥타비아누스이다. 그는 폼페이우스를 제압하고 로마의 모든 권력을 장악한 케사르의 양자로서 제2차 삼두정치를 끝내고 단독으로 집권하게 되었다. 그후 아우구스투스(Augustus) 칭호를 받아 로마 제국의 초대 황제가 되었다.

케사르가 BC 44년 신뢰하던 부하 브루투스(Brutus)에 의해 피살된 후 제2차 삼두정치가 시작된다. 안토니우스, 옥타비아누스, 레피두스가 곧 그들이다. 레피두스는 일찍 실각했지만 동부지역을 지배하던 안토니우스와 로마를 비롯한 서부지역을 통치하던 옥타비아누스는 팽팽하게 대립하고 있었다. 그때 이집트의 클레오파트라는 동쪽에서 영향력을 행사하던 안토니우스의 편에 서 있었다.

결국 옥타비아누스와 안토니우스는 정치적 갈등 끝에 내전에 돌입하게 된다. 로마지역을 통치하던 옥타비아누스는 안토니우스가 로마를 멸시하고 있다는 듯한 여론을 조성함으로써 서방 지역의 로마인들은 심히 분개하기에 이르렀다. 그것은 로마인들에게는 치욕적으로 자존심을 상하게 하는 것이었다. 한편 클레오파트라의 군대는 동부 지역의 안토니우스의 편에서 싸우게 되었다.

양쪽 군대는 BC 31년 그리스의 펠레폰네소스 반도 북서쪽 바다 건너 위치한 악티움(Actium) 해전[87]에서 격렬한 전투를 벌이게 된다. 그 전투에서 옥타비아누스가 완승을 거두고 안토니우스의 군대는 대패하게 되었다. 당시 클레오파트라의 군대는 패전의 기미를 보며 급작스럽게 기수를 돌려 이집트로 퇴각하게 되는데 역사학자들은 그것이 결정적인 전쟁 패배의 요인으로 보고 있다. 본문 말씀 가운데 기록된 예언은 바로 그 사건을 시사하고 있는 것으로 보인다.

> "마지막 때에 남방 왕이 그를 찌르리니 북방 왕이 병거와 마병과 많은 배로 회리바람처럼 그에게로 마주 와서 그 여러 나라에 들어가며 물이 넘침 같이 지나갈 것이요"(단 11:40).

우리는 위 본문에 명시된 '마지막 때'라는 말에 각별한 주의를 기울여야 한다. 이는 하나님께서 메시아를 보내 세상을 심판하실 때가 임박

---

[87] 육상 전투를 주장했던 안토니우스는 해상 전투를 고집한 클레오파트라의 의견에 따라 악티움(Actium) 해상에서 옥타비아누스 함대와 격돌하게 되었다. 양 진영은 각각 500여 척 이상의 함선을 보유했으나 옥타비아누스의 부하 아그리파가 풍향(風向)을 계산한 전술을 통해 기선을 제압함으로써 안토니우스 함대를 격파할 수 있었다. 패배를 직면한 안토니우스는 남쪽으로 달아나는 클레오파트라의 함대에 올라 이집트로 도망쳤다. 그후 전투는 잠시 계속되었으나 옥타비아누스 군대의 완승으로 끝났다. 안토니우스와 클레오파트라는 이듬해 알렉산드리아에서 사망했으며 이 전투에서 승리한 옥타비아누스는 전 로마를 통일하게 되었다.

했음을 시사하고 있다. 다니엘서는 마지막 때 이스라엘 민족 주변에서 발생할 사건을 예언한 것이다.

그러므로 본문에 언급된 남방 왕은 안토니우스 혹은 클레오파트라를 지칭하는 것으로 보인다. 그리고 북방 왕은 옥타비아누스를 지칭하고 있는 것 같다. 즉 남방 왕이 북방 왕을 찌르게 되리라는 예언은 당시 남방 지역을 포함한 동부를 통치하던 안토니우스 세력이 북방으로 묘사된 로마와 마게도니아 지역 등을 지배하던 옥타비아누스 군대를 공격하게 됨을 말하고 있다.

그리고 북방 왕이 병거와 마병을 동원한 것은 당시 전투상황을 묘사하고 있는 것으로 이해되며 배로 회리바람처럼 그에게 맞서 싸워 승리하게 된다는 말은 악티움 해전을 일컫는 것으로 생각된다. BC 31년에 있었던 악티움 해전은 역사상 매우 중요한 의미를 지닌다. 옥타비아누스가 그 전투에서 완전히 승리함으로써 로마의 일인 통치체제를 구축하기 때문이다. 그것은 곧 로마 공화정을 끝내고 제정시대 곧 로마 제국시대를 여는 중요한 역할을 하게 됨을 의미한다.

옥타비아누스가 전 로마의 통치권을 장악하고 원로원으로부터 부여받은 아우구스투스(Augustus) 칭호는 '존엄자'라는 의미를 지니는 것으로 절대적인 권위를 가지고 있음을 보여준다. 그리하여 옥타비아누스는 아우구스투스라는 이름으로 로마 제국의 초대 황제에 오르게 되었다.

성경 본문은 또한 그가 '영화로운 땅'에 들어가게 되리라는 사실을 예언하고 있다. 그리고 그가 많은 나라들을 패망시키고 정복하게 될 것이 예언되었다. 그의 세력이 거대한 이집트를 통치하게 됨으로써 그곳의 금은보물들을 탈취하게 될 것을 언급하고 있다. 나아가 리비아와 구스 사람들도 그를 섬기게 된다. 그러나 이스라엘 민족의 주변 왕국에 속한 사람들 가운데 일부 귀족들은 그로부터 벗어날 것이 예언되었다.

"그가 또 영화로운 땅에 들어갈 것이요 많은 나라를 패망케 할 것이나 오직 에돔과 모압과 암몬 자손의 존귀한 자들은 그 손에서 벗어나리라"(단 11:41).

북쪽 왕으로 묘사된 옥타비아누스는 남방 왕의 세력을 제압한 후 영화로운 땅 곧 하나님의 언약의 땅인 팔레스틴에 들어가게 된다. 그의 막강한 세력 앞에 무릎을 꿇지 않을 나라는 없었다. 그는 당시 주변의 모든 세계를 정복하게 되었다.

반면에 성경은 에돔과 모압과 암몬 자손의 존귀한 자들은 그로부터 벗어나게 되리라고 예언하고 있다. 이 말은 하나님의 영화로운 땅인 약속의 땅 가나안이 정통 유대인들이 아니라 주변 종족들에 의해 억압받게 되리라는 사실을 예언하고 있는 것으로 보인다. 이는 당시 이스라엘 민족의 왕으로 군림하고 있던 헤롯 가문과 특별히 연관되는 것으로 여겨진다.

앞서 언급한 대로 헤롯은 원래 순수 유대인 혈통을 지닌 인물이 아니었다. 그는 에돔 출신으로서 이두매 지역에 살던 그의 선조들이 유대인들에 의해 강압적으로 개종한 후 반쪽짜리 유대인이 되었다. 때문에 그는 에돔과 모압과 암몬 자손들을 은근히 예우하는 정책을 폈다.

헤롯의 부친은 로마의 집정관 케사르의 신임을 얻어내어 유대 지역의 총독이 되었으며 헤롯은 안토니우스와 매우 가까운 사이였다. 그런 인맥을 통해 그는 유대지역의 왕으로 임명되었다. 교활한 정치력을 발휘했던 그는 안토니우스가 사망한 후에도 막강한 수완을 발휘하여 한때 그의 정적으로서 로마 제국의 황제가 된 옥타비아누스, 즉 아우구스투스로부터도 두터운 신임을 받아내었다. 따라서 다니엘서 11장 40절에 기록된 '북방 왕'은 로마 제국의 초대 황제 아우구스투스가 된 옥타비아누스인 것으로 이해하는 것이 가장 타당성 있는 해석이다.

5. '자고自高에 빠진 왕'의 파멸(11:44,45)

본문 말씀 가운데 '동북에서부터 소문이 이르러 그로 번민케 했다'는
것은 동북쪽에 위치한 파르티아 제국을 두고 하는 말이다. 당시 로마 공
화국에 있어서 파르티아[88]는 항상 민감하게 신경을 써야 하는 강한 경
계의 대상이었다. 따라서 그들을 그냥 두고는 불안을 떨칠 수 없는 형편
이었다.

> "그러나 동북에서부터 소문이 이르러 그로 번민케 하므로 그가 분노
> 하여 나가서 많은 무리를 다 도륙하며 진멸코자 할 것이요"(단 11:44).

파르티아 제국은 카스피해의 동쪽에서 온 유목 민족이 건국한 나라이
며 왕의 직접적인 통치하에 봉건적인 신분의 귀족들이 지배하는 국가였
다. BC 2세기경 이후부터는 메소포타미아 지역에서 인도에 이르는 거
대한 영토를 지배하고 있었다. 파르티아는 지리상 동서 문화의 중간 지
역에 위치해 있었으므로 중계무역이 성행했었다. 군사적인 측면에 있어
서도 파르티아는 막강한 나라였다. 로마는 보병이 강했던데 반해 파르
티아는 활을 쏘는 궁기병이 강했다.

삼두정치의 한 축을 형성했던 크라수스는 파르티아와 사막에서 전투
를 벌이다가 패배하여 전사하게 되었다. 당시 크라수스의 로마군대가
패전한 것은 전술적인 문제도 있었지만 파르티아 제국의 막강한 전투력
때문이었음을 기억하지 않을 수 없다.

파르티아 제국은 미트라다테스 2세(Mithradates II, BC 123-87)가 통치

---

88 파르티아는 BC 238년부터 AD 226년까지 오늘날 이란 지역의 북동쪽에 위치
해 있던 나라였다. 전성기 때는 오늘날의 이란 전 지역뿐 아니라 아르메니아를
비롯한 이라크, 그루지야, 터키 동부, 시리아 동부, 투르크메니스탄, 아프가니스
탄, 타지키스탄, 파키스탄, 쿠웨이트, 사우디아라비아, 페르시아만의 해안 지역,
바레인, 카타르, 아랍에미리트 연방까지 세력권에 넣고 있었다.

하는 동안 세력을 크게 확장했다. 그리고 인도와 아르메니아에 이르는 광활한 영토를 소유하고 로마 공화국과 대치 상태에 놓여 있었다. BC 1세기의 파르티아는 로마인들에게 매우 잔혹한 자들로 인식되어 있었다. 왜냐하면 그들 가운데는 왕위에 오르기 위해 자기 아버지와 형제를 죽이는 사건이 예사로 일어나고 있었기 때문이다.

로마의 케사르와 동시대 인물이던 파르티아의 왕 오로데스 2세(BC 57경-37 재위)는 자신의 형 미트라다테스 3세를 도와 아버지인 프라테스 3세를 죽이는 악행을 저질렀다. 그리고는 나중에 형까지 몰아내 처형했다. 그는 자기 부하들에게도 무자비한 모습을 그대로 보였다. 로마의 삼두 집정관 중 한 사람이었던 크라수스가 이끄는 군대를 격파한(BC 53) 자신의 심복까지 처형해버렸다.

하지만 오로데스 2세는 자신의 왕위를 계승하게 되는 아들 프라테스 4세(BC 37-2 재위)에 의해 살해당했다. 그의 아들은 아버지의 행동을 그대로 따라 행했던 것이다. 프라테스 4세는 로마의 제2차 삼두정치와 아우구스투스 황제가 로마를 통치하던 시대에 파르티아를 통치했다. 그는 왕위를 차지하기 위해 아버지인 오로데스 2세뿐 아니라 다른 형제들마저도 무참하게 살해했었다.

BC 36년 로마의 안토니우스 휘하의 군대가 아르메니아를 통해 파르티아를 공격했지만 그의 방어에 의해 물러날 수밖에 없었다. 나중 파르티아에서 반란이 일어나 아르메니아의 티리다테스 2세가 프라테스의 왕위를 박탈하자 그는 다른 지역으로 도망갔다. 그러나 BC 30년 다시 본국으로 돌아와 정권을 장악하게 된다. 그러자 티리다테스는 프라테스 4세의 아들을 인질로 잡아 로마로 도망쳤다.

그후 로마의 아우구스투스 황제는 파르티아의 프라테스와 평화조약을 체결하고 그의 아들을 본국으로 되돌려 보내주었다. 그대신 파르티아 제국이 지배하고 있던 아르메니아는 로마의 속주가 되었다. 또한 아우구스투스 황제는 프라테스에게 무사(Musa)라는 미모의 이탈리아 여인을 아내로 선사했다. 거기에는 로마의 치밀한 정치적 계략이 깔려 있었던 것으로 보인다. 프라테스는 후일 그녀의 권면에 따라 자신의 아들 가운데 4명을 로마로 보내게 된다. 하지만 그것은 사실상 파르티아 왕자들이 로마의 인질 상태에 놓이게 되었음을 의미한다.

프라테스 4세는 말년에 로마의 여인 무사에 의해 독살당했다. 그후 무사는 자신의 아들 프라테스 5세와 공동으로 파르티아를 통치했다. 이처럼 왕위를 두고 집안 내부에서 살해가 난무한 파르티아의 잔인한 모습을 보며 로마는 잠시도 방관할 수 없었다.

이어 성경은 그 왕이 당시 전 세계를 지배하는 막강한 권위와 위엄을 갖춘 통치자라는 사실을 증거하고 있다(단 11:42,43). 그가 당시 주변의 세계를 자신의 손아귀에 장악한 후 자신을 위한 화려한 궁전을 짓게 될 것이라 예언하고 있다. 그렇다면 아우구스투스 황제가 건축한 장막 궁전들(royal tents)은 과연 무엇이며 어디에 있는 것일까?

"그가 장막 궁전(royal tents)을 바다와 영화롭고 거룩한 산 사이에 베풀 것이나 그의 끝이 이르리니 도와줄 자가 없으리라"(단 11:45).

우리는 여기에서 장막궁전이 무엇을 의미하고 있는지 주의 깊게 생각해 보아야 한다. 그것은 땅에 완전히 정착된 화려한 궁전을 의미하지 않는다. 그것은 이동식으로 지어진 임시 궁전이다. 그리고 우리가 눈여겨 보아야 할 점은 그 장막궁전이 하나가 아니라 여럿이라는 사실이다.

위에 언급된 왕이 로마의 아우구스투스 황제라면 그가 지중해와 영화롭고 거룩한 산 사이에 장막궁전들을 세우게 되리라는 사실이 예언되고 있다. 이는 그가 전쟁을 승리로 이끌고 친히 통치에 나서게 되리라는 사실과 연관된다. 로마 황제는 팔레스틴 지역을 통치하면서 친위부대를 주둔시켰다. 이 말은 하나님의 언약의 땅을 공포정치 가운데로 몰아넣는 것을 의미하고 있다. 로마의 입장에서 볼 때는 당시 팔레스틴에 독립운동을 주도하는 열성당이 있었으므로 취할 수밖에 없는 정책의 일환이었다.

그러나 막강한 세력을 확보한 그의 일시적인 화려함과 승리는 영원토록 지속되는 것이 아니었다. 그의 모든 권력도 마침내 종말을 맞이하게 되었다. 아우구스투스 황제가 전쟁의 승리를 이루어 통치하던 시기에 예수 그리스도가 탄생했다는 사실은 세상의 통치자들에게 임하게 될 무서운 심판과 관련된 중요한 상징적 의미를 지니는 것으로 이해할 수 있다.

제16장
종말의 때에 관한 예언

(단 12:1-13)

1. 다니엘서 예언과 종말의 때

다니엘서 12장은 종말에 있을 일들에 대한 예언을 하고 있다. 이 말씀은 다니엘 시대의 관점에서 보아 원근통시적遠近通視的으로 이해해야 한다. 여기에서 언급하는 종말은 예수 그리스도의 초림과 재림 사이에 존재하게 될 긴 시기와 연관된다. 이 말은 곧 그 시기가 교회 시대를 포함하고 있음을 의미한다.

다니엘서를 읽으며 하나님의 뜻을 알아가던 구약시대의 성도들은 본문에 기록된 약속을 통해 메시아가 오시기를 기대했던 것이 분명하다. 그런데 그후에는 모든 것이 순탄하게 진행되는 것이 아니라 오히려 더 힘들고 어려운 때가 동반된다는 사실도 언급되고 있다.

즉 그리스도의 오심과 최종 심판이 있는 그 사이 기간 동안에 상당한 고통의 때가 따르게 될 것이며, 그 고통은 일반적으로 짐작할 수 있는 것보다 훨씬 힘들다는 사실을 말해주고 있다. 따라서 그 기간은 성도들에게 상당한 인내를 요구하고 있다. 그것은 환난을 이겨내야 한다는 것과 하나님의 때를 인내하며 기다려야 함을 의미한다.

예수께서는 제자들에게 마지막 종말의 때에 관한 말씀을 하시면서 다니엘의 글을 인용하셨다. 예수님은 다니엘서의 예언을 언급하시며 과거에 일어난 사건과 장래 일어나게 될 사건을 동시에 말씀하셨다. 우리는 특히 그 가운데 예루살렘 성전과 그것의 파괴에 관한 예언이 들어 있음을 기억해야 한다.

그 사건으로부터 최종 심판이 있기까지 교회 시대가 들어 있다. 이 교회는 요한계시록에서 말하고 있는 천년왕국과 연관된다.[89] 따라서 교회는 세상에 있는 하나님의 자녀들을 불러내 구원하는 역할과 하나님을 능욕하는 자들에 대한 심판자의 역할을 동시에 감당하게 된다. 그것을 통해 교회가 천년동안 세상 가운데서 왕 노릇하게 되는 것이다. 교회에 속한 성도들은 그 가운데서 영원한 천국을 바라보며 하나님을 경배하며 살아가게 되는 것이다.

2. 로마 제국 시대에 오시는 메시아(12:1)

앞서 다니엘서 11장 후반부가 로마에 관련된 기록임을 살펴보았다. 12장 앞부분에서는 로마가 약속의 땅인 팔레스틴 지역을 유린할 때에 메시아가 오시게 될 사실을 말해주고 있다. 거기에는 세상에 대한 하나님의 궁극적인 심판이 동반되리라는 사실도 내포되어 있다. 나아가 그 때가 되면 하나님의 자녀들에게 엄청난 환난이 임하게 된다.

"그때에 네 민족을 호위하는 대군 미가엘이 일어날 것이요 또 환난이 있으리니 이는 개국 이래로 그때까지 없던 환난일 것이며 그때에 네 백성 중 무릇 책에 기록된 모든 자가 구원을 얻을 것이라"(단 12:1).

위 본문의 맨 앞에 기록된 '그때' 라는 말은 앞장의 내용이 어느 시기

---

89 이광호, 『요한계시록』, 서울: 도서출판 깔뱅, 2009, pp.274-284. 참조.

에 관한 기록인가 하는 점을 잘 드러내 보여주고 있다. 사실 이는 매우 중요한 의미를 지닌다. 하나님께서 구약시대의 많은 사건들에 대해 다양한 간섭을 하신 이유는 바로 '그때'를 위한 것이기 때문이다.

그런데 본문에 언급된 그때 일어나게 될 '미가엘'은 과연 누구인가? 그는 대군(大君: the great prince)으로 묘사되고 있다. 이는 대왕大王 곧 큰 왕이라는 의미이며, 그가 일어난다고 하는 말은 역사적인 개입과 연관되어 있다. 그의 역사적인 개입으로 인해 하나님의 심판이 이루어지며 이스라엘 민족이 환난을 당하게 되는 것이다. 성경은 그 환난의 정도가 개국이래 없었던 엄청난 내용임을 밝히고 있다.[90]

신약성경 요한계시록에는 종말에 관한 예언이 기록되어 있다. 그 가운데는 미가엘에 관한 기록이 나타난다. 그 말씀 가운데는 미가엘이 하늘에서 용과 더불어 싸우는 내용이 포함되어 있다.

"하늘에 전쟁이 있으니 미가엘과 그의 사자들이 용으로 더불어 싸울 새 용과 그의 사자들도 싸우나 이기지 못하여 다시 하늘에서 저희의 있을 곳을 얻지 못한지라 큰 용이 내어 쫓기니 옛 뱀 곧 마귀라고도 하고 사단이라고도 하는 온 천하를 꾀는 자라 땅으로 내어 쫓기니 그의 사자들도 저와 함께 내어 쫓기니라"(계 12:7-9).

위의 요한계시록 본문에 기록된 하늘에서 전쟁이 있다는 말은 공중권세 잡은 자의 영역에서 벌어지는 싸움이다. 여기에서 언급된 미가엘은

---

90 다니엘은 이 사실에 관한 이야기를 듣고 큰 충격을 받았을 것이 틀림없다. 이는 이스라엘 민족의 개국이래 없었던 엄청난 환난이라고 말했기 때문이다. 다니엘은 BC 586년에 있었던 끔찍한 환난을 생생히 기억하고 있었다. 예루살렘 성전이 이방인들에 의해 무참하게 파괴되었으며 성벽은 허물어졌다. 거기다가 많은 백성들이 바벨론으로 사로잡혀갔다. 유다 왕국의 마지막 왕은 자기 자식들이 처형당하는 장면을 두 눈으로 똑똑히 목격한 후 두 눈을 뽑힌 채 쇠사슬에 결박되어 바벨론으로 끌려갔다. 예전에 그보다 더 끔찍한 환난은 없었다. 그런데 대군(大君) 미가엘이 일어나게 되면 개국이래 없었던, 그보다 훨씬 더 큰 환난이 닥치게 된다고 했던 것이다.

예수 그리스도를 지칭하고 있다. 이는 용 곧 사탄과 싸워 이길 수 있는 존재는 그리스도 한 분밖에 없기 때문이다. 미가엘은 온 천하를 어지럽히는 존재인 사탄과 싸워 그의 군대를 땅으로 쫓아내게 된다.

이처럼 다니엘서 12장 1절의 본문 말씀에 나타난 대군 미가엘 역시 예수 그리스도로 이해하는 것이 바람직하다. 여기에서 우리는 천사에 관한 올바른 이해를 해야 할 필요가 있다. 성경에는 전체적으로 천사들이 많이 등장한 사실을 언급하고 있다. 그리고 다니엘서에도 천사들이 많이 등장했다.

그 천사들 가운데는 이름이 알려진 경우도 있지만 대개의 경우 이름이 알려지지 않았다. 그렇다면 이름이 알려지지 않은 천사들은 아예 이름이 없는 것일까? 아니면 이름이 있음에도 불구하고 인간들에게 알려지지 않았을까?

수많은 천사들 가운데 몇몇 대표적인 천사들만 이름을 가지고 있었으며 나머지 천사들은 이름을 가지지 않은 것으로 말할 수 없다. 이렇게 말할 수 있는 이유는 성경에 많은 사람들이 나타나지만 그 가운데는 이름이 알려지지 않은 채 묘사되는 경우도 많이 있다. 여러 사람들을 동시에 말할 경우에는 특히 그렇다. 그리고 우리는 예수께서 질병을 고치신 사람들 가운데 이름을 모르는 자들이 많이 있다. 그렇다고 해서 우리는 그들에게 이름이 없다고 말할 수는 없다. 이처럼 이름이 알려지지 않은 천사들에게도 이름이 있는 것으로 이해해야 한다. 그 천사들의 이름이 밝혀지지 않은 것은 굳이 알아야 할 필요가 없기 때문이다.

따라서 우리는 다니엘서에 나타난 여러 천사들도 이름을 가졌을 것으로 생각한다. 사드락과 메삭과 아벳느고를 용광로 불에서 보호했던 천사, 사자굴에 갇혀 있던 다니엘을 보호한 천사, 그리고 벨사살의 왕궁 벽에 나타났던 손가락의 주인 등은 이름을 가진 천사였을 것이 분명하다. 물론 다양한 형편 가운데 나타났던 그 천사들은 대군大君 미가엘이었다.

우리는 또한 다니엘서 본문에 메시아가 도래할 때 일반적인 평화와 즐거움이 따르지 않는 것으로 예언된 사실에 주의를 기울여야 한다. 그 때가 되면 도리어 이제까지 경험하지 못한 환난이 성도들에게 임하게 된다. 이는 대군 미가엘이 악한 세력의 우두머리인 사탄을 심판하는 싸움이 벌어지게 될 것을 말해주고 있다. 이 말은 사실 창세기 3장 15절의 말씀에 대한 종말론적인 성취로 보아야 한다.

> "내가 너로 여자와 원수가 되게 하고 너의 후손도 여자의 후손과 원수가 되게 하리니 여자의 후손은 네 머리를 상하게 할 것이요 너는 그의 발꿈치를 상하게 할 것이니라"(창 3:15).

맨 처음 사람 아담이 범죄한 후 하나님께서는 그를 유혹해 범죄에 빠 뜨린 사탄을 반드시 심판하시리라고 말씀하셨다. 하나님께서는 그 일을 '내가 직접 시행하겠노라'고 선언하셨다. 또한 그 방법은 '여자의 후손' 곧 메시아를 보내 심판함으로써 그 언약이 이루어지게 될 것을 밝히고 있다.

다니엘서에는 인간 역사의 초기 단계에 선언된 그 말씀이 대군大君 미 가엘을 통해 이루어지게 될 것이 기록되어 있다(단 12:1). 곧 인간의 몸을 입고 이 세상에 오신 예수 그리스도의 사역을 통해 이루어지게 될 것이 선포된 것이다. 그러나 교활한 사탄의 세력은 가만히 당하고만 있지 않 는다. 그에 대해서는 창세기에 이미 예언되어 있는 바다. 여자의 후손이 사탄의 머리를 쳐부술 때 사탄도 그 심판에 대해 강력하게 저항하리라 는 사실이 언급되어 있다.

그것은 곧 엄청난 환난이 동반될 것에 대한 예언이다. 따라서 다니엘 서에 예언된 환난은 단순히 하나님의 자녀들이 당하게 될 환난에 국한 되는 것이 아니라 인간의 몸을 입으신 예수 그리스도의 환난과 연관되

는 것으로 이해해야 한다. 하나님의 모든 자녀들은 그 가운데서 예수님
이 당하는 환난에 참여하게 된다. 이는 물론 그의 환난을 나누어 분담한
다는 말이 아니라 악한 세상의 속성을 드러내 보여주는 것을 의미한다.

그런데 '그때' 하나님의 선택을 받은 백성들은 영원한 구원을 얻게
된다. 하나님께서 창세전에 이미 생명책에 기록해 두신 백성들(단 12:1;
계 20:15)은 그 환난이 발생하여 고통당하는 때 구원을 받게 되는 것이
다. 이는 곧 예수 그리스도의 십자가 사역과 연관되는 것으로 이해해야
한다.

따라서 다니엘서 본문에서 언급된 환난을 일반적인 경우에 적용시킬
수 있는 것은 아니다. 즉 특정 시대에 속한 성도들이 특별한 국가의 정
치세력으로부터 환난을 당하는 것과는 성질이 다른 것이다. 예수님 당
시에 하나님의 자녀들이 로마 제국이나 유대인들로부터 환난을 당한 것
이나, 한반도에 있던 우리 민족의 교회들이 일본제국에 의해 박해를 받
았던 것은 일반적인 경우라 할 수 있다.

이에 반해 예수님이 세상에서 당하셨던 환난과 고통은 매우 특별한
구속사적 의미를 지니고 있다. 성경은 바로 그 환난 가운데서 하나님의
자녀들에 대한 구원이 이루어지게 된다는 사실을 말해준다. 이는 그 환
난이 그리스도께서 당하시는 환난과 밀접한 관계가 있음을 밝혀주고
있다.

3. 교회 시대의 도래 (12:2,3)

예수 그리스도의 십자가 사역은 하나님의 자녀들에 대한 구원과 불신
자들에 대한 심판이 행해지고 있음을 의미하고 있다. 그로 말미암아 선
악간 모든 것들이 선명하게 구분된다. 구원받을 자와 그렇지 못한 자 사
이에 분리가 일어나는 것이다. 물론 우리는 그것을 겉으로 보아 확정적

으로 단정지을 수 없다.

그렇지만 그리스도의 사역 이후에 비로소 하나님의 은혜 사역이 시행된다. 그것은 하나님께서 교회를 통해 자기 백성들을 불러모으시는 것과 연관되어 있다. 다니엘서 12장 2절의 기록에서 '땅의 티끌 가운데 자는 자 중에 많이 깨어 영생을 얻게 되리라'고 한 예언은 나중에 세워지게 될 교회와 연관지어 이해하는 것이 바람직하다.

'티끌 가운데서 자는 자'란 사탄이 지배하는 무가치한 세상 가운데서 살아가는 인간들을 의미하고 있다. 하나님의 자녀들은 그 가운데서 깨어나 하나님의 품으로 돌아오게 된다. 이는 예수 그리스도의 십자가 사역에 의해 이루어지는 구원사건이다. 그러나 하나님을 알지 못하는 자들은 여전히 허망한 세상 가운데 머물게 된다.

영생을 얻을 자와 수욕을 받아 심한 부끄러움을 입을 자가 동시에 살아있어 활동하는 시기는 교회와 연관된 시기로 이해할 수 있다. 더구나 많은 사람을 옳은 데로 돌아오게 하는 자에 대한 언급은 교회와 밀접하게 연관되어 있다. 이는 이방인들에 대한 복음전파와도 관련된다. 그것은 지상의 교회가 반드시 감당해야 할 중요한 사역이다.

지혜 있는 자들이 궁창의 빛과 같이 빛나게 되는 것은 그들이 지상에서의 환난과 고통을 이겨내며 순종한 결과 얻게 되는 하나님의 선물이다. 하나님의 자녀들이 영원한 천국에 소망을 두지 않고서는 결코 이 세상의 환난을 견뎌낼 수 없다. 그들은 핍박하는 배도자들에 의해 심각한 고통을 당하면서 동시에 복음 선포를 통해 택함 받은 하나님의 자녀들을 교회 가운데로 인도하게 된다.

4. 종말의 때(12:4-7)

하나님께서는 다니엘이 계시받은 말씀을 잘 간수하고 봉함하도록 명

령하셨다. 이는 아무렇게나 함부로 예언된 말씀에 접근하여 해석하지
말라는 의미가 내포되어 있다. 나아가 이 말은 종말의 때에 발생하게 될
사건이라는 의미이기도 하다.

> "다니엘아 마지막 때까지 이 말을 간수하고 이 글을 봉함하라 많은
> 사람이 빨리 왕래하며 지식이 더하리라"(단 12:4).

다니엘에게 허락된 이 말씀은 즉시 발생하는 것이 아니라 나중에 발
생하게 될 사건이다. 계시된 예언의 말씀을 마지막 때까지 봉함하여 간
수하라고 명령한 것이 그 사실을 증거하고 있다. 그 중심에는 물론 하나
님께서 보내시게 될 메시아가 존재하고 계신다. 그는 이미 다니엘서 앞
부분에서 여러 형태로 묘사되거나 나타나 보이신 바 있다.

우리가 여기에서 반드시 기억해야 할 바는 그로 말미암아 세워지게
될 하나님의 교회와 그 사역들에 연관된 내용이다. 마지막 때에 많은 사
람들이 있으리라는 사실을 말한 것은 단순히 인구수人口數를 말하고자
하는 것이 아니다. 나아가 사람들이 빨리 왕래하고 지식이 더하리라고
한 것은 미래에 살게 될 인간들의 일반적인 형편을 말하고자 하는 것이
목적이 될 수 없다.

그 말 가운데는 앞으로 인간들에게 경험주의經驗主義와 이성주의理性主
義가 팽배하게 되리라는 사실이 내포되어 있다. 빨리 왕래하는 인간들은
자신의 경험에 의해 모든 것을 판단하려 할 것이며, 많은 지식을 가진
인간들은 자신의 이성을 통해 하나님을 판단하려 할 것이다. 물론 인간
들은 이 둘을 배경으로 삼고 있으면서 자신의 인생을 확인하려 한다.

문제는 이러한 경향성이 마지막 때가 되면 교회에 속한 성도들에게도
커다란 영향을 끼치게 된다는 사실이다. 그러나 하나님의 백성들은 결

코 인간의 경험과 이성을 앞세우지 말아야 한다. 그럼에도 불구하고 앞으로 그런 종말의 때가 오게 될 것이 예언되고 있다. 다니엘은 그 예언의 말씀을 듣고 있는 중에 한 광경을 보게 되었다.

그것은 두 사람이 강 이편과 저편 둑에 서 있고 강물 위에 또 다른 한 사람이 서 있는 광경이었다. 그런데 그 두 사람 중 하나가 세마포 옷을 입고 강물 위에 서있는 자에게 질문을 했다. 강가에 선 두 사람은 천사들이며 세마포 입은 자는 하나님의 아들 메시아인 것이 분명하다. 천사가 그에게 질문한 것은 예언된 그 놀라운 일들이 일어날 때가 언제냐는 것이었다.

이 말은 우리로 하여금 예수님의 제자들이 예수님께 마지막 종말이 언제냐고 물었던 사실을 기억나게 한다. 마태복음 24장 앞부분에는 예수께서 예루살렘 성전이 완전히 파괴되리라는 사실을 예언하셨다. 그것으로 인해 종말이 오게 된다는 것이었다.

예수님의 말씀을 들은 제자들은 그 일이 언제 일어나게 될 것인가 하는 점과 마지막 때 있게 될 징조에 관한 질문을 했다(마 24:3). 그때 예수께서는 다니엘서를 언급하시며, '멸망의 가증한 것이 거룩한 곳에 서게 되는 것과' 연관지어 답변하셨다(마 24:15). 그때가 종말이 임하게 될 때라는 것이었다.

우리는 여기에서 예루살렘 성전 파괴와 연관되는 종말의 때에 관한 예수님의 말씀을 들을 수 있다. 이는 곧 보편 교회의 설립과 연관되는 개념이다. 그러므로 뒤이어 교회에 속한 성도들이 어떻게 살아야 할지에 대한 교훈의 말씀을 주셨던 것이다.

우리는 다니엘서에 기록된 예언의 말씀을 이와 더불어 이해해야 한다. 강 한편 둑에 선 천사가 세마포 옷을 입고 물 위에 서신 메시아를 향해 그렇게 질문했던 것은 천사 자신이 궁금했기 때문에 한 질문만은 아니었다. 그 질문은 도리어 다니엘을 위한 것이었으며 이스라엘 민족을 위한 것이었다. 나아가 오늘날 우리를 포함한 교회와 그에 속한 성도들을 위한 것이었다. 세마포 옷을 입고 강물 위에 서 계시던 그리스도께서는 그 질문을 받고 그에 대한 답변을 하셨다.

> "내가 들은즉 그 세마포 옷을 입고 강물 위에 있는 자가 그 좌우 손을 들어 하늘을 향하여 영생하시는 자를 가리켜 맹세하여 가로되 반드시 한 때 두 때 반 때를 지나서 성도의 권세가 다 깨어지기까지니 그렇게 되면 이 모든 일이 다 끝나리라 하더라"(단 12:7).

이 본문에서 말하고 있는 바는 과연 무슨 의미인가? 우리의 관심을 끄는 것은 '한 때 두 때 반 때를 지나서 성도의 권세가 다 깨어진 후' 라고 하신 말씀이다. 이는 앞으로 하나님의 자녀들이 세상에서 감당하게 될 사역이 끝나는 때를 의미하고 있다.

여기에서 한 때 두 때 반 때란 상징적인 의미를 지니고 있다. 그것은 또한 햇수로 3년 반을 의미하고 있다. 그런데 3년 반에 대한 기록은 요한계시록에도 특별하게 나타난다. 그것은 성도들의 핍박과 연관된 매우 중요한 기간으로 보인다. 요한은 그것을 성전측량과 연관된 계시의 말씀과 더불어 전하고 있다.

> "또 내게 지팡이 같은 갈대를 주며 말하기를 일어나서 하나님의 성전과 제단과 그 안에서 경배하는 자들을 척량하되 성전 밖 마당은 척량하지 말고 그냥 두라 이것을 이방인에게 주었은즉 저희가 거룩한 성을 마흔 두 달 동안 짓밟으리라 내가 나의 두 증인에게 권세를 주리니 저희가 굵은 베옷을 입고 일천 이백 육십 일을 예언하리라"(계 11:1-3).

하나님께서는 사도 요한에게 지팡이 같은 갈대를 주셨다. 그것은 정확한 잣대로서 그것을 가지고 거룩한 하나님의 성전을 척량하도록 하셨다. 그러면서 성전 내부에 속해 하나님을 경배하는 자들은 척량하되 성전 바깥마당은 척량하지 말라고 명령하셨다. 이방인들이 마흔 두 달, 곧 3년 반까지 거룩한 성전을 짓밟게 되리라는 것이었다.

그때 하나님의 두 증인이 특별한 권세를 받아 굵은 베옷을 입고 일천 이백 육십(1260)일 곧 3년 반을 예언하게 되리라고 말씀하셨다. 이는 마흔 두 달 곧 3년 반 동안 하나님의 말씀을 예언하게 된다는 말과 같다. 이는 그 기간동안 하나님의 성전 곧 교회가 욕을 당하며 하나님의 자녀들이 심각한 박해를 받게 될 것을 말해주고 있다.

하나님께서는 요한에게 성전척량을 명령하시면서 하나님의 거룩한 성전에 속하게 될 자들에 대한 정확한 범위가 있음을 계시하셨다. 이는 또한 예수 그리스도의 지상강림과 직접 연관된다. 요한계시록 12장에는 그에 관한 말씀이 계시되어 있다. 그 가운데 심각한 핍박이 따르게 되리라는 기록이 나타나는 것이다.

> "여자가 아들을 낳으니 이는 장차 철장으로 만국을 다스릴 남자라 그 아이를 하나님 앞과 그 보좌 앞으로 올려가더라 그 여자가 광야로 도망하매 거기서 일천 이백 육십일 동안 저를 양육하기 위하여 하나님의 예비하신 곳이 있더라"(계 12:5,6).

요한은 만왕의 왕으로 오시는 메시아가 철장鐵杖으로 만국을 다스리게 될 것을 기록하고 있다. 그는 이스라엘 민족 가운데 있는 여인을 통해 이땅에 오시게 된다. 이는 창세기 3장 15절에 언급된 '여자의 후손'과 직접 연관되어 있다. 그러나 사탄은 그를 용납하지 않으려 발악을 한다. 결국 하나님의 아들이신 그리스도는 하나님이 예비하신 이방 지역에서 일천 이백 육십(1260)일, 곧 3년 반 동안 양육받게 된다.

또한 요한계시록 12장 14-17절에는 남자를 낳은 여자가 '한 때와 두 때와 반 때'를 독수리의 날개에 업혀 광야에서 뱀의 낯을 피하여 양육받은 사실이 기록되어 있다. 그때 뱀은 뒤에서 그 입으로부터 물을 강같이 토하여 그들이 떠내려가게 하려 했다. 그러나 땅이 그 물을 흡수해 버림으로써 그 생명을 보존하게 되자 용은 여자에게 분노하며 맞서 싸우게 되는 기록이 나타난다.

우리가 여기에서 볼 수 있는 점은 그 삼 년 반은 남자를 낳은 여자가 광야에서 고통당하는 때라는 사실이다. 그 기간 중에도 뱀은 그 여자를 그냥 두지 않고 멸망시키기 위해 안간힘을 쓰게 된다. 그러나 하나님께서는 그를 끝까지 지키시며 보존하신다.

다니엘서는 그 일이 앞으로 반드시 일어나게 되리라는 사실을 강조하고 있다. 나중에 한 때 두 때 반 때가 지나게 되면 틀림없이 하나님께서 의도하신 사건이 일어나게 된다는 것이다. 또한 그때가 지나면서 하나님의 거룩한 백성의 권세가 완전히 깨어지게 된다고 예언되었다. 그렇게 되면 모든 것이 끝나게 된다는 것이다. 여기에서 모든 것이 끝난다는 말은 하나님께서 작정하신 본질적인 구속사역이 완성됨을 의미하고 있다.

그런데 거룩한 백성의 권세가 다 깨어진다는 말의 구체적인 의미는 과연 무엇일까? 이 말은 하나님의 교회가 지상에서 감당해야 할 모든 사역을 마치게 된다는 의미를 포함하고 있다. 다시 말해 하나님의 교회는 지상에서 그리스도와 더불어 왕 노릇하게 된다. 그것은 하나님으로 말미암은 엄청난 권세를 말하는 것이다.

그러나 악한 세상은 교회와 성도들이 가진 권세에 강하게 저항한다. 사탄은 예수 그리스도와 더불어 왕 노릇하며 세상을 향해 선포하는 교회의 심판을 가만히 보고만 있지 않는 것이다. 도리어 그때가 되면 세상에 속한 자들이 더욱 강하게 하나님과 그의 백성들에게 저항하게 된다.

그런데 하나님의 자녀들에게 주어진 그 권세는 세상에서 구원과 심판

사역이 지속될 때까지 존재한다. 즉 이 세상이 끝나면 구원과 심판에 연관된 권세는 더 이상 필요하지 않다. 다니엘서에서는 그것을 성도의 권세가 다 깨어지는 것으로 표현하고 있는 것으로 보인다. 그렇게 되면 모든 것이 완성되고 하나님의 작정이 성취되는 것이다.

5. 성도들의 고통(12:8-12)

하나님께서 작정하신 본질적인 구속사역이 완성되었음에도 불구하고 성도들의 고통은 끝나지 않는다. 다니엘은 그 환상을 보며 그 의미를 쉽게 깨달을 수 없었다. 그는 그 모든 일의 끝이 어떠할지 또다시 질문했다. 앞에서 천사가 질문하고 메시아께서 그에 대한 답변을 했음에도 불구하고 재차 질문했던 것이다.

세마포를 입고 강물 위에 서 계시던 그리스도께서는 다니엘의 질문을 듣고 나서 마지막까지 그 말씀을 봉함하여 간수하도록 다시 한번 명령하셨다.[91] 이는 다니엘서를 읽지 못하도록 금지했다는 의미가 아니다. 다니엘서는 계시된 즉시 정경임이 확인된 후 하나님의 백성들에 의해 읽혀졌다.[92]

그럼에도 불구하고 그 예언의 말씀을 봉함하여 간수하라고 명령한 것은 그 의미가 마지막 때가 되어야 온전히 드러나게 되리라는 말씀이다. 이는 또한 하나님을 알지 못하는 자들에게는 철저한 비밀로 가려져 있

---

[91] 요한은 계시록의 맨 마지막 부분에서 계시의 말씀을 인봉하지 말라고 한다. 주님의 재림이 임박했으므로 하나님의 자녀들과 아닌 자들이 분리될 날이 가까웠다는 것이다: "또 내게 말하되 이 책의 예언의 말씀을 인봉하지 말라 때가 가까우니라 불의를 하는 자는 그대로 불의를 하고 더러운 자는 그대로 더럽고 의로운 자는 그대로 의를 행하고 거룩한 자는 그대로 거룩되게 하라 보라 내가 속히 오리니 내가 줄 상이 내게 있어 각 사람에게 그의 일한 대로 갚아 주리라"(계 22:10-12).
[92] 이광호, 『구약신학의 구속사적 이해』, 서울: 도서출판 깔뱅, 2006, pp.27-32. 참조.

음을 말해주고 있다. 이 말씀은 또한 신약시대의 교회와 연관되는 것으로 이해되어야 한다.

> "많은 사람이 연단을 받아 스스로 정결케 하며 희게 할 것이나 악한 사람은 악을 행하리니 악한 자는 아무도 깨닫지 못하되 오직 지혜 있는 자는 깨달으리라"(단 12:10).

하나님의 선택을 받아 정결케 되어 거룩한 성도가 된 자들과 하나님을 알지 못해 아무런 깨달음이 없는 악한 자들이 뒤섞여 사는 일반적인 경우는 교회 시대와 연관된다. 다니엘이 예언한 말씀은 교회 시대가 되어 참된 지혜를 소유한 자들만이 온전하게 깨달을 수 있다. 이는 성령 하나님의 도움으로 말미암는 것이다.

그리고 다니엘서 12장 11절에는 매일 드리는 제사가 폐하게 되고 예루살렘 성전에 멸망케 할 미운 물건이 세워지리라는 사실이 기록되어 있다. 하나님의 성도들은 그때부터 일정 기간을 환난과 고통 가운데 기다려야 할 것을 말하고 있다. 이 말은 과연 무슨 의미인가?

> "매일 드리는 제사를 폐하며 멸망케 할 미운 물건을 세울 때부터 일천 이백 구십 일을 지낼 것이요 기다려서 일천 삼백 삼십 오일까지 이르는 그 사람은 복이 있으리라"(단 12:11,12).

신학자들 가운데는 이를 셀류쿠스 왕국의 안티오쿠스 에피파네스가 성전 안에서 세웠던 제우스상이라 생각하는 자들이 있다. 그러나 위의 본문에 언급된 '멸망의 미운 물건'이 세워지게 될 사실은 마태복음 24장 15절에 기록된 의미와 조화되는 것으로 이해해야 한다.[93]

---

93 다니엘서에는 '미운 물건'에 연관된 대표적인 기록이 세 군데(단 9:27; 11:31; 12:11) 나타난다. 다니엘서 9장 27절에 기록된 '한 이레의 반' 곧 '3년 반'에 '미운 물건이 날개를 의지하여 설 것'이란 언급은 예수께서 오신 후 AD 70년 예루

본문 가운데는 매일 드리는 성전제사를 폐하는 것과 더불어 그 사건이 발생하게 된다는 사실이 명시되어 있다. 이는 예수 그리스도의 십자가 사건과 예루살렘 성전 파괴, 그리고 뒤따르는 교회 시대와 연관지어 이해하는 것이 바람직하다.

후일 예수께서 제자들에게 종말에 관한 말씀을 하시면서 '성전 파괴' (마 24:2)와 '멸망의 가증한 것이 거룩한 곳에 선 것을 보거든' (마 24:15) 그 때가 이르렀다는 사실을 알라고 말씀하셨다. 만일 그렇다면 이 말씀은 '메시아의 구속사역' 과 관련된 AD 70년 예루살렘 성전 파괴와 연관되는 예언이다. 그리고 그때부터 1260일, 즉 3년 반을 지내야 한다.

사도 바울은 예수 그리스도의 재림과 하나님의 심판을 언급하며 그에 관한 말을 했다. 그는 데살로니가 교회에 편지하면서 멸망의 아들이 거룩한 하나님의 성전에 앉아 하나님을 모독하는 사건이 일어나게 될 것을 기록하고 있다.

> "누가 아무렇게 하여도 너희가 미혹하지 말라 먼저 배도하는 일이 있고 저 불법의 사람 곧 멸망의 아들이 나타나기 전에는 이르지 아니하리니 저는 대적하는 자라 범사에 일컫는 하나님이나 숭배함을 받는 자 위에 뛰어나 자존하여 하나님 성전에 앉아 자기를 보여 하나님이라 하느니라"(살후 2:3,4).

살렘 성전 파괴를 앞둔 시기와 연관되어 있다. 여기에서 말하는 '미운 물건' 이란 역사적으로 그후에 나타난 확장된 개념으로 이해해야 한다. 이는 마태복음 24장 15절에서 예수께서 말씀하신 '멸망의 가증한 것' 이 예루살렘 성전 파괴와 동일한 관점에서 이해되어야 하는 것과 연관된다. 그리고 다니엘서 11장 31절에 기록된 '멸망케 하는 미운 물건이 세워질 것' 이란 말은 셀류쿠스 왕국의 안티오쿠스 4세 에피파네스가 예루살렘 성전에 세우게 되는 '제우스 신상' 을 의미한다. 이에 반해 다니엘서 12장 11절에 기록된 '멸망케 할 미운 물건을 세울 때부터' 란 다니엘서 9장 27절과 연관되는 의미로서 AD 70년 예루살렘 성전 파괴와 연관되는 것으로 이해하는 것이 바람직하다.

바울은 앞으로 배도하는 일이 있게 될 것이며 불법의 사람 곧 멸망의 아들이 나타날 것이라는 사실을 말했다. 그는 하나님을 대적하며 거룩한 성전에 앉아 자기를 하나님처럼 높이게 될 자라는 것이다.

역사적인 관점에서 본다면 이는 AD 70년 로마의 티투스(Titus) 장군의 예루살렘 공격과 성전 파괴와 연관되는 것으로 보인다. 예루살렘 성전이 파괴된 후에는 하나님의 왕국으로서 보편 교회가 세워지지만 세상을 향한 심판으로 인해 심한 환난의 시대가 이르게 된다.

성경에서 3년 반은 대개 고통의 기간을 가리키고 있다. 성경에 전반적으로 그렇게 묘사되고 있는 것으로 이해할 수 있다. 그런데 다니엘서 12장 11절에서는 1290일, 즉 3년 7개월을 언급하고 있다. 그리고 12장 12절에서는 1335일, 즉 3년 8개월 반을 언급하고 있다. 이는 3년 6개월보다 2개월 반이 더 긴 기간이다.

이는 과연 무슨 의미를 지니고 있는가? 이 말씀은 성도들에게 주어진 고통의 연장을 의미하는 것으로 이해해야 한다. 고통은 결코 사람들이 원하는 것이 아니다. 사람들은 할 수만 있다면 고통을 피하고 싶어한다. 그런데 성경에는 이왕에 교회와 성도들이 각오하고 있던 그 고통의 기간보다 더 길다고 말하고 있는 것이다.

그런데 고통이 연장된다면 하나님의 자녀들에게 무슨 유익이 있을까? 우리가 분명히 기억해야 할 바는 성도들은 이 세상에서 받게 되는 철저한 고통을 통해 더욱 정결하게 된다는 사실이다. 그 기간동안 거짓으로 교회 안에 들어온 자들은 저들의 악한 본색을 드러내게 될 것이다. 그들은 예수 그리스도의 재림이 더딘 것을 보며 보라는 듯이 이 세상에 더욱 밀착된 관심을 보일 것이 분명하다.

그런데 다니엘서는 3년 7개월이 지난 다음 또 다시 한 달 반이 더 지속된다는 사실을 예언하고 있다. 우리는 여기에서 하나님의 백성들이 얼마나 철저하게 고통의 과정을 거치게 되는가 하는 점을 알게 된다. 이는 예루살렘 성전이 파괴된 후 배도의 시대가 도래할 것이며, 하나님의 최종 심판이 있을 때까지 교회 시대에 어떤 고통스런 일이 일어나게 될지 분명하게 보여주고 있다.

그러나 하나님의 자녀들은 그 가운데서 철저한 연단을 받게 된다. 그것을 통해 세상의 모든 것들을 포기하고 영원한 천국에 진정한 삶이 존재함을 알게 되는 것이다. 그러므로 종말의 때에 배도하는 자들이 일어나고 저들에 의해 모진 환난을 당할지라도 하나님의 성도들은 끝까지 견딤으로써 진정한 복에 참여하게 되는 것이다.

6. 하나님의 요구와 궁극적인 약속(12:13)

세마포 옷을 입고 강물 위에 서신 그리스도께서 다니엘에게 이제 가서 마지막을 기다리라고 말씀하셨다. 하나님의 언약의 말씀을 들은 다니엘은 이제 평안히 쉬게 된다. 그것은 그의 육신의 죽음을 의미하는 것으로 보인다. 다니엘이 후대의 성도들을 위해 직접 해 줄 수 있는 일은 아무 것도 없다.

그는 이제 곧 죽어 평안히 쉬다가 세상 끝날에는 하나님께서 허락하시는 놀라운 상속(inheritance)을 받아 누리게 된다. 그것은 다니엘뿐 아니라 모든 성도들이 궁극적으로 받아 누리게 될 몫이다. 그것이 세상에서 고통당하는 모든 성도들에게 궁극적인 위로가 되는 것이다.

이런 점에서 다니엘서의 마지막에서는 세상의 박해 가운데서도 끝까지 천국의 소망을 바라보며 기다리는 자들이 복된 자들이라는 사실을 언급하고 있다. 마지막 1260일(3년 반; 42개월)과 그 다음의 한 달(30일) 그리고 또 그 다음에 따라오게 될 한 달 반(45일)은 견디기 힘든 기간이다. 또한 예수님의 재림을 간절히 기다리는 자들에게는 매우 지루한 기간이 될 수도 있다. 그러나 참된 성도들은 그 기간동안 참고 인내하는 가운데 하나님의 때를 기다려야 한다.

신앙이 어린 성도들은 교회와 성령 하나님의 도우심에 따라 그 환난의 시기를 인내할 수 있게 된다. 반면에 교회 안의 불신자들은 그 고통의 기간 동안 악한 본색을 드러내게 된다. 참 하나님의 자녀들만이 그 기간을 참고 인내하게 되는 것이다.

우리는 구약시대 이스라엘 백성들이 출애굽한 후 시내산에서 있었던 금송아지 숭배 사건을 기억한다. 하나님께서 이스라엘 백성과 언약을 맺기 위해 모세를 시내산 정상으로 불러 올리셨을 때, 산 밑에서 기다리던 백성들은 조급한 나머지 배도의 길을 선택하게 된다.

> "백성이 모세가 산에서 내려옴이 더딤을 보고 모여 아론에게 이르러 가로되 일어나라 우리를 인도할 신을 우리를 위하여 만들라 이 모세 곧 우리를 애굽 땅에서 인도하여 낸 사람은 어찌 되었는지 알지 못함이니라 아론이 그들에게 이르되 너희 아내와 자녀의 귀의 금고리를 빼어 내게로 가져 오라 모든 백성이 그 귀에서 금고리를 빼어 아론에게로 가져 오매 아론이 그들의 손에서 그 고리를 받아 부어서 각도로 새겨 송아지 형상을 만드니 그들이 말하되 이스라엘아 이는 너희를 애굽 땅에서 인도하여 낸 너희 신이로다 하는지라 아론이 보고 그 앞에 단을 쌓고 이에 공포하여 가로되 내일은 여호와의 절일이니라 하니 이튿날에 그들이 일찌기 일어나 번제를 드리며 화목제를 드리고 앉아서 먹고 마시며 일어나서 뛰놀더라"(출 32:1-6).

하나님의 부르심을 받고 시내산 위에 올라간 모세가 기대하던 기한이 되어도 내려오지 않자 이스라엘 백성들은 심한 조급증을 느끼게 되었다. 위의 본문 말씀 가운데는 그들이 조급했던 이유가 '신앙행위' 때문이었음을 보여주고 있다. 그들은 모세 다음의 영도자였던 아론에게 가서 금송아지를 만들어달라고 요구했다. 그러자 아론은 그들의 말을 순순히 받아들였다. 아마도 그는 백성들이 하나님을 섬기고자 하는 강렬한 마음을 가지고 있는 것으로 보아 기특하게 생각했을지 모른다.

아론은 백성들로부터 금붙이들을 모아 금송아지를 만들었다. 그리고는 그 금송아지를 애굽으로부터 이스라엘 민족을 인도해낸 신이라 선포했다. 아론을 비롯한 이스라엘 백성들은 하나님의 언약을 믿었던 것이 아니라 저들의 눈으로 볼 수 있는 가시적인 형상을 보며 신앙생활을 하고자 했던 것이다.

아론과 이스라엘 백성들은 스스로 만든 금송아지 앞에서 '여호와의 절일'을 선포하고 번제와 화목제를 바쳤다. 그리고 그 앞에서 종교적인 축제를 벌였다. 아마도 그들은 값비싼 재물을 바치고 눈앞에 있는 가시적인 대상을 보면서 하나님을 열심히 섬긴다는 마음으로 나름대로 즐겁고 기쁜 마음을 가졌을 것이 분명하다.

그러나 하나님께서는 시내산 위에 있는 모세에게 이스라엘 백성들이 배도했음을 말씀하셨다. 하나님의 언약을 믿지 않고 인간들의 손으로 만들어 눈으로 볼 수 있는 금송아지를 만들어 놓고 그 앞에서 여호와의 이름을 부르며 번제와 화목제를 바치던 자들에게 진노하여 결국 진멸하셨던 것이다.

사도 바울은 고린도교회에 편지하면서 시내산의 우상숭배 사건을 언급하면서 그것을 거울삼아 그런 잘못된 신앙을 가지지 않도록 당부했다(고전 10:7). 우리는 모세가 더디 내려온다는 이유로 제 맘대로 우상을 만들어 하나님을 섬기고자 했던 이스라엘 백성들을 통해 다니엘서에 기록된 종말의 때를 생각해 보게 된다.

예수 그리스도의 십자가 사역과 그로 인해 보편 교회가 세워지게 된 후 주님의 재림 때까지는 성도들이 하나님의 편에서 왕 노릇하지만 동시에 세상으로부터 환난과 고통을 당하는 시기이다. 교회에 속한 많은 성도들은 주님의 재림을 통해 하나님의 최종적인 심판이 임하게 되리라는 사실을 믿는다.

기독교 내부로 들어온 불신자들도 그에 대한 이야기들을 많이 듣게 된다. 하지만 그런 자들은 자신의 목적을 이루기 위해 하나님을 믿으려고 하며 하나님의 심판에 대해서도 단순한 지식만 가질 수 있을 따름이다. 그들은 예수님의 재림이 더딘 것을 보고 자기 판단에 따라 종교생활을 하고자 한다. 그들은 이스라엘 백성들이 금송아지를 만들었듯이 저들이 원하는 가시적인 종교적인 대상물들을 만들어 두고 그 앞에서 하나님의 이름을 부르며 종교생활에 열중한다.

하나님께서는 고통의 시기로 상징되는 한 때 두 때 반 때(3년 6개월; 42개월; 1260일)의 기간이 지날 때까지 최종적인 심판을 하지 않는다. 많은 사람들이 3년 반의 기간이 찼다고 생각하지만 아직 그리스도의 재림은 이루어지지 않는다. 나아가 3년 6개월 이후에 한 달이 더하는 3년 7개월인 1290일이 찰 때까지도 주님께서는 오시지 않는다.

그 사이 하나님의 참된 성도들은 하나님의 언약을 굳게 잡고 살아간다. 그러나 기독교의 영향을 받는다고 하면서도 하나님을 알지 못하는 배도자들은 그에 대한 다른 생각을 하며 임의대로 성경을 해석하게 된다. 그들은 예수님이 오시지 않는 것을 보며 세상 가운데서 종교로 치장된 각종 우상들을 만들기에 급급하다.

그런 중에도 예수께서는 재림하시지 않고 또다시 한 달 반의 기간이 늘어지게 된다. 1290일이 끝나고 또다시 45일, 즉 한 달 반의 기간이 남아 있는 것이다. 이 기간 동안 계시된 말씀을 통한 하나님의 약속을 믿지 않는 자들은 더 이상 예수님의 재림을 받아들이려 하지 않는다. 그들은 성경에 기록된 하나님의 최종 심판이 역사적 사건으로 임하게 되리라는 사실을 믿지 않는 것이다.

이렇게 하여 하나님의 자녀들과 그렇지 않은 불신자들 사이에 명확한 분리가 이루어진다. 그것을 통해 하나님의 자녀들은 순금처럼 정결하게 다듬어지게 된다. 이 말씀은 예수께서 마태복음 24장에서 다니엘서의 내용을 인용하며 종말에 관한 교훈을 주신 다음, 마태복음 25장에 주어진 세 가지 비유의 말씀을 통해 드러나는 의미와 조화된다. 즉 '신랑을 맞으러 가는 열 처녀 비유'와 '달란트 비유' 그리고 '양과 염소의 분리'가 곧 그것들이다.

성경은 끝까지 주님의 재림을 기다리는 자들이 복된 자임을 말하고 있다. 하나님의 자녀들은 그 고통의 기간을 통해 더욱 정결하고 희게 될 것이지만 배도한 자들은 악에 빠져 제멋대로 행하며 종교생활을 하게 된다. 그들은 주님의 재림이 더디다고 여기고 자기 취향에 맞는 이방인들과 유사한 신앙을 가지게 될 것이기 때문이다.

종말의 때가 되면 하나님의 자녀들은 더욱 심한 고통을 당하지 않을 수 없다. 이는 기독교 내부, 즉 교회 안에서 옥석玉石이 가려져야 할 것을 말해주고 있다. 악하고 배도한 자들은 이성과 경험을 동원하기 때문에 항상 저들이 옳다고 주장한다. 그대신 성경에 기록된 하나님의 약속만을 믿고 기다리는 참된 성도들을 고리타분하고 어리석은 사람으로 지목당하게 된다.

> "그때에 사람들이 너희를 환난에 넘겨주겠으며 너희를 죽이리니 너희가 내 이름을 위하여 모든 민족에게 미움을 받으리라 그때에 많은 사람이 시험에 빠져 서로 잡아 주고 서로 미워하겠으며 거짓 선지자가 많이 일어나 많은 사람을 미혹하게 하겠으며 불법이 성하므로 많은 사람의 사랑이 식어지리라 그러나 끝까지 견디는 자는 구원을 얻으리라"(마 24:9-13).

하나님을 알지 못하는 악한 자들은 저들의 잘못을 지적하는 성도들을

결코 그냥 두지 않는다. 그들은 하나님의 백성들을 힘든 고통에 넘겨주
며 심지어는 죽이기까지 한다. 결국 하나님을 온전히 믿는 성도들은 주
님의 이름으로 인해 세상 사람들로부터 심한 미움을 받게 된다. 그때 많
은 사람들은 세상의 유혹에 빠져 이기적이 되어 서로 고자질하며 미워
하게 되는 것이다.

종말의 때에는 거짓 선지자들이 많이 일어난다. 그들은 성경을 빗대
어 교인들을 미혹하며 신앙을 핑계대어 거짓을 일삼는다. 그런 자들은
세상의 논리를 합법적이라 주장하며 하나님의 말씀을 저버림으로써 불
법을 행하게 된다. 그렇게 되면 불법이 성행하게 되어 어린 성도들은 무
엇을 믿어야 할지 심각한 혼란에 빠질 수밖에 없다. 이는 진정한 사랑이
아니라 이기적인 본성만 남게 되리라는 사실을 말해주고 있다.

우리가 명심해야 할 바는 바로 그런 일이 일어날 때 주님께서 재림하
시게 되며 하나님의 최종 심판이 이루어진다는 사실이다. 사도 바울은
데살로니가 교회에 편지하면서 주님의 재림과 심판이 마치 도적같이 이
르게 되리라는 점을 말하고 있다.

바울은 이에 대한 언급을 하면서 참된 하나님의 자녀들은 이미 그 사
실을 자세히 알고 있다고 했다. 배도에 빠진 자들이 평안하고 안전한 시
기라고 주장할 때 주님의 재림과 심판이 갑자기 임하게 된다는 것이었
다. 그러므로 하나님의 약속이 아니라 세상에 관심을 가지고 우상에 지
나지 않는 종교적인 성城을 쌓고자 하는 자들은 결코 그 심판을 피하지
못하게 되리라고 말했던 것이다.

> "형제들아 때와 시기에 관하여는 너희에게 쓸 것이 없음은 주의 날이
> 밤에 도적 같이 이를 줄을 너희 자신이 자세히 앎이라 저희가 평안하다,
> 안전하다 할 그때에 잉태된 여자에게 해산 고통이 이름과 같이 멸망이
> 홀연히 저희에게 이르리니 결단코 피하지 못하리라 형제들아 너희는
> 어두움에 있지 아니하매 그 날이 도적 같이 너희에게 임하지 못하리니

너희는 다 빛의 아들이요 낮의 아들이라 우리가 밤이나 어두움에 속하지 아니하나니 그러므로 우리는 다른 이들과 같이 자지 말고 오직 깨어 근신할지라"(살전 5:1-6).

사도 바울은 하나님의 자녀들은 빛에 속해 있기 때문에 하나님의 심판이 갑작스럽게 임하지 않을 것이라 말했다. 이는 교회에 속한 성도들은 항상 주님의 재림을 기다리는 가운데 살아가고 있기 때문이다. 그러므로 하나님의 자녀인 우리는 항상 깨어 있어 주님의 재림을 기다리며 끝까지 견뎌야만 한다.

우리가 살고 있는 이 시대는 예수 그리스도의 재림이 임박한 시대이다. 많은 사람들이 주님의 재림이 더딤을 보고 성경의 약속을 달리 해석하려 한다. 배도에 빠진 엉뚱한 해석을 하며 예수 그리스도의 몸의 재림과 하나님의 최종 심판을 거부하고 있다. 그런 자들은 지상에 종교적인 우상을 만들어 두고 그것이 마치 하나님을 섬기는 방편인 양 생각한다. 더구나 거짓 교사들은 성경을 인용하며 진리가 아닌 거짓을 퍼뜨리며 하나님의 자녀들을 미혹하고 있다.

이럴 때일수록 하나님의 자녀들은 주님의 재림과 하나님의 최종 심판을 진정으로 소망하며 살아가야 한다. 교회와 그에 속한 교사들은 성도들에게 하나님의 약속을 가감 없이 전하며 확인해야 한다. 현대는 세상과 배도한 무리가 하나님의 교회와 성도들을 미혹하는 어지러운 마지막 종말의 시대이다.

어쩌면 우리는 '미운 물건'이 거룩한 성전에 세워지고 나서 1260일의 기간을 보낸 후 1290일의 기간마저 지나 보냈는지 모른다. 만일 그렇다면 우리는 마지막 1335일이 끝나가는 시점에 놓여있을지 모른다. 배도에 빠진 자들이 거짓 교훈을 전하면서 진리를 부여잡고 있는 성도들을 비웃고 있을지라도 우리는 오직 하나님의 약속을 바라보며 살아가

야만 한다. 다니엘서는 종말에 관해 원근통시적인 관점에서 마지막 종
말의 때를 가리키고 있다는 사실을 결코 잊어서는 안 된다.

〈에필로그〉

　이 책은 필자가 목회하는 실로암교회에서 강설한 원고들을 엮어 만들어졌다.

　다니엘서에 기록된 예언들을 올바르게 이해하는 것은 결코 쉬운 일이 아니다. 다니엘서의 본문을 매주일 차례대로 설교하면서 줄곧 느꼈던 점은 교회와 성도들에게 성경과 연관된 일반적인 역사적 지식이 필요하다는 사실이었다.

　교회가 지식주의를 추구하는 것이 아님은 분명하다. 하지만 성도로서 마땅히 지녀야 할 역사적인 보편적 지식들이 있다. 특히 바벨론 제국, 페르시아 제국, 헬라 제국, 로마 제국의 다양한 역사적 사건들과 수많은 왕들의 활동에 대한 어느 정도의 지식을 갖추는 것은 매우 중요한 일이다.

　물론 모든 성도들이 그에 관한 지식들을 가질 수 있는 것은 아니다. 그러나 성도들 가운데 다수는 그 지식을 가져야 한다는 사실을 잊어서는 안 된다. 이는 단순히 지식을 쌓기 위한 것이 아니라 하나님의 말씀을 올바르게 깨닫기 위해서이다. 다수의 성도들이 다양한 역사적 지식과 더불어 계시된 하나님의 말씀을 깨닫게 될 때 그 깨달음은 자연스럽게 주변의 성도들에게 넘쳐나게 될 것이다.

　매주일 예배 시간을 통해 이해하기 쉽지 않은 다니엘서의 말씀에 참여했던 실로암교회 성도들에게 깊이 감사드린다. 특히 어린아이들에게 고마운 마음을 전한다. 그들이 당장은 하나님의 말씀을 온전하게 잘 이해하지 못한다 할지라도 그 예언의 말씀은 여전히 저들의 영혼을 위한 귀한 양식임이 분명하다.

나중 그 어린이들이 성인이 되었을 때 지금보다 더욱 심한 환난이 닥친다할지라도 하나님의 말씀에 확고하게 서서 성숙한 성도의 자리를 굳게 지키게 되기를 바라는 마음 간절하다.

성구색인

〈구 약〉

〈신 약〉